新型智慧城市发展报告
2018—2019

新型智慧城市建设部际协调工作组　编著

主　　　编：林念修　杨小伟
副 主 编：伍　浩　秦　海　刘宇南　沈竹林
执行副主编：单志广　张铠麟　温锐松

中国发展出版社
CHINA DEVELOPMENT PRESS

图书在版编目（CIP）数据

新型智慧城市发展报告（2018—2019）/ 新型智慧城市建设部际协调工作组编著 . —北京：中国发展出版社，2019.12

ISBN 978-7-5177-1113-1

Ⅰ.①新… Ⅱ.①新… Ⅲ.①现代化城市—城市建设—研究报告—中国—2018—2019 Ⅳ.① F299.2

中国版本图书馆 CIP 数据核字（2020）第 002402 号

书　　　　名：新型智慧城市发展报告（2018—2019）
著作责任者：新型智慧城市建设部际协调工作组
出 版 发 行：中国发展出版社
联 系 地 址：北京市西城区裕民东路 3 号 9 层　100029
标 准 书 号：ISBN 978-7-5177-1113-1
经 　销　 者：各地新华书店
印 　刷 　者：三河市东方印刷有限公司
开　　　　本：710mm×1000mm　1/16
印　　　　张：20.5
字　　　　数：285 千字
版　　　　次：2020 年 5 月第 1 版
印　　　　次：2020 年 5 月第 1 次印刷
定　　　　价：118.00 元

联 系 电 话：（010）68990630　68990692
购 书 热 线：（010）68990682　68990686
网 络 订 购：http://zgfzcbs.tmall.com//
网 购 电 话：（010）88333349　68990639
本 社 网 址：http://www.develpress.com.cn
电 子 邮 件：330165361@qq.com

版权所有·翻印必究

本社图书若有缺页、倒页，请向发行部调换

编委会名单

主　　　编：林念修　杨小伟
副 主 编：伍　浩　秦　海　刘宇南　沈竹林
执行副主编：单志广　张铠麟　温锐松

编　写　组

组　　　长：唐斯斯　马潮江　栾　婕
副 组 长：王　超　张雅琪　房毓菲　蔡兴国
成　　　员：余镭甫　张延强　王　威　张世韬　吕　品
　　　　　　李　潇　李　栋　闫晓丽　吴洁倩　刘绿茵
　　　　　　蔡丹旦　李　思　张　岳　戴　彧　郝怡敏
　　　　　　常苗苗　刘　殷　李晓倩　徐清源　张月新
　　　　　　王丹丹

前 言

以数字科技驱动城市治理水平持续提升

党的十九届四中全会明确要求"建立健全运用互联网、大数据、人工智能等技术手段进行行政管理的制度规则。推进数字政府建设，加强数据有序共享，依法保护个人信息"。2019年10月24日，在中央政治局第十八次集中学习时，习近平总书记强调"要推动区块链底层技术服务和新型智慧城市建设相结合，探索在信息基础设施、智慧交通、能源电力等领域的推广应用，提升城市管理的智能化、精准化水平"。习近平总书记在上海考察时强调，"既要善于运用现代科技手段实现智能化，又要通过绣花般的细心、耐心、巧心提高精细化水平"。习近平总书记还多次提出明确要求，以电子政务和新型智慧城市为切入点，加强政务信息资源整合和公共需求精准预测，支撑国家治理体系和治理能力现代化。

深入学习贯彻习近平总书记重要讲话精神，将互联网、大数据、人工智能、区块链、5G为代表的新一代数字科技作为完善国家治理体系的重要支撑，以数字科技驱动新型智慧城市治理水平持续提升，已成为当前新型智慧城市深化发展的重要战略方向和根本发展需求。

一、数字科技对现代城市治理的重要意义

当今世界,以物联网、云计算、大数据、人工智能、空间地理信息集成等为代表的新一代信息技术,与城市治理紧密融合,催生了数字化、网络化、信息化、智慧化的城市治理新理念和新模式。这样的背景下,智慧城市加速发展,成为全世界城市治理的新范式,成为全球合作的新焦点。

第一,数字科技催生城市治理新理念。日新月异的数字科技,作为最具活力的发展元素,渗透到城市规划、建设、管理和服务各个环节,与城市发展同频共振,极大地促进了城市治理创新,有效增强了城市规划的科学性和前瞻性,促进构建现代化的产业发展体系、完善智能化的基础设施体系,建立普惠化的公共服务体系、支撑精细化的社会管理体系、形成宜居化的生态环境体系,为解决现代城镇化发展进程中面临的诸多问题与瓶颈,提供了创新的治理理念和解决方案。

第二,数字科技创新城市治理新方式。数字经济时代,传统治理方式已经难以适应新时代城市治理的需要。充分运用数字科技,有助于全面获取公众需求、人口流动、人员结构、企业状态、社情民意等数据,更好地感知社会态势、畅通沟通渠道、降低治理成本、增进服务效率,更好地统筹社会力量、平衡社会利益、调节社会关系、规范社会行为,加强城市的精细化和精准化治理,提高城市综合承载能力。

第三,数字科技引领城市治理新机制。通过广泛应用数字科技,能够形成一个全面感知、交叉互联、智能判断、及时响应、融合应用的"城市数字孪生体",大大优化城市空间结构和基础设施,降低资源消耗水平,提高城市运行效率。同时,利用数字科技能够以物理分

散、虚拟集中方式，增强城市聚集经济、人口的能力和辐射带动能力，促进城市范围内生产生活方式的网络化共享、集约化整合、协作化开发和高效化利用，建立城市治理新机制，开创城市治理新局面。

二、数字科技驱动城市治理水平全方位多维度持续提升

近两年，互联网、大数据、人工智能、5G、区块链等新技术加速应用到城市治理领域，通过对城市治理全民性、全时段、全要素、全流程的覆盖，实现了城市治理的转型与升级。新型智慧城市已经进入全面落地的新阶段，数字科技多要素全面驱动城市治理朝着更加人性化、智能化、便捷化的目标持续提升，各地区、各部门、各行业也展开了应用实践。

（一）互联网+城市治理，"共享驱动"治理要素互联

利用互联网共享驱动城市治理中各环节、各要素互联互通，使得服务便捷化、资源均等化。党的十八大以来，党中央、国务院加快推进政务信息化建设，打破信息壁垒，构建全流程一体化在线服务平台，助力建设人民满意的服务型政府。一些部门和地方积极探索，深入推进"互联网＋政务服务"，加强信息共享，优化政务流程，一批堵点难点问题得到初步解决，重庆市"渝快办"、福建省"一号式"、广东省"一窗式"、浙江省"最多跑一次"等创新典型不断涌现，引领政务服务创新改革不断取得新成效。各地试点的互联网＋教育、互联网＋人社、互联网医院、互联网法院等一批创新举措，在推进资源均衡化和方便群众办事等方面也发挥着越来越重要的作用。

（二）大数据+城市治理，"数据驱动"治理模式创新

将大数据引入城市治理，充分挖掘大数据价值，利用数据驱动城市管理决策手段更加全面科学，治理模式得到不断创新。

一方面，大数据能够有效促进城市治理决策模式创新，真正做到基于数据的科学决策，提高城市治理的精准性和有效性。应用大数据，可以将数据信息、政策仿真、社情民意呈现在决策者面前，揭示出传统方式难以展现的关联关系，为城市治理带来重大突破，形成"用数据说话、用数据决策、用数据管理、用数据创新"的管理机制。例如，国家发展改革委在推动"互联网+政务服务"过程中，通过开展"群众办事百项堵点疏解行动"，向民众征集办事堵点、难点问题，实现基于数据的精准决策。

另一方面，大数据能够推动城市治理监管模式变革，实现城市治理从事前审批向事中事后监管转变。通过高效采集、有效整合、深化应用政府数据和社会数据，将市场监管、检验检测、违法失信、企业生产经营、销售物流、投诉举报、消费维权等数据，进行汇聚整合和关联分析，统一公示企业信用信息，预警企业不正当行为，提高事中事后监管的针对性、有效性。

（三）人工智能+城市治理，"智力驱动"治理质量提高

人工智能技术及其应用可以整合城市的各种系统和服务，提升资源利用的效率，优化城市管理和服务，正在改变人们的生活方式，推动城市治理向纵深方向发展。

公共服务方面，人工智能在教育、医疗卫生、家政服务等领域的深度应用，为满足公共服务精准化提供了抓手。开发适用于政务服务的人工智能系统，能够为市民各项活动提供精准服务。例如，浙江杭

州、衢州引进AI机器人助力"最多跑一次"业务，办事群众满意率高达94.7%。

智能管理方面，人工智能技术优化城市管理，推动城市智慧化发展。在人工智能加持下，管理人员可以对城市各个角落进行实时精准管控，根据具体情况，快速整合分配城市资源，让城市运转更顺畅。例如，杭州"城市大脑"通过人工智能调度城市交通有效提升出行效率，在全国最拥堵城市的排行榜上，杭州排名从2016年的第5名下降到2018年的第57名。

（四）移动通信+城市治理，"效率驱动"治理效果提升

5G具有广连接、大带宽、低时延、高可靠等特性，不仅加快了网络速度，也将终端全部纳入网络，实现"万物皆可联"的状态，为城市治理提供了更多可能性。

一方面，5G能够助力提升城市治理效率。随着"天网工程""雪亮工程""蓝天保卫战"等一系列政府工程的推进，大量数据、视频通过采集、传输，应用到公安、综治、环保等领域，业务的纵深拓展使得数据传输量更大、安全性要求更高、执法时效性更强，对网络侧提出了更高的挑战。例如，在应急、安保等城市综合治理应用场景上，远程视频回传、4K高清视频实时共享、信息化执法等推广应用，增大网络带宽、降低网络时延等方面需求迫切，5G网络让这些问题迎刃而解。

另一方面，5G能够助力提升城市治理效能。5G广连接特性让万物互联成为现实,对城市实现动态监控、风险管理、突发事件预测预警、应对及处理提供了便利。借助各类传感器、监控器、计算器及实时定位系统，将可实现对各类物品智能化感知、识别与管理，给城市管理、

照明、抄表、停车、公共安全与应急处置等行业带来新型智慧应用，使得基于数据的决策有了来源，人工智能的应用有了"血液"，推动城市治理精准高效。

（五）区块链+城市治理，"可信驱动"治理结构优化

区块链通过新的信任机制，改变了数据和信息的连接方式，带来生产关系的改变，为不同参与主体、不同行业间的可信数据交互提供了有效的技术手段，优化城市治理结构。

一方面，区块链构建了数据共享新模式。智慧城市要整合过去分散在不同的政府部门、不同行业里的数据，实现跨领域、跨地域、跨部门、跨业务的技术融合、数据融合和业务融合，基于联盟链的"区块链服务网络"（BSN）能够构建一个公用的平台，支撑不同的应用数据进行共享、交换、使用，通过技术保障能够真正实现数据可信。例如，北京市利用区块链将全市 53 个部门的职责、目录以及数据高效协同地联结在一起，打造了"目录区块链"系统，为全市大数据的汇聚共享、数据资源的开发利用等提供了支撑。

另一方面，区块链建立了协同互信新机制。共识机制确保数据难以篡改，从而保证数据的完整性和稳定性；时序区块结构保证数据全程留痕，实现事件追踪的可追溯。基于区块链的数据治理，可广泛应用于政府重大工程监管、食品药品防伪溯源、电子票据、审计、公益服务事业等领域。例如，雄安新区建成区块链资金管理平台，对招投标决策等全过程信息留档并可实时调取查看证据，出现问题依法问责。

三、当前存在的问题和瓶颈

（一）智慧城市顶层设计需加强

科学先进的顶层设计是推进智慧城市建设可持续发展的关键和前提，目前我国在智慧城市顶层设计上需强化统筹引导。一是总体规划需加强引导。国家在总体规划上仍需加强统筹设计，进一步加强对地方智慧城市建设的指导，引导城市因地制宜做好规划衔接，避免不科学、盲目谋划而造成资源浪费。二是标准体系尚需进一步完善。随着新技术、新应用、新场景、新业态的发展，需要解决跨层级、跨区域、跨行业、跨业务的协同联动，目前技术标准、管理监督标准等标准体系尚需完善。

（二）多元协同共治机制待健全

城市治理要在政府做好服务的基础上，建立起全社会共同参与的运营推进机制。当前专业城市运营管理机构、综合性服务平台企业和第三方评价机构发挥的市场主体作用有限，市民参与治理不足，社会协同共治机制尚未健全。从新型智慧城市评价结果来看，目前我国有三分之一的城市还未引进任何第三方机构开展智慧城市运营管理。

（三）线上线下管理联动需强化

目前各城市在利用数字技术将公共管理和服务推广到线上网络方面都做了很多工作，不过仍存在线上线下联动不足的问题。一方面，因为机制不健全、技术标准和路径不统一、管理边界不明确等，可能使得线上与线下管理存在"衔接缝隙"，产生服务真空区，例如，线上领取验证码但线下仍要排队现象并不少见。另一方面，因为技术带来的标准刚性，缺少了传统线下服务的人文温度，无法将线上线下优势互补。

（四）系统整合共享和信息化支撑作用有待提升

通过近几年的大力推进政务信息系统整合共享工作，一些领域的信息共享已经取得突破，但目前政府内部信息打通和政企信息共享仍需进一步加强，制约了数字科技在城市治理中的应用。一方面，政府信息系统整合共享仍需进一步加大力度，形成跨部门、跨业务数据共享的机制化流程。另一方面，政企信息共享开放仍待进一步加强。城市治理涉及政府各部门、企事业单位、市场主体等多方面，政企融通还不够充分。

四、下一步工作考虑

近年来，我们充分发挥"新型智慧城市建设部际协调工作组"的联动机制，以评促建，引导全国各城市在城市治理、产业经济、惠民服务等领域推进新型智慧城市建设，大力推动大数据、人工智能、互联网等数字技术研发突破和重点行业领域的深度应用，持续提升城市治理的水平，助力国家治理体系和治理能力现代化。

下一步，我们将重点从以下几个方面入手，运用数字科技推动智慧城市治理水平的提升。

（一）完善组织领导

贯彻落实党中央、国务院决策部署，进一步发挥组织引导作用，形成提升智慧城市治理能力系统性总体布局。一方面，加强统筹协调，进一步发挥"新型智慧城市建设部际协调工作组"机制作用，围绕智慧城市建设、数字经济高质量发展等方面，研究解决突出重大问题，协调推动相关政策文件出台。另一方面，强化规划引领，结合落实习近平总书记重要讲话精神，加强基础关键数字科技研发，完善智慧城市领域标准规范，引导地方做好相应设计和规划。

（二）强化上下联动

一方面，启动国家数字经济创新发展试验区创建工作，鼓励充分利用数字化手段，提高民生保障、就业创业、交通物流等领域便利制度，持续优化营商环境，着力消除"排队长、卡证多、办事难、效率低、体验差"现象，提升群众获得感。另一方面，总结经验推广应用，加强宣传，推广浙江、福建、广东等地城市治理先进做法，发挥数字科技在城市治理中的"乘数效应"。

（三）推动多元治理

一方面，坚持"人民至上"，提升公众参与度，结合新型智慧城市评价，开展群众满意度调查，通过群众反映的难点和堵点问题，找准城市治理切入点和着力点，实现线上和线下管理服务协同联动。另一方面，激发市场活力，持续深入开展新型智慧城市建设评价工作，鼓励社会资本参与新型智慧城市建设，引导社会机构开展第三方评价。

（四）用好数字科技

一方面，推广新技术应用，推动人工智能、区块链等新一代信息技术和新型智慧城市建设相结合，探索在信息基础设施、智慧交通、能源电力等领域的推广应用，提升城市管理的智能化、精准化水平。另一方面，加强规范管理，强化新兴技术应用风险防范，结合新技术发展演化路径，有序开展试点示范应用，形成新技术试验示范、推广应用的机制，防范新技术应用引发系统性安全风险。

（五）夯实支撑能力

围绕提升城市治理水平，推进政务信息化建设和信息系统整合共享。一方面，强化集约共建，统筹整合各地分散数据中心，按照"物理分散、逻辑集中"的原则，构建国家一体化大数据中心。另一方面，强化信息系统整合共享，以"互联网＋政务服务"为抓手，探索利用区块链数据共享模式，实现政务数据跨部门、跨区域共同维护和利用，促进业务协同办理。

（六）加强示范引领

近年来，我国在新型智慧城市建设方面不断探索，涌现出一批社会治理创新实践者。为进一步总结经验、推广应用，我们将根据各地经济社会发展的现实需求和经济体制改革的实际要求，部署开展新型智慧城市示范先行区。一是突出试点示范，结合年度新型智慧城市评价结果，遴选若干有国际影响力的新型智慧城市，发出中国声音。二是加强国际合作，鼓励我国新型智慧城市建设领域优势企业走出去，深化与"一带一路"沿线国家和地区智慧城市领域产能合作，提供中国方案。

总之，我国在智慧城市治理领域虽然取得了一定成绩，但是与党中央、国务院的要求相比，与社会各界的期望相比，还有较大差距，需要各方面共同努力。我们将深入贯彻落实习近平总书记重要讲话精神，在党中央的统一领导下，与各地方、各部门一道，发挥数字科技的核心驱动作用，以扎实有效的政策举措，大力支持信息领域科研工作，大力扶持信息企业发展，扎扎实实推进新型智慧城市建设取得实效，切实推进国家治理体系和治理能力现代化进程。

新型智慧城市建设部际协调工作组办公室
2019 年 12 月

目 录

总体评价篇

新型智慧城市自评价分析报告

一、2019年新型智慧城市评价工作组织情况 ·················· 2

二、全国新型智慧城市建设推进情况总体良好 ················ 9

三、新型智慧城市各区域发展情况 ························· 12

四、东中部城市集群智慧城市建设成效显著 ················ 19

五、新型智慧城市建设各领域均有不同程度提升 ············ 22

附件：新型智慧城市评价指标（2018） ···················· 24

市民评价篇

新型智慧城市市民评价分析报告

一、调研方法 ··· 46

二、市民评价整体满意度分析 ··························· 47

三、市民评价领域满意度分析 ··························· 51

四、各领域满意度专题分析 ····························· 55

五、各领域发展建议 ··································· 60

典型案例篇

第一部分　惠民服务类

厦门市："i 厦门"服务体系建设实践……………………………… 69

南宁市：着眼信息惠民　构建就医新体验……………………… 82

张家港市：打造智慧医疗　互助共享……………………………… 92

铜陵市：建设智慧城市体验馆……………………………………… 101

杭州市：数字改变生活　信用增添活力………………………… 118

驻马店市："咱的驻马店"助力惠民服务　实现从"网上办"到
　　　　　"掌上办"………………………………………………… 131

第二部分　精准治理类

深圳市：智慧龙岗时空大数据云平台建设实践………………… 141

大庆市：内挖外联　借势发力　构建大庆智慧交管"123"
　　　　支撑策略…………………………………………………… 149

福州市：永泰县重点工作攻坚作战指挥平台建设与应用实践…… 157

济南市：交通大脑——打造泉城交通管理智能生态系统……… 166

第三部分　生态宜居类

郑州市：大气环境管理平台建设与应用实践…………………… 179

黄石市：智慧环保系统建设与应用实践………………………… 189

宁波市：创新农村垃圾不落地新模式…………………………… 201

第四部分　智能设施类

北京市：通州区图书馆智能微图建设与应用实践……………… 212

成都市："数字成都"地理信息公共平台建设与应用实践………… 218

大同市：智能照明　绿色节能……………………………………… 228

第五部分　信息资源类

合肥市：构建大数据平台　促进政务资源整合共享……………… 243

广州市：整合政府信息资源　构建特色信息共享模式…………… 256

天津市：建设三农大数据平台　提升三农工作管理水平 ……… 264

湖州市：以城市数字大脑推动整体发展…………………………… 272

常德市：推动信息资源开发利用　促进信息惠民融合服务……… 287

附录 …………………………………………………………………… 304

总体评价篇

新型智慧城市自评价分析报告

一、2019年新型智慧城市评价工作组织情况

（一）评价总体情况

国家发展改革委、中央网信办于2018年12月19日联合发布《关于继续开展新型智慧城市建设评价工作 深入推动新型智慧城市健康快速发展的通知》（发改办高技〔2018〕1688号），会同有关部门共同开展2019年新型智慧城市评价工作。2019年新型智慧城市评价是继2016年新型智慧城市评价工作后的第二次全国范围新型智慧城市建设评价工作，有助于各地检视工作成效、进一步明确工作方向和明晰建设重点，切实提升建设实效，促进经验分享和示范建设。

结合2016年第一次评价分析结果和实践经验，新型智慧城市建设部际协调工作组对《新型智慧城市评价指标（2016版）》进行了必要的优化调整，形成《新型智慧城市评价指标（2018版）》。指标设置更加合理、科学，数据采集更加简单、便利，可操作性增强，更能代表智慧城市建设实效和市民体验情况。此外，本次评价更加注重区域全面发展，首次将县和县级市纳入评价范围，进一步扩大评价工作的覆盖面，促进全国新型智慧城市分级分类建设和均衡发展。

2018年12月底评价通知发布后，2019年新型智慧城市评价工作正式启动。本次评价历经通知宣贯、数据填报、网络调查、结果分析

四个阶段，截至2019年8月，各项评价工作圆满完成。全国338个地级及以上城市中共计288个城市参与指标数据填报，275个城市完成指标数据填报；全国共有80个县和县级市参与指标数据填报，55个县和县级市完成指标数据填报；共回收来自全国341个地级及以上城市的109万份市民体验网络调研问卷。积累的大量自评价数据、优秀实践案例、市民评价与意见建议，为厘清我国新型智慧城市建设现状与发展形势、明确下一步工作方向提供了重要支撑。

（二）评价指标简介

从2016年年底到2017年年初，在新型智慧城市建设部际协调工作组统一部署和各成员单位的共同努力下，首次新型智慧城市评价按照《新型智慧城市评价指标（2016版）》顺利完成。根据对此次评价过程的总结和评价数据的分析研究，工作组秘书处组织相关单位对评价指标进行了分析梳理，并提出了对"2016版"评价指标的修改建议，经商新型智慧城市建设部协调工作组相关成员单位同意，形成了"2018版"新型智慧城市评价指标（见图1.1）。

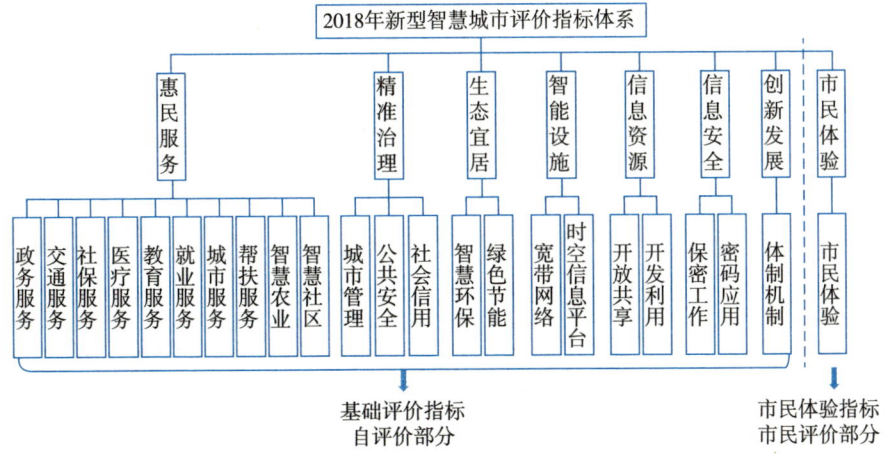

图1.1　新型智慧城市评价指标（2018版）示意图

为了让"2018版"指标更简单、更便利、更科学、更能代表城市市民体验和智慧城市建设实效，本次指标修改遵循了以下五个原则：一是调整原则。在首次评价过程中，得分异常（满分率超过40%，识别为得分率过高，得分过于集中为区分度过小）的指标需要调整和细化，关联性过高（正相关强耦合）但有保留必要的指标需进行合并调整。二是替换原则。数据难以获取或得分异常的指标，又确有必要保留，商请相关部门提供新指标进行替换。三是删除原则。关联性过高（正相关强耦合）的冗余指标删除，无法清晰定义范围和计算方法、数据难以获取的指标删除。四是新增原则。结合国家新政策、新导向、新技术、新需求进行研究补充少量指标。五是权重调整原则。增加市民体验权重，增加第三方客观数据项指标权重。

"2018版"指标与"2016版"指标的评价方法一致：评价采取百分制，总得分满分为100分；总得分为各一级指标得分之和；各级指标得分为其下层指标得分之和；计算时各分值保留2位小数。指标权重方法也不变：一级指标权重为其各二级指标权重之和，二级指标下的各分项权重之和为100%。"2016版"指标中，一级指标有8项，二级指标21项，二级指标分项54项。而"2018版"指标优化调整后，8项一级指标基本没变，二级指标调整为24项，二级指标分项调整为52项（除市民体验）。

8项一级指标中，除了L7由"改革创新"调整为"创新发展"之外，其他一级指标没有变化。但是，权重进行了较大的调整，最大的调整是L8市民体验。为更好地体现新型智慧城市以人为本、健康发展的理念，"2018版"新型智慧城市评价继续以市民体验满意度作为重要依据，L8市民体验问卷得分权重占比从20%提升到40%，从提高市民获得感和满意度的角度出发，引导各地的智慧城市建设更加注重与市民生活息息相关的领域。相应地，其他7项指标总体权重从80%降为60%。另外，原来权重8%的L6网络安全，不再占有权重，改为扣分指标，其共设2个二级指标分项即2个扣分点。其他一级指标权重具体调整变化表现在：L1惠民服务由37%下调为26%；L2精准治理由原来的9%上调为11%；L3生态宜居由8%下调为6%；L4智能设施由7%下调为5%；L5信息资源由7%上调到8%；L7"改革创新"调整为"创新发展"，权重不变，还是4%。在惠民服务一级指标下，"2016版"指标包含政务服务、交通服务、社保服务、医疗服务、教育服务、就业服务、城市服务、帮扶服务、电商服务等9项二级指标。调整后的"2018版"指标中，惠民服务的二级指标项删除了"电商服务"，因为原版指标在2016年评价中很多城市反馈该项指标无法获得，可评价性较差，因此在"2018版"中进行了删除，同时增加了"智慧农业"和"智慧社区"两个指标，权重各占2%；在精准治理一级指标下，在原来的"城市管理"和"公共安全"两项二级指标基础上，增加了"社会信用"指标，调整后，精准治理权重由原来的9%上调为11%，二级指标由两项增加至三项，权重分配表现为：城市管理由原来的4%下调为3%；公共安全权重不变，为5%；新增的社会信用为3%。"2018版"国家新型智慧城市评价指标及权重见表1.1。

表1.1　"2018版"新型智慧城市评价指标及权重

一级指标及权重	二级指标及权重	三级指标及权重
惠民服务（26%）	政务服务（5%）	电子证照使用率（5%×30%）
		一站式办理率（5%×30%）
		网上统一入口率（5%×40%）
	交通服务（2%）	城市交通运行指数发布情况（2%×40%）
		公共汽电车来车信息实时预报率（2%×45%）
		公共交通乘车电子支付使用率（2%×15%）

续表

一级指标及权重	二级指标及权重	三级指标及权重
惠民服务（26%）	社保服务（2%）	街道（乡镇）社区（行政村）社保自助服务开通率（2%×40%）
		社保异地业务联网办理情况（2%×40%）
		社保服务渠道多元化情况（2%×20%）
	医疗服务（3%）	二级以上医疗机构电子病历普及率（3%×40%）
		二级以上医疗机构预约诊疗率（3%×30%）
		三级以上医疗机构门诊健康档案调阅率（3%×30%）
	教育服务（3%）	学校多媒体教室普及率（3%×30%）
		师生网络学习空间覆盖率（3%×40%）
		学校无线网络覆盖率（3%×30%）
	就业服务（2%）	就业信息服务覆盖人群情况（2%×50%）
		就业服务在线办理情况（2%×50%）
	城市服务（3%）	移动互联网城市服务提供情况（3%×30%）
		移动互联网城市服务公众使用情况（3%×40%）
		一卡通应用情况（3%×30%）
	帮扶服务（2%）	互联网残疾人无障碍访问情况（2%×100%）
	智慧农业（2%）	农业精准生产情况（2%×40%）
		农业便捷化服务情况（2%×30%）
		农业在线化经营情况（2%×30%）
	智慧社区（2%）	智慧社区信息系统覆盖率（2%×100%）
精准治理（11%）	城市管理（3%）	数字化城管情况（3%×20%）
		市政管网管线智能化监测管理率（3%×20%）
		综合管廊覆盖率（3%×20%）
		多规合一水平（3%×20%）
		园林绿化信息化和精细化管理水平（3%×20%）
	公共安全（5%）	公共安全视频资源采集和覆盖情况（5%×40%）
		公共安全视频监控资源联网和共享程度（5%×30%）
		公共安全视频图像提升社会管理能力情况（5%×30%）
	社会信用（3%）	社会信用统筹管理机制（3%×50%）
		社会信用信息部门实时共享率（3%×50%）
生态宜居（6%）	智慧环保（4%）	城市空气质量自动监控情况（4%×40%）
		企业事业单位环境信息公开率（4%×30%）
		城市环境问题处置率（4%×30%）
	绿色节能（2%）	重点用能单位在线监测率（2%×100%）

续表

一级指标及权重	二级指标及权重	三级指标及权重
智能设施（5%）	宽带网络设施（2%）	固定宽带家庭普及率（2%×40%）
		4G用户普及率（2%×30%）
		IPv6网站支持率（2%×30%）
	时空信息平台（3%）	多尺度地理信息覆盖和更新情况（3%×50%）
		平台在线为部门及公众提供空间信息应用情况（3%×50%）
信息资源（8%）	开放共享（4%）	公共信息资源社会开放率（4%×50%）
		信息资源部门间共享率（4%×50%）
	开发利用（4%）	政企合作对基础信息资源的开发情况（4%×100%）
网络安全（扣分项）	保密工作（扣分项）	失泄密事件（案件）情况（最高减2分）
	密码应用（扣分项）	密码应用情况（最高减2分）
创新发展（4%）	体制机制（4%）	智慧城市统筹机制（4%×30%）
		智慧城市管理机制（4%×30%）
		智慧城市运营机制（4%×40%）
市民体验（40%）	市民体验（40%）	市民体验（40%）

（三）评价工作概况

2019年新型智慧城市评价工作正式启动后，各省、自治区、直辖市、计划单列市等高度重视，积极组织推进评价工作。各地的发改委、网信、经信、大数据局等部门通力合作，依据评价通知制定工作方案，召开工作座谈会、动员会等，组织各部门、各单位系统学习智慧城市评价指标并明确分工，有序开展评价指标数据与数据证明材料收集、实践案例编写、市民体验调研问卷推广等工作。

截至2019年4月底，全国共计36个省、自治区、直辖市及计划单列市提交了评价工作报告；280个地级及以上城市、80个县和县级市参与2019年度新型智慧城市评价，275个地级及以上城市、53个县和县级市有效完成2019年度新型智慧城市评价，较2016年评价的地级及以上城市完成数量的 220 个增加了 23.18%。2 个直辖市、5 个计划单列市、152 个地级市和 26 个县及县级市提交了优秀实践案例。31 个省级单位（省、自治区、直辖市）中，共计 23 个省级单位的地级及以上城市完成评价率达到 80%，即该省完成指标数据填报的地级及以上城市占该省全部地级及以上城市的 80%，其中 18 个省级单位的地级及以上城市完成评价率达到 100%。各省、自治区、直辖市及计划单列市评价填报率见表 1.2。

表1.2　　2018年各地区新型智慧城市评价填报率统计

名称	填报数	总数	填报率（%）	名称	填报数	总数	填报率（%）
安徽	14	16	87.50	辽宁	14	14	100.00
北京	1	1	100.00	内蒙古	12	12	100.00
重庆	1	1	100.00	宁波	1	1	100.00
大连	1	1	100.00	宁夏	4	5	80.00
福建	9	9	100.00	青岛	1	1	100.00
甘肃	14	14	100.00	青海	1	8	12.50
广东	11	21	52.38	山东	16	17	94.12
广西	14	14	100.00	山西	11	11	100.00
贵州	8	9	88.89	陕西	10	10	100.00
海南	3	4	75.00	上海	1	1	100.00
河北	11	11	100.00	深圳	1	1	100.00
河南	17	17	100.00	四川	13	21	61.90
黑龙江	12	13	92.31	天津	1	1	100.00
湖北	8	13	61.54	厦门	1	1	100.00
湖南	4	14	28.57	西藏	7	7	100.00
吉林	9	9	100.00	新疆	3	14	21.43
江苏	13	13	100.00	云南	11	16	68.75
江西	11	11	100.00	浙江	11	11	100.00

2019 年 3 ~ 5 月，依托支付宝和问卷网两家第三方机构开展线上市民体验调研，在全国范围发放在线调查问卷。截至 5 月底，共收到全国 338 个地级市 107 万余份有效反馈问卷。

2019年6~8月，工作组秘书处组织相关部门和机构对评价数据进行分析研究。

二、全国新型智慧城市建设推进情况总体良好

2019年新型智慧城市建设评价覆盖范围更广。2016年，共有220个地级及以上城市完成系统数据填报，完成率[①]为65.09%。2019年，共有275个地级及以上城市完成系统数据填报，比2016年多55个，完成率提升了16.27个百分点，达到81.36%（见图1.2，表1.3）。

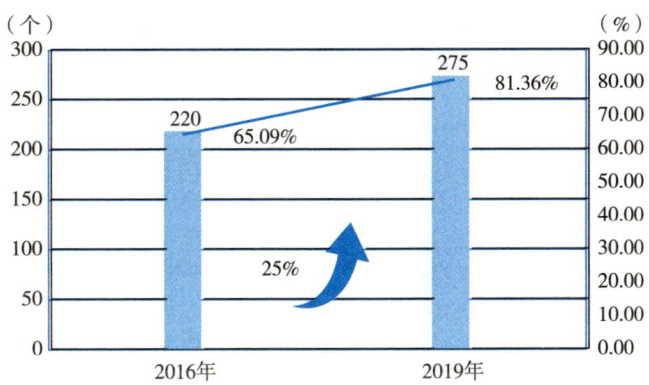

图1.2　2016年和2019年地级及以上城市完成填报情况比较

表1.3　　　　2016年和2019年城市填报和评价得分情况比较

	2016年	2019年	变化	变化幅度
完成填报的地级及以上城市数量	220个	275个	55个↑	25.00%↑
填报完成率（%）	65.09	81.36	16.27↑	25.00↑

部分城市已达到成熟期标准。2019年完成填报的275个地级及以上城市平均得分为68.16分、最高分为92.11分、最低分为19.16分。

---

① 按照全国338个地级及以上城市计算，下同。

按照新型智慧城市发展程度划分标准①，我国新型智慧城市建设总体仍处于起步期水平。其中，23个城市达到成熟期标准，占比8.36%。达到成长期、起步期和准备期标准的城市占比分别为36.73%、43.27%和11.64%（见表1.4，图1.3）。

表1.4　　　　地级及以上城市所处发展阶段占比情况

发展阶段	数量（个）	占比（%）
准备期	32	11.64
起步期	119	43.27
成长期	101	36.73
成熟期	23	8.36

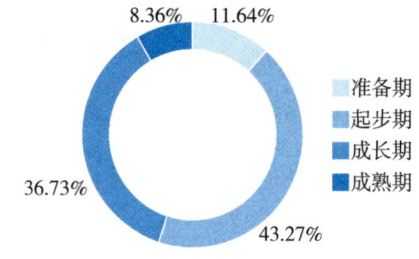

图1.3　地级及以上城市所处发展阶段占比情况

市民体验评价总体较好。2019年评价完成填报的275个地级及

---

①　根据评价总分将新型智慧城市发展程度划分为四个阶段：准备期[0, 55)；起步期[55, 70)；成长期[70, 85)；成熟期[85, 100]。

　准备期[0, 55)：启动新型智慧城市规划建设之前，主要工作是智能设施建设和简单信息化应用，重点方向是加强体制机制和信息资源整合利用的统筹规划和集约建设。

　起步期[55, 70)：启动新型智慧城市规划建设初期，智能设施建设和信息化应用已有一定基础，个别领域应用已经初见成效，智慧应用和信息资源整合利用成为提升建设实效的关键。

　成长期[70, 85)：全面启动新型智慧城市建设服务时期，平台化、智能化应用服务等已经取得了初步成效，通过促进三融五跨，提升惠民服务实效和市民体验成为这个阶段关键挑战。

　成熟期[85, 100]：进入相对成熟的新型智慧城市运营服务阶段，城市治理和公共服务大幅提升，核心任务是促进社会参与、提升市民体验，形成政府、企业、社会公众协同推进的可持续发展模式和良性生态。

以上城市市民体验调查平均得分率①为79.23%，中位数得分率②为82.04%，均达到75%以上，表明市民对新型智慧城市发展总体较为满意。

成效类指标③表现较好。根据2019年评价数据，精准治理指标平均得分率为73.07%、中位数得分率为76.65%，生态宜居指标平均得分率为70.07%、中位数得分率68.09%，总体得分率处于60%~75%，在所有一级指标中处于前列，总体表现良好；惠民服务指标平均得分率54.72%，中位数得分率54.80%，总体得分率不到60%，在所有一级指标中得分较低，仍有待进一步提升。

引导性指标④有待提升。根据2019年评价数据，创新发展指标平均得分率67.85%，中位数得分率80.00%，总体表现良好；信息资源指标平均得分率52.86%，中位数得分率53.86%，智能设施指标平均得分率59.38%，中位数得分率59.12%，总体得分率不到60%，有待进一步提升（见表1.5，图1.4）。

表1.5　　2019年地级及以上城市评价一级指标得分率情况（%）

一级指标	平均得分率	中位数得分率
市民体验	79.23	82.04
惠民服务	54.72	54.80
精准治理	73.07	76.65
生态宜居	70.07	68.09
智能设施	59.38	59.12
信息资源	52.86	53.86

---

① 取统计学意义上275个参评地级及以上城市该指标得分率的算术平均值。

② 取统计学意义上中位数值，即按顺序排列的275个地级及以上城市该指标得分率居于中间位置的值。

③ 成效类指标为旨在客观反映智慧城市建设实效的指标，包括惠民服务、精准治理和生态宜居3个一级指标。

④ 引导性指标旨在发现极具发展潜力的城市，包括智能设施、信息资源、信息安全和创新发展4个一级指标。

续表

一级指标	平均得分率	中位数得分率
信息安全	—	—
创新发展	67.85	80.00

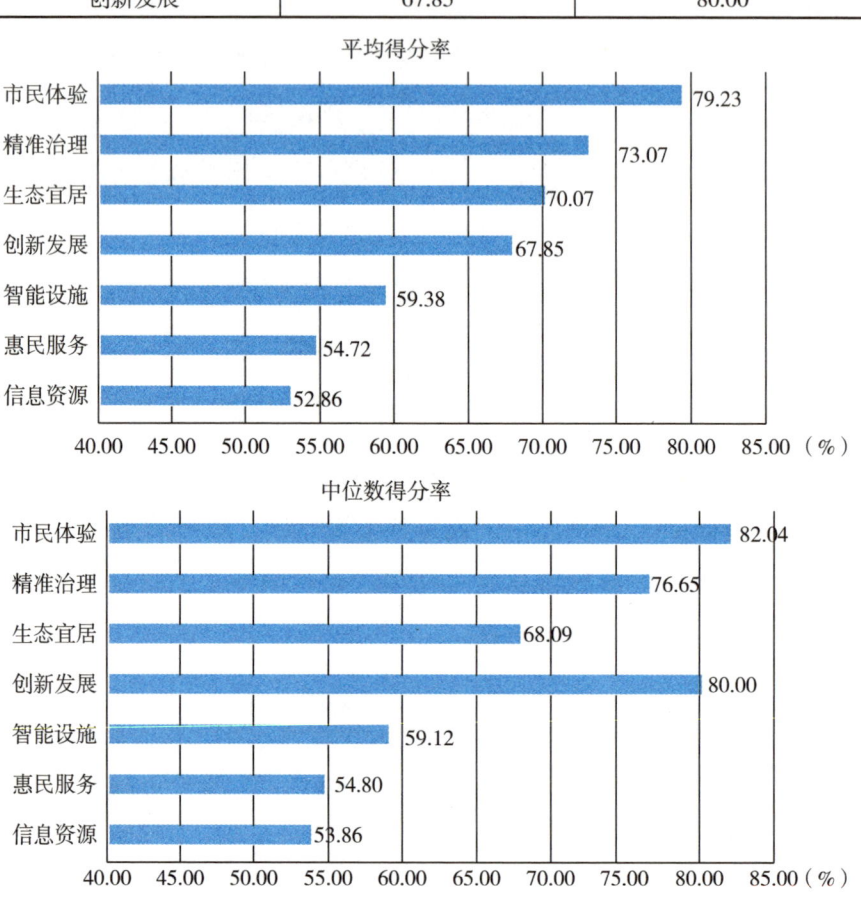

图1.4　2019年地级及以上城市一级指标得分率情况分析

三、新型智慧城市各区域发展情况

（一）东部地区新型智慧城市发展水平领先全国

按照东部、中部、西部、东北四大板块划分，评价表现差异明显，四大板块新型智慧城市发展总体上不均衡。2019年东部地区和中部地区新型智慧城市发展相对较好,其中,东部地区城市平均得分最高,为 75.03 分,中部地区城市平均得分为 72.58 分,均高于全国平均分 4 分以上。相比之下,西部地区和东北地区新型智慧城市发展存在一定差距,西部地区城市平均得分最低,为 61.57 分,东北地区城市平均得分为 63.30 分,均低于全国平均分 4 分以上。

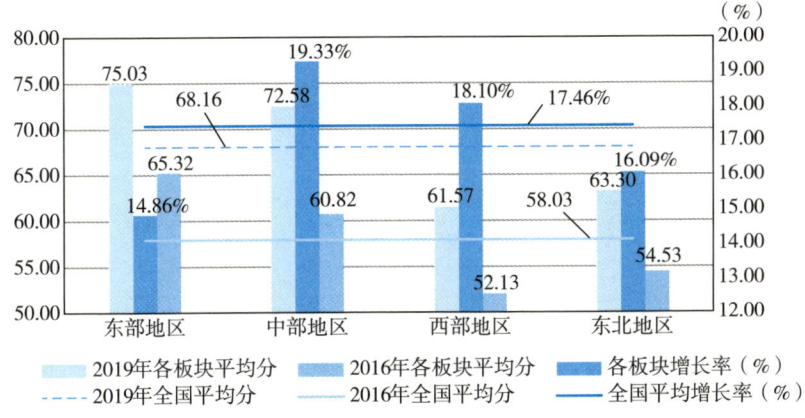

图1.5 2016年与2019年四大板块平均得分对比

(二)中部地区新型智慧城市发展水平大幅提升

2019 年中部地区新型智慧城市发展水平和质量可圈可点。一是平均得分增加值全国领先,与 2016 年评价数据相比,2019 年中部地区平均分提升最多,从 60.82 分提升至 72.58 分,提升了 11.76 分。二是平均得分增长率全国第一,与 2016 年评价数据相比,2019 年中部地区平均增长率为 19.33%,增速位列全国榜首。三是中部地区部分地市新型智慧城市发展水平跻身全国前列,2019 年评价得分排名靠前的城市中,中部地区占比达 30%。

总体来看,和 2016 年相比,2019 年全国新型智慧城市评价平均得分从 58.03 分提升至 68.16 分,提升了 10.13 分,增长 17.46%。分析其原因，一是与 2016 年相比，精准治理、生态宜居、信息资源和市民体验得分率明显提升，惠民服务、智能设施和创新发展①指标得分相对变化不大；二是市民体验总分从 20 分提升到 40 分，市民体验得分率的提升对于整体得分提升增益明显（见图 1.6）。

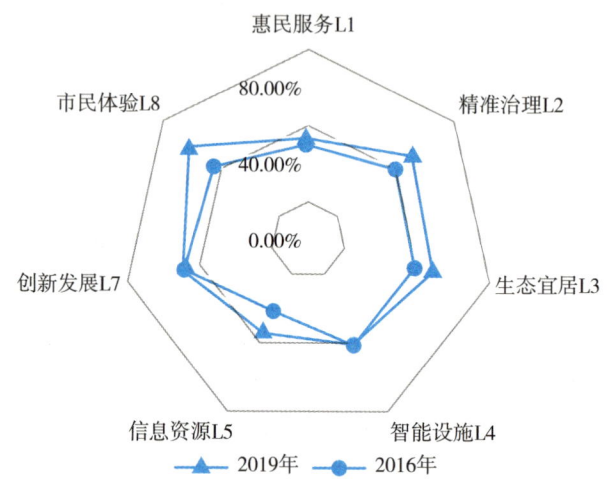

图1.6　2016年与2019年主要一级指标得分率对比

（三）西部地区新型智慧城市发展省内差异性大

从各省份来看，西部省份内部新型智慧城市发展存在较大差异，陕西、西藏、新疆三个省（自治区）发展最不均衡，总分差异系数②超过 20%。整体而言，东部、中部省份发展较为均衡，浙江、贵州、海南、江苏、安徽、河南六个省份内部发展较为均衡，总分差异系数均在 10% 以内（见表 1.6，图 1.7）。

---

① 一级指标"创新发展"在新型智慧城市评价指标（2016年）中为"改革创新"。
② 差异系数：也称变差系数、离散系数、变异系数，是一组数据的标准差与其均值的百分比，是测算数据离散程度的相对指标。省份内部差异系数越大，表明省内各地市发展水平差异越大，省内发展越不均衡。

表1.6　　　　　　　分省份各一级指标差异系数（%）

	惠民服务 L1	精准治理 L2	生态宜居 L3	智能设施 L4	信息资源 L5	创新发展 L7	市民体验 L8	总分差异系数
浙江	11.41	6.01	10.98	12.52	15.75	17.84	5.56	4.18
贵州	12.45	13.14	32.45	41.94	58.91	50.59	5.15	7.34
海南	23.33	23.37	26.55	39.29	30.14	23.23	12.48	7.44
江苏	9.98	10.81	24.00	11.36	42.97	21.34	5.10	8.94
安徽	11.98	7.11	27.23	20.90	20.86	15.57	10.09	9.10
河南	16.55	8.62	16.82	19.69	53.52	29.58	6.81	9.52
吉林	28.24	24.75	25.05	43.63	95.63	29.51	3.63	10.80
山西	23.28	17.53	24.16	36.32	61.53	91.30	7.23	11.46
宁夏	25.94	12.42	15.01	31.53	57.17	32.64	1.98	12.80
云南	28.56	19.80	26.04	33.01	69.64	55.18	6.23	12.96
河北	16.88	12.49	20.85	28.77	61.95	46.38	12.08	13.07
辽宁	22.06	23.27	36.77	40.22	85.52	44.78	3.98	13.36
内蒙古	22.79	22.71	26.65	52.06	76.86	72.16	7.06	13.52
四川	23.89	20.11	27.74	23.93	79.52	42.90	10.74	13.77
甘肃	26.91	28.76	28.33	36.16	61.93	53.46	10.57	13.90
福建	26.08	18.34	16.28	22.63	51.11	47.52	6.63	14.04
湖北	18.84	7.71	42.95	38.12	39.97	10.98	11.73	14.06
山东	24.74	15.06	21.44	20.60	26.47	40.52	10.83	14.38
广东	19.25	10.88	19.10	29.40	51.45	53.07	8.75	15.11
江西	26.39	10.47	22.11	22.15	59.97	44.87	5.97	15.72
黑龙江	34.47	21.26	31.26	45.25	107.02	64.83	6.97	16.22
广西	35.80	35.70	26.70	44.54	77.04	53.07	7.60	16.29
湖南	28.82	20.13	34.70	14.18	55.77	41.23	14.89	19.01
陕西	44.57	27.17	30.84	36.88	63.81	52.51	7.67	21.58
西藏	51.90	46.06	48.05	79.91	138.12	87.79	30.04	25.14
新疆	43.83	15.65	30.32	18.26	125.94	86.88	16.98	26.19
总计	31.09	21.50	27.61	36.81	62.76	45.28	10.24	17.24

注：由于各直辖市、青海省（只有一个城市填报）仅有一个城市数据，在计算差异系数时将其去除。

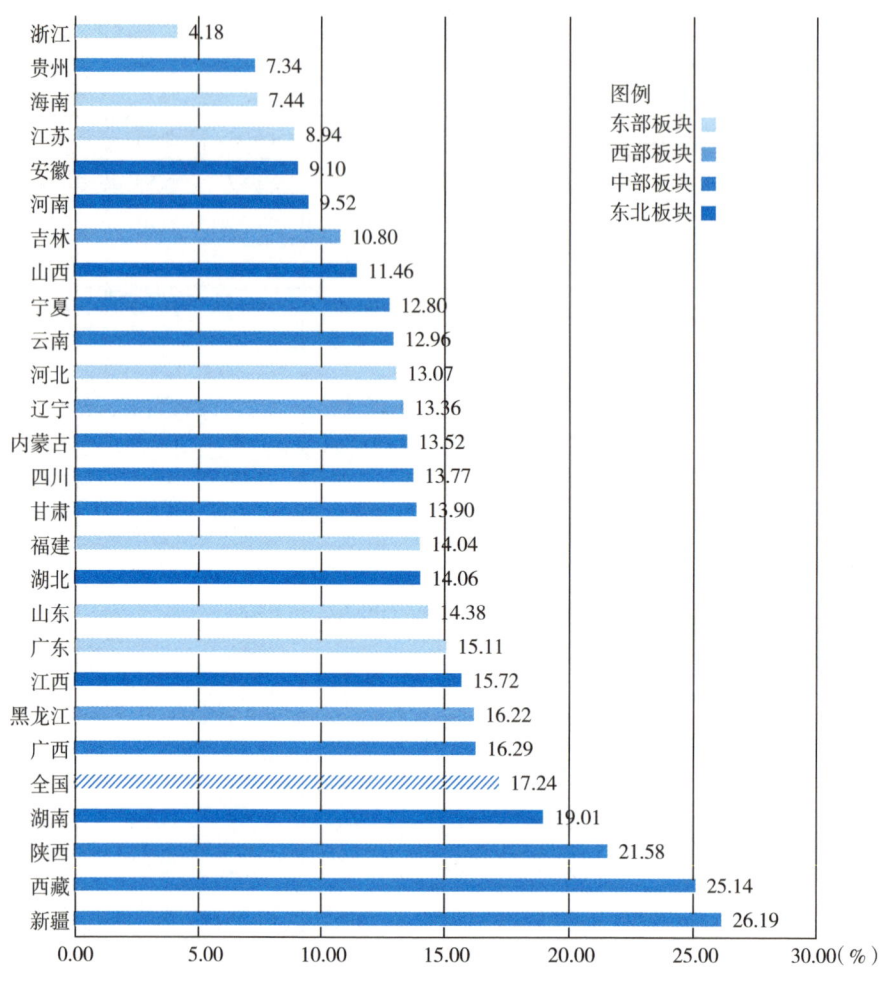

图1.7 各省（自治区）发展水平差异系数对比图

（四）信息资源共享与开发利用区域间差异明显

从具体领域来看，四大板块间的政务信息资源共享和开发利用差异明显。一是信息资源仍有较大发展空间，全国各地市信息资源平均得分率[①]为52.86%，在八个一级指标中得分率最低。二是信息资源区域间差异明显，信息资源总体差异系数最大，表明全国各地市间信息资

---

① 平均得分率：指行政区划范围内各地市相应指标得分率的平均值。其中，得分率是指指标得分/指标总分×100%。

源得分率差异最大；分板块来看，各板块间信息资源差异明显，东北地区信息资源平均得分率最低，为30.75%，东部地区信息资源平均得分率最高，为67.35%，是东北地区的平均得分率的2倍多（见表1.7，图1.8）。

表1.7　　四大板块各一级指标平均得分率对比情况（%）

	惠民服务 L1	精准治理 L2	生态宜居 L3	智能设施 L4	信息资源 L5	创新发展 L7	市民体验 L8	总得分率
东部地区	66.24	81.48	77.05	74.13	67.35	76.26	81.20	75.03
中部地区	59.63	79.43	71.09	63.02	65.99	71.94	82.99	72.58
西部地区	45.72	65.23	65.81	49.56	40.66	59.37	77.04	61.57
东北地区	45.44	64.68	64.75	47.70	30.75	65.51	83.50	63.30
全国	54.72	73.07	70.07	59.38	52.86	67.85	80.43	68.16
总体差异系数	31.09	21.50	27.61	36.81	62.76	45.28	10.24	17.24

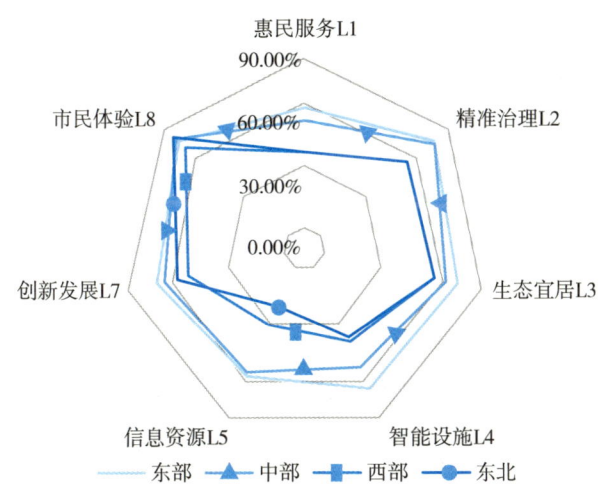

图1.8　四大板块各领域得分率比较

与2016年评价数据相比，2019年东部地区、中部地区各一级指标平均得分均有一定程度提升；西部地区各一级指标平均得分除智能设施和创新发展外，均有一定程度提升；东北地区市民体验提升明显（见图1.9至图1.12）。

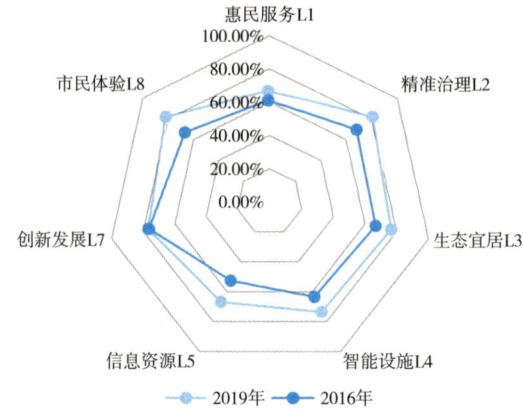

图1.9 东部地区各一级指标得分率2016年与2019年对比

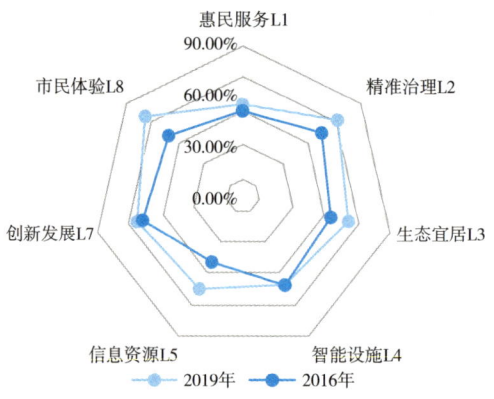

图1.10 中部地区各一级指标得分率2016年与2019年对比

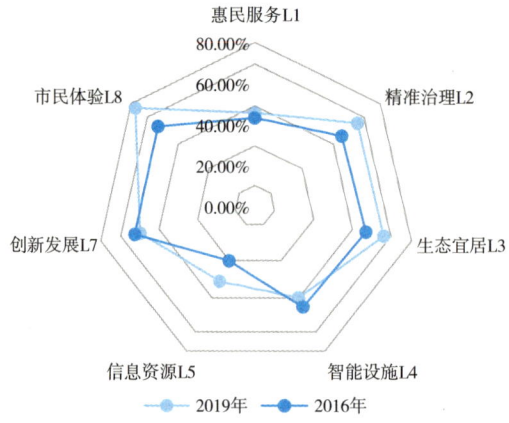

图1.11 西部地区各一级指标得分率2016年与2019年对比

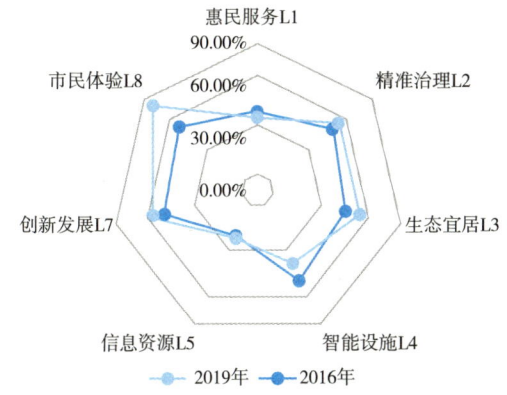

图1.12　东北地区各一级指标得分率2016年与2019年对比

四、东中部城市集群智慧城市建设成效显著

（一）智慧城市建设呈现集聚发展态势

本次评价得分靠前的城市东部和中部城市占86%。集中分布在长三角地区、粤港澳大湾区和山东地区。结合城市人口规模数据分析，新型智慧城市建设成效较好的集中在500万～1000万人口的城市。

（二）长三角城市集群建设成效较高

《中共中央 国务院关于建立更加有效的区域协调发展新机制的意见》明确指出，以京津冀城市群、长三角城市群、粤港澳大湾区等城市群推动国家重大区域战略融合发展，建立以中心城市引领城市群发展、城市群带动区域发展新模式，推动区域板块之间融合互动发展。本次评价选取了京津冀、粤港澳大湾区和长三角三大典型的城市集群进行分析。

从填报完成情况看，京津冀城市群填报率为100%，其次是长三角城市群（96.2%）、粤港澳大湾区城市群（88.9%）。

表1.8　　各城市群填报率

城市群	填报城市数	城市总数	填报率
京津冀	13	13	100.0%
粤港澳大湾区	8	9	88.9%
长三角城市群	25	26	96.2%

从评价得分来看，长三角城市群平均分最高，达到81.66分，其次是粤港澳大湾区和京津冀城市群，平均得分为78.78分、71.98分。三大城市群的平均得分均高于全国平均水平，进入新型智慧城市建设的成长期（见图1.13）。

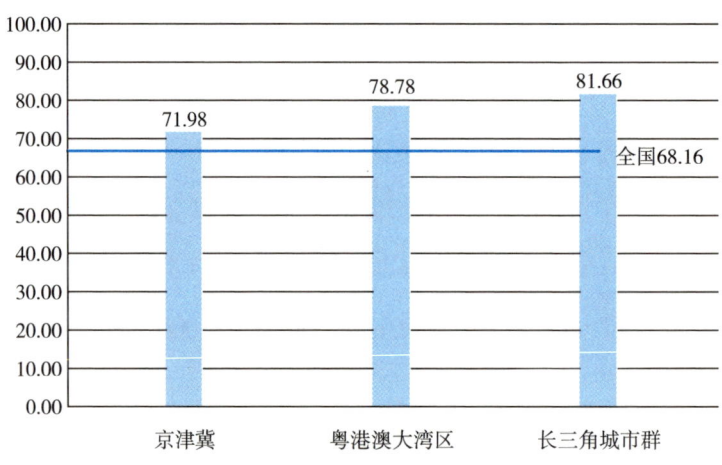

图1.13　各城市群平均得分

从一级指标得分率来看，三大城市群的平均得分率都高于全国平均水平。京津冀城市群在生态宜居领域得分率最高，为81.72%；粤港澳大湾区城市群在精准治理、智能设施两个领域的得分率最高，分别为85.07%、82.33%；长三角城市群在惠民服务、信息资源、创新发展和市民体验四个领域得分率最高，分别为75.21%、84.66%、87.38%、85.93%（见图1.14）。

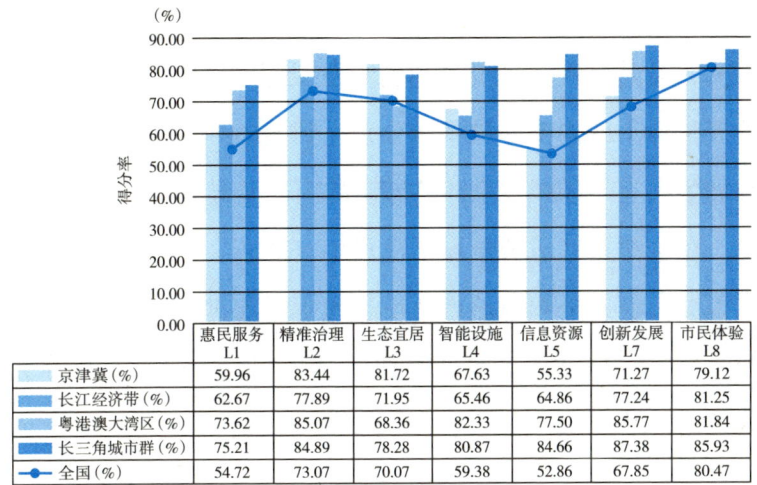

图1.14 各城市群一级指标得分率

（三）城市集群建设成效相对均衡

从内部发展平衡性来看，三大城市群内部差异程度相对全国差异程度较小，城市之间的发展水平相对均衡。其中，京津冀城市群内部的不平衡程度相比另外两个较大，差异系数①为13.7%，其次是粤港澳大湾区和长三角城市群，分别为9.21%、7.62%。长三角集群是三大城市群中发展最为均衡的区域（见图1.15）。

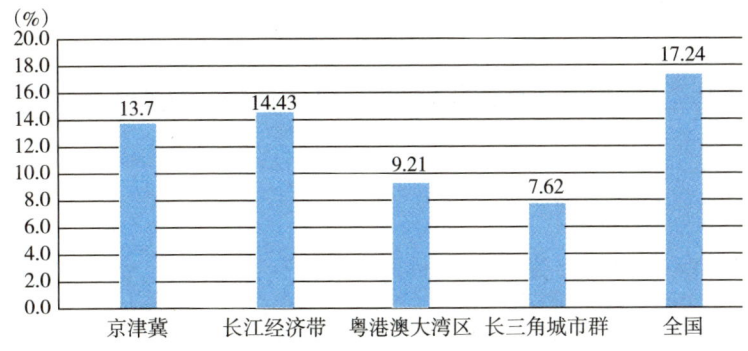

图1.15 各城市群差异系数

---

① 差异系数=标准差/均值×100%，代表数据差异程度。

相比另外两个城市群，京津冀城市群的协同发展成效仍有较大的提升空间，尤其是在信息资源和创新发展领域，城市群在信息资源和创新发展指标上的内部差异系数分别达到58.69%、42.22%。其次是智能设施和生态宜居领域，京津冀城市群内部差异系数分别为27.29%、20.34%。在京津冀区域智慧城市建设中，北京"一枝独秀"现象仍然存在。因此，在未来智慧城市建设过程中需要进一步推动跨区域城市间的产业分工、基础设施、环境治理等协调联动，破除行政壁垒和垄断，推动区域创新融合发展，促进智慧城市建设水平整体提升。

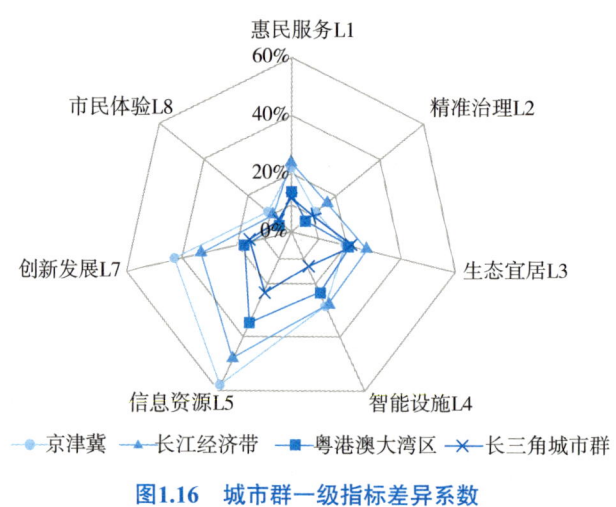

图1.16　城市群一级指标差异系数

五、新型智慧城市建设各领域均有不同程度提升

（一）惠民服务

惠民服务领域，满分26分，2019年全国275个参评城市（地级及以上城市，不含县级）最高分24.53分，平均得分14.23分，平均得分率为54.73%，参评城市惠民服务发展仍待加强。相较2016年全国220个参评城市平均得分率提升6.08%，发展水平有所提升。53个

县级城市最高分为 19.62 分，得分率为 75.46%。

（二）精准治理

精准治理领域，满分 11 分，2019 年全国 275 个参评城市（地级及以上城市，不含县级）最高分 10.57 分，平均得分 8.04 分，平均得分率为 73.09%，参评城市精准治理领域发展尚可。相较 2016 年全国 220 个参评城市平均得分率提升 18.31%，发展水平有所提升。53 个县级城市最高分为 10.21 分，得分率为 92.83%。

（三）生态宜居

生态宜居领域，满分 6 分，2019 年全国 275 个参评城市（地级及以上城市，不含县级）最高分 6 分，平均得分 4.2 分，平均得分率为 70%，参评城市生态宜居建设水平尚可。相较 2016 年全国 220 个参评城市平均得分率提升 16.18%，发展水平有所提升。53 个县级城市最高分为 6 分，得分率为 100%。

（四）智能设施

智能设施领域，满分 5 分，2019 年全国 275 个参评城市（地级及以上城市，不含县级）最高分 5 分，平均得分 2.97 分，平均得分率为 59.4%，参评城市智能设施建设仍需加强。与 2016 年全国 220 个参评城市相比，本领域平均得分率基本持平。53 个县级城市最高分为 5 分，得分率为 100%。

（五）信息资源

信息资源领域，满分 8 分，2019 年全国 275 个参评城市（地级及以上城市，不含县级）最高分 8 分，平均得分 4.23 分，平均得分率为 52.88%，参评城市信息资源建设仍待加强。但相较 2016 年全国 220 个参评城市，本领域平均得分率提升 31.72%，发展水平提升较大。53 个县级城市最高分为 8 分，得分率为 100%。

（六）创新发展

创新发展领域，满分 4 分，2019 年全国 275 个参评城市（地级及以上城市，不含县级）最高分 4 分，平均得分 2.71 分，平均得分率为 67.75%，参评城市创新发展水平尚可。相较 2016 年全国 220 个参评城市，本领域平均得分率提升 1.5%，发展水平有所提升。53 个县级城市最高分为 4 分，得分率为 100%。

附件：新型智慧城市评价指标（2018）

总体说明

（一）指标构成。本指标共包含 8 项一级指标，24 项二级指标，52 项二级指标分项（除市民体验）；"信息安全 L6" 是扣分指标，共设 2 个二级指标分项即 2 个扣分点。

（二）评价方法。评价采取百分制，总得分满分为 100 分。总得分为各一级指标得分之和。各级指标得分为其下级指标得分之和。计算时各分值保留 2 位小数。

（三）指标权重。各级指标设置相应的权重。一级指标权重为其各二级指标权重之和，二级指标下的各分项权重之和为 100%。

新型智慧城市评价指标（2018）

一级指标及权重	二级指标及权重	二级指标释义及评价方法	二级指标分项及计算方法	数据要求	数据来源
惠民服务 L1（26%）	政务服务 L1P1（5%）	1.本指标用于评价城市政府创新服务模式，推进政务服务事项"一号申请、一窗受理、一网通办"的情况 2.本指标由以公民身份号码或社会信用代码为唯一标识的电子证照使用率、一站式办理率、网上统一人口率等三个分项进行评价 3.本指标评价得分=5%×（三个分项分数之和）	1.以公民身份号码或社会信用代码为唯一标识的电子证照使用率（L1P1-A1）： 计算方法：L1P1-A1分项分数=30%×（已实现使用以公民身份号码或社会信用代码为唯一标识的政务服务事项数量/政务服务事项总数）×100 2.一站式办理率（L1P1-A2）： 计算方法：L1P1-A2分项分数=30%×（实现线下一站式办理的政务服务事项数量/政务服务事项总数）×100 3.网上统一人口率（L1P1-A3）： 计算方法：L1P1-A3分项分数=40%×（支持统一身份认证的网上政务服务事项数量/政务服务事项总数）×100	政务服务事项包括面向公民、法人和其他组织的政务服务事项，本分项中的政务服务事项总数由各省市根据相关法律法规和实际情况确定。已实现使用以公民身份号码或社会信用代码为唯一标识的政务服务事项，是指公民个人证照以统一社会信用代码为唯一标识，法人和其他组织政务服务事项以统一社会信用代码为唯一标识，并在办理过程中使用了电子证照的政务服务事项。数据截至2018年12月底 本分项L1P1-A1要求相同。实现线下一站式办理的政务服务事项，是指可以在同一地点或同一窗口即可办结的政务服务事项。数据截至2018年12月底 本分项中的政务服务事项总数与分项L1P1-A1要求相同。支持统一身份认证的网上政务服务事项，是指在网上政务服务时，能够以公民身份证号、社会信用代码或其他标识，实现"一次认证，多点互联"。数据无需在同一平台同一身份认证进行多次认证。数据截至2018年12月底	地方政府政务办或相关部门 地方政府政务办或相关部门 地方政府政务办或相关部门

续表

一级指标及权重	二级指标及权重	二级指标释义及评价方法	二级指标分项及计算方法	数据要求	数据来源
惠民服务L1（26%）	交通服务L1P2（2%）	1.本指标用于评价城市交通发展"互联网+"便捷交通，提供交通出行信息服务的情况 2.本指标由城市交通运行指数发布情况、公共电车来车信息实时预报率、公共交通乘车电子支付使用率等三个分项进行评价 3.本指标评价得分＝2%×（三个分项分数之和）	1.城市交通运行指数发布情况（L1P2-A1）： 计算方法：L1P2-A1分项分数=40%×（b1+b2+b3） b1：①城市交通公共管理部门按照GB/T33171—2016《城市交通运行状况评价规范》计算城市交通运行指数、建成城市交通运行指数公共平台（15分）；②城市交通运行指数公共平台具有综合多数据源实时计算（10分）、即时和回溯查询（5分）、预测（10分）、预警（10分）、事件分析（10分）等能力。总计60分；不满足b1中①项得0分，即本项（L1P2-A1）整体不得分 b2：具有公共发布能力[通过可变情报板（6分）、手机App（总计5分，其中，自发布2分）、每多1个社会App平台发布加1分）、网站（4分）、广播（3分）、电视（2分）等公共媒体发布]。总计20分 b3：城市交通运行指数分析与发布达到次干路以上[快速路（5分）、主干路（5分）、次干路（10分）]。总计20分	数据取某一时间点的统计数据，数据截至2018年12月底	城市交通运输主管部门 示例：杭州市交通拥堵指数实时监测平台http://www.hzjtydzs.com/index.html
			2.公共汽电车来车信息实时预报率（L1P2-A2）： 计算方法：L1P2-A2分项分数=45%×（可提供来车信息实时预报服务的公共汽电车线路数/城乡公共汽电车线路总数）×100	提供来车信息实时预报服务的方式包括通过网站、手机、电子站牌等方式提供公共汽电车实时行驶或到站实时信息。数据取某一时间点的统计数据，如评价开始前的月末数据	城市交通运输主管部门

续表

一级指标及权重	二级指标及权重	二级指标释义及评价方法	二级指标分项及计算方法	数据要求	数据来源
惠民服务L1（26%）	交通服务L1P2（2%）	1.本指标用于评价城市发展"互联网+"便捷交通，提供交通出行信息服务的情况 2.本指标由城市交通运行信息实时预报率、公共汽电车未来车信息实时预报率、公共汽电车电子支付使用率等三个分项进行评价 3.本指标评价得分=2%×（三个分项分数之和）	3.公共交通乘车电子支付使用率（L1P2-A3）： 计算方法：L1P2-A3分项分数=15%×（使用电子支付的出行人次/公共交通出行总人次）×100	电子支付包括一卡通、移动支付、近场通信（NFC）支付等方式。公共交通出行包括城市轨道交通、公共汽电车等出行方式。数据取自2018年数据	城市交通运输主管部门
	社保服务L1P3（2%）	1.本指标用于评价城市社会保障领域拓展线上线下服务渠道、推动跨地区、跨层级业务协同联动的情况 2.本指标由街道（乡镇）社保自助服务区（行政村）社保异地业务开通率、社保异地和社保服务渠道多元化情况等三个分项进行评价 3.本指标评价得分=2%×（三个分项分数之和）	1.街道（乡镇）社区（行政村）社保自助服务开通率（L1P3-A1）： 计算方法：L1P3-A1分项分数=40%×（b1+b2） b1=（开通社保自助服务的街道数/街道总数）×50，如果街道社区总数为0，则b1=0 b2=（开通社保自助服务的乡镇数/乡镇总数）×50	社保自助服务方式包括社会保险自助服务终端、社银服务自助终端等。暂不对开通的业务种类和设施数量进行要求。数据截至2018年12月底	城市人力资源社会保障部门

续表

一级指标及权重	二级指标及权重	二级指标释义及评价方法	二级指标分项及计算方法	数据要求	数据来源
惠民服务L1（26%）	社保服务L1P3（2%）	1.本指标用于评价城市社会保障领域新展线上下服务渠道，推动跨地区、跨层级业务协同联动的情况 2.本指标由街道（乡镇）社区（行政村）社保自助服务网办理率、社保异地业务联网办理情况和社保服务渠道多元化情况等三个分项进行评价 3.本指标评价得分=2%×（三个分项分数之和）	2.社保异地业务联网办理情况（L1P3-A2）：计算方法：L1P3-A2分项分数=40%×b。b：通过与部、省级异地业务联通，实现社保关系转移、异地居住人员领取社保待遇资格协助认证、国家异省市4项异地业务的联网办理情况，满分100分。 3.社保服务渠道多元化情况（L1P3-A3）：计算方法：L1P3-A3分项分数=20%×（服务模式种类×20）	数据截至2018年12月底 通过互联网、自助服务、手机、12333电话微信、政务微博、手机App、政务等服务一体机，每实现1种创新服务模式，得20分，最高分100。数据截至2018年12月底	城市人力资源社会保障部门 城市人力资源社会保障部门
	医疗服务L1P4（3%）	1.本指标用于评价城市发展智慧健康医疗以便民、惠民服务，提升医疗服务效率和质量的情况 2.本指标由社区医院及一级以上医疗机构电子病历普及率、二级以上医疗机构预约诊疗率和三级以上医疗机构门诊健康档案调阅率等三个分项进行评价 3.本指标评价得分=3%×（三个分项分数之和）	1.社区医院及一级以上医疗机构电子病历普及率（L1P4-A1）：计算方法：L1P4-A1分项分数=40%×（已建立电子病历的社区医院及一级以上医疗机构辖区医院及一级以上医疗机构总数）×100 2.二级以上医疗机构预约诊疗率（L1P4-A2）：计算方法：L1P4-A2分项分数=30%×（年度二级以上医疗机构预约诊疗人次/年度二级以上医疗机构总诊疗人次）×100 3.三级以上医疗机构门诊健康档案调阅率（L1P4-A3）：计算方法：L1P4-A3分项分数=30%×（年度三级以上医疗机构门诊健康档案调阅次数/年度三级以上医疗机构门诊总数）×100；n为城市三级以上医疗机构门诊总数	数据截至2018年12月底 预约诊疗包括通过电话、网站、手机App等进行预约的挂号，在医院现场挂号预约的不计算在内。数据截至2018年12月底 数据截至2018年12月底	城市卫生健康主管部门 城市卫生健康主管部门 城市卫生健康主管部门

续表

一级指标及权重	二级指标及权重	二级指标释义及评价方法	二级指标分项计算方法	数据要求	数据来源
惠民服务 L1（26%）	教育服务 L1P5（3%）	1.本指标用于评价城市在教育领域为师生构建智慧学习环境，利用网络开展学习的情况 2.本指标由学校多媒体教室普及率、师生网络学习空间覆盖率和学校无线网络覆盖率等三个分项进行评价 3.本指标评价得分=3%×（三个分项分数之和）	1.学校多媒体教室普及率（L1P5-A1）： 计算方法：L1P5-A1分项分数=30%×（全部教室配备多媒体教学设备的学校数/学校总数）×100 2.师生网络学习空间覆盖率（L1P5-A2）： 计算方法：L1P5-A2分项分数=40%×[（教师开通网络学习空间数+学生开通网络学习空间数）/（教师总数+学生总数）]×100。比率如超过1则按1取值 3.学校无线网络覆盖率（L1P5-A3）： 计算方法：L1P5-A3分项分数=30%×（统一提供并覆盖主要教学区域的无线网络的学校数/学校总数）×100	学校范围为中小学校。数据截至2018年12月底 学校范围为中小学校、职业院校、高等学校。数据截至2018年12月底 学校范围为中小学校、职业院校。数据截至2018年12月底	城市教育部门（全国教育信息化工作进展信息系统） 城市教育部门（全国教育信息化工作进展信息系统） 城市教育部门（全国教育信息化工作进展信息系统）
	就业服务 L1P6（2%）	1.本指标用于评价城市就业服务便捷化、多元化服务的情况 2.本指标由就业服务信息系统使用率和多渠道服务模式等两个分项进行评价 3.本指标评价得分=2%×（两项分数之和）	1.街道（乡镇）社区（村）就业服务信息系统使用率（L1P6-A1）： 计算方法：L1P6-A1分项分数=50%×（使用省级或市级统一的就业信息系统延伸至街道（乡镇）社区（村）数量/街道（乡镇）社区（村）总数）×100 2.就业服务渠道多元化情况（L1P6-A2）： 计算方法：L1P6-A2分项分数=50%×（服务模式种类×20）	数据截至2018年12月底 通过互联网、自助服务一体机、政务微信、政务微博、手机App、12333电话等服务模式，每实现1种创新服务模式得20分，最高得分100。数据截至2018年12月底	城市人力资源社会保障部门 城市人力资源社会保障部门

续表

一级指标及权重	二级指标及权重	二级指标释义及评价方法	二级指标分分项及计算方法	数据要求	数据来源
惠民服务 L1（26%）	城市服务 L1P7（3%）	1.本指标用于评价城市推进"互联网+"城市服务，发展便民服务新业态，实现城市服务与信息通信技术深度融合的情况 2.本指标由移动互联网城市服务提供情况、移动互联网城市服务公众使用情况和卡通应用情况等三个分项进行评价 3.本指标评价得分=3%×（三个分项分数之和）	1.移动互联网城市服务提供情况（L1P7-A1）： 计算方法：L1P7-A1分项分数=30%×b 得分由基础部分和加分部分组成。基础部分：生活缴费（至少包含水、电、燃气服务及以上服务），医院预约挂号（覆盖90%二级及以上医院），机动车违法查询，机动车罚款缴纳，客运交通购票，主要景区（覆盖90% AAAA级及以上景区），旅游投诉等生活类服务，以及社保查询、公积金查询、税务服务、出入境业务、婚姻业务预约、生育证件业务、机动车及驾驶人证件业务、环保问题举报等政务类服务，以上15项业务通过移动互联网每开通1项得2分，满分为30分。加分部分：基础部分以外，通过移动互联网开通的其他城市服务每实现1项得2分，满分为70分。超出35项按满分70分计	移动互联网上开通的城市服务，是指通过各类移动智能终端App可以使用的生活类和政务类服务。数据截至2018年12月底	地方政府

续表

一级指标及权重	二级指标及权重	二级指标释义及评价方法	二级指标分项及计算方法	数据要求	数据来源
惠民服务L1（26%）	城市服务L1P7（3%）	1. 本指标用于评价城市推进"互联网+"城市服务，发展便民服务新业态，实现城市服务与信息通信技术深度融合的情况 2. 本指标由移动互联网城市服务提供情况、移动互联网城市服务公众使用情况和一卡通应用情况三个分项进行评价 3. 本指标评价得分＝3%×（三个分项分数之和）	2. 移动互联网城市服务公众使用情况（L1P7-A2）： 计算方法：L1P7-A2分项分数=40%×（通过移动互联网使用过城市服务的用户数量/城市常住人口数量）×100 3. 一卡通应用情况（L1P7-A3）： 计算方法：L1P7-A3分项分数=30%×b b：在城市综合交通（公共汽车、地铁、轻轨、轮渡、出租车、公共自行车）、公用事业缴费、就业服务、社区服务、停车场管理、商超支付、景区服务、医疗服务，以及支持多渠道移动支付等领域，在唯一的一张卡上每支持一个领域应用得10分，满分100分，最高100分	通过移动互联网使用过城市服务的用户数量取2018年内至少使用过1次移动互联网城市服务的用户，截至2018年12月底 通过移动互联网使用过城市服务的用户数量由腾讯公司微信公司微信平台、阿里巴巴支付宝平台、城市自主开发平台提供，即用户数量取相关平台统计的用户数量平均值，即用户数量=b1×[b1/（b1+b2+b3）]+b2×[b2/（b1+b2+b3）]+b3/（b3/（b1+b2+b3）]。其中，腾讯公司微信平台和阿里巴巴支付宝平台的数据由新型智慧城市部际协调工作组办公室在填报系统中统一填报 卡的类型和管理部门不限，但应由选定的一张卡进行统计，不应是多张卡支持不同应用的叠加。数据截至2018年12月底	腾讯公司微信平台、阿里巴巴支付宝平台、城市自主开发平台 城市的一卡通管理部门

续表

一级指标及权重	二级指标及权重	二级指标释义及评价方法	二级指标分项及计算方法	数据要求	数据来源
惠民服务L1（26%）	帮扶服务L1P8（2%）	1.本指标用于评价城市利用信息化手段对残疾人群的帮扶情况 2.本指标由分项"互联网残疾人无障碍访问情况"进行评价 3.本指标评价得分＝2%×（该分项分数）	互联网残疾人无障碍访问情况（L1P8-A1）： 计算方法：L1P8-A1分项分数=100%×(b1+b2+b3) b1：城市政府主门户网站支持无障碍访问情况，支持得50分，不支持得0分 b2：城市政府各部门网站支持无障碍访问情况，90%以上部门支持得30分，60%以上部门支持得20分，30%以上部门支持得10分，30%以下部门支持得0分 b3：城市主流新闻媒体网站支持无障碍访问情况，浏览量前三位的城市本地新闻媒体网站均支持得20分，2家支持得10分，1家支持得5分，均不支持得0分	数据截至2018年12月底	地方政府
	智慧农业L1P9（2%）	1.本指标用于评价城市在将信息技术应用于农业生产、经营、服务和管理，推动农业质量变革、效率变革、动力变革方面的情况 2.本指标由分项"农业精准化生产情况、农业便捷化经营服务情况"进行评价（三个分项分数之和） 3.本指标评价得分＝2%×（三个分项分数之和）	1.农业精准生产情况（L1P9-A1）：计算方法：L1P9-A1分项分数=40%×(b1+b2) b1：利用信息技术应用已经实现的种养生产指导、种养规模测算、种养及产量预测、适宜区规划、农业金融等，每实现一种得8分，实现5种及以上可得满分40分 b2：将信息技术应用于农机调配、设施农业、畜禽养殖、水产养殖等领域，每提供一种得20分，提供3类服务及以上可得满分60分	数据截至2018年12月底	城市农业主管部门

续表

一级指标及权重	二级指标及权重	二级指标释义及评价方法	二级指标分项及计算方法	数据要求	数据来源
惠民服务L1（26%）	智慧农业L1P9（2%）	1.本指标用于评价城市在将信息技术用于农业生产、经营、服务变革，推动农业生产质量变革、效率变革、动力变革方面的情况。2.本指标由农业精准化生产情况、农业便捷化服务情况、农业在线化经营情况等三个分项进行评价。3.本指标评价得分=2%×（三个分项分数之和）	2.农业便捷化服务情况（L1P9-A2）：计算方法：L1P9-A2分项分数=30%×b b：信息进村入户工程覆盖率=（益农信息社建设数量/行政村总数）×100	数据截至2018年12月底	城市农业主管部门
			3.农业在线化经营情况（L1P9-A3）：计算方法：L1P9-A3分项分数=30%×b b：农产品利用电子商务销售额占比=（农产品网上销售额/农产品销售总额）×100	数据截至2018年12月底	城市农业主管部门、城市商务主管部门
	智慧社区L1P10（2%）	1.本指标用于评价实施"互联网+社区"行动，推进城乡社区生活智能化情况。2.本指标由智慧社区综合信息系统覆盖率分项进行评价。3.本指标评价得分=2%×（该分项分数）	智慧社区信息系统覆盖率（L1P10-A1）：计算方法：L1P10-A1分项分数=应用智慧社区综合信息系统的村（社区）数量/村和社区总数×100	智慧社区综合信息系统，即运用现代信息科学技术，整合区域人、地、物、情，等各类信息，集成区域公共服务、志愿服务、物业服务、便民利民服务、商业服务等资源，综合提供社区党建、治理、服务、交往等功能的智能化平台（应用）。数据截至2018年12月底	城市民政主管部门

续表

一级指标及权重	二级指标及权重	二级指标释义及评价方法	二级指标分项及计算方法	数据要求	数据来源
精准治理L2（11%）	城市管理L2P1（3%）	1.本指标用于评价运用数字化手段对城市进行智慧管理，发展智能化市政基础设施的情况 2.本指标由数字化城管情况、市政管网管线智能化监测管理率、综合管廊覆盖率、多规合一水平、园林绿化信息化和精细化管理水平等五个分项进行评价 3.本指标评价得分＝3%×（五个分项分数之和）	1.数字化城管情况（L2P1-A1）： 计算方法：L2P1-A1分项分数=20%×(b1+b2+b3+b4+b5) b1：城市管理部件的立案率不低于95%时20分，介于[90%，95%）时15分，介于[85%，90%）时10分，介于[80%，85%）时5分，低于80%时0分 b2：城市管理事部件的派遣正确率=派遣正确率办理的派遣率不低于90%时20分，介于[85%，90%）时15分，介于[80%，85%）时10分，介于[75%，80%）时5分，低于75%时0分 b3：执行部门按时处置率得分=执行部门按时处置率不低于80%时20分，介于[75%，80%）时15分，介于[70%，75%）时10分，介于[65%，70%）时5分，低于65%时0分 b4：城市管理事部件的结案率得分=结案率不低于90%时20分，介于[85%，90%）时15分，介于[80%，85%）时10分，介于[75%，80%）时5分，低于75%时0分 b5：数字化城管覆盖率=数字化城管覆盖面积/建成区面积，覆盖率不低于90%时20分，介于[85%，90%）时15分，介于[80%，85%）时10分，介于[75%，80%）时5分，低于75%时0分	数据截至2018年12月底	数字化城市管理信息系统

续表

一级指标及权重	二级指标及权重	二级指标释义及评价方法	二级指标分项及计算方法	数据要求	数据来源
精准治理 L2（11%）	城市管理 L2P1（3%）	1. 本指标用于评价运用数字化手段对城市进行智慧管理、发展智能化市政基础设施的情况 2. 本指标由数字化城市管网线智能化监测管理率、综合管廊覆盖情况、多规合一水平、园林绿化信息化和精细化管理水平等五个分项进行评价 3. 本指标评价得分=3%×（五个分项分数之和）	2. 市政管网线智能化监测管理率（L2P1-A2）： 计算方法：L2P1-A2分项分数=20%×（可以由物联网等技术进行智能化监测管理的城市市政管网总长度/城市市政管网总长度）×100 备注："智能化监测"实现对水、电、气的运行状态进行监测、安全预警、水质监测等功能 3. 综合管廊覆盖率（L2P1-A3）： 计算方法：L2P1-A3分项分数=20%×（城市成片开发区域内新建的新建道路长度同步建设地下综合管廊长度，各类园区、成片开发区域的新建道路长度）×100 4. 多规合一水平（L2P1-A4）： 计算方法：L2P1-A4分项分数=20%×b b=城市做了土地利用规划和城市总体规划的矛盾核查并调整一致实现建设用地布局"两图合一"，得25分；城市划定"三区三线"，得25分；建立"多规合一"管理平台，得25分；"多规合一"事项纳入行政审批环节，得25分	纳入智能化监测管理的城市市政管网线的数据，包括水、电、气三类在内的城市建成区内所有管线。数据截至2018年12月底 地下综合管廊长度和新建道路长度已开工及完成建设的长度。数据截取至2018年12月底的数据 数据截至2018年12月底	城市住建主管部门 城市住建主管部门 城市规划部门、自然资源部门（国土资源主管部门）、发改部门、环保部门

续表

一级指标及权重	二级指标及权重	二级指标释义及评价方法	二级指标分项及计算方法	数据要求	数据来源
精准治理 L2（11%）	城市管理 L2P1（3%）	1.本指标用于评价运用数字化手段对城市进行智慧管理、发展智能化市政基础设施建设的情况 2.本指标由数字化城市管情况、市政管网管线智能监测率、综合管廊覆盖率、多规合一水平、园林绿化信息化和精细化管理水平等五个分项进行评价 3.本指标评价得分=3%×（五个分项分数之和）	5.园林绿化信息化和精细化管理水平（L2P1-A5）： 计算方法：L2P1-A5分项分数=20%×b b=建立了园林绿化行业管理信息系统，对城市园林绿化建设规划实施精细化管理，为相关决策提供数据支撑，得50分；建立面向社会公众的网络平台，对绿地系统规划、城市绿线，公园绿地等进行动态监测和信息发布，得25分；能够借助物联网、5G等技术实现城市公园人流情况、城市园林绿化管养情况的监测，得25分	数据截至2018年12月底	城市规划部门、城市住房城乡建设主管部门、城市管理主管部门、城市园林绿化主管部门
	公共安全 L2P2（5%）	1.本指标用于评价构建立体化社会治安防控体系、开展公共安全视频监控建设联网应用的情况 2.本指标由城市高清视频监控摄像机完好率、城市公共区域视频监控覆盖率、城市重点公共区域视频监控覆盖率、重点公共区域视频图像联网共享率，以及公共安全视频监控支撑服务社会管理情况等三个分项进行评价 3.本指标评价得分=5%×（三个分项分数之和）	1.城市重点公共区域高清视频监控覆盖率、视频监控摄像机完好率（L2P2-A1）： 计算方法：L2P2-A1分项分数=40%×（0.4×b1+0.6×b2） b1：城市重点公共区域高清视频监控覆盖率得分＝（城市重点公共区域高清视频监控已经覆盖的城市重点公共区域数量/城市重点公共区域数量）×100 b2：城市重点公共区域视频监控摄像机完好率得分＝（城市重点公共区域完好视频监控摄像机数量/城市重点公共区域公共视频监控摄像机总量）×100	指标中提及的城市重点区域的范围按照公安主管部门有关要求并结合城市情况确定。数据截至2018年12月底	城市公安主管部门

续表

一级指标及权重	二级指标及权重	二级指标释义及评价方法	二级指标分项及计算方法	数据要求	数据来源
精准治理 L2（11%）	公共安全 L2P2（5%）	1.本指标用于评价城市构建立体化社会治安防控体系，开展公共安全视频监控联网应用的情况。 2.本指标由城市重点公共区域高清视频监控摄像机完好率、城市重点公共区域视频监控联网率，以及公共安全视频图像支撑服务社会管理情况等三个分项进行评价。 3.本指标评价得分＝5%×（三个分项分数之和）	2.城市重点公共区域视频监控联网率（L2P2-A2）： 计算方法：L2P2-A2分项分数=30%×（已经接入视频图像共享平台的城市重点公共区域内视频监控摄像机数量/城市重点公共区域内视频监控摄像机总数量）×100 3.公共安全视频图像支撑服务社会管理情况（L2P2-A3）： 计算方法：L2P2-A3分项分数＝30%×（0.6×b1+0.4×b2） b1：公共安全视频图像支撑打击犯罪的贡献率得分＝（年度公安机关利用视频监控协助查破的刑事案件数量/年度公安机关查破的刑事案件总数）×100 b2：公共安全视频图像服务政府其他职能部门情况：服务政府其他职能部门的个数多于5个（含5个）的，得100分；服务政府其他职能部门的个数在3～4个之间，得60分；服务政府其他职能部门的个数在1～2个之间，得40分；未开展的，不得分	指标中提及的城市重点区域的范围按照公安主管部门有关要求并结合城市情况确定。数据截至2018年12月底 数据截至2018年12月底	城市公安主管部门 城市公安主管部门

续表

一级指标及权重	二级指标及权重	二级指标释义及评价方法	二级指标分项计算方法	数据要求	数据来源
精准治理 L2（11%）	社会信用 L2P3（3%）	1.本指标分项用于评价城市社会信用统筹管理机制建设情况 2.本指标由社会信用统筹管理机制和社会信用信息部门实时共享率等两个分项进行评价 3.本指标评价得分=3%×（两个分项分数之和）	1.社会信用统筹管理机制（L2P3-A1）： 计算方法：L2P3-A1分项分数=50%×(b1+b2) b1：是否设立领导组织机构及领导体系建设，设立得50分，未设立得0分 b2：是否建立工作考核指标体系，建立得50分，未建立得0分 2.社会信用信息部门实时共享率（L2P3-A2）： 计算方法：L2P3-A2分项分数=50%×（实现实时共享社会信用信息的单位数/社会信用体系建设单位数）×100	数据截至2018年底。即2018年领导组织机构是否正常运转，社会信用体系建设考核工作是否开展，需提供相应红头文件等证明材料 实现实时共享范围内的信用信息是指制定了权责范围内的信用信息资源目录，已经接入城市信用信息平台共享给其他部门。需提供城市信用信息平台并系统截图等证明材料，数据截至2018年12月底	城市社会信用主管部门 城市社会信用主管部门
生态宜居 L3（6%）	智慧环保 L3P1（4%）	1.本指标用于评价城市空气质量自动监控情况、企业事业单位环境信息公开率和城市环境问题处置率等三个分项进行评价 2.本指标由城市空气质量自动监控情况、企业事业单位环境信息公开率、环境问题处置率等三个分项进行评价 3.本指标评价得分=4%×（三个分项分数之和）	1.城市空气质量自动监控情况（L3P1-A1）： 计算方法：L3P1-A1分项分数=40%×[空气质量自动监控点位数量（城市面积/30）]×100 2.企业事业单位环境信息公开率（L3P1-A2）： 计算方法：L3P1-A2分项分数=30%×（公开环境信息的企业数/辖区内重点排污企业事业单位数）×100 3.城市环境问题处置率（L3P1-A3）： 计算方法：L3P1-A3分项分数=30%×（环境事件处置数量/环境事件举报数量）×100 举报事件不为0时满分，举报事件不为0按照上述公式计算	城市范围内空气质量自动监控点位数量，城市面积统计单位为平方千米 辖区内重点排污企业事业单位是指列入本地区重点排污单位名录的单位。公开环境信息的企业是指2018年公开了环境信息的企业单位，公开应通过政府网站、报刊、广播、电视等便于公众知晓的方式公布 环境事件处置数量是指被举报的环境事件中完成处置的事件数量。数据截至2018年12月底	城市环境保护主管部门 城市环境保护主管部门 城市环境保护主管部门

续表

一级指标及权重	二级指标及权重	二级指标释义及评价方法	二级指标分项及计算方法	数据要求	数据来源
生态宜居L3（6%）	绿色节能L3P2（2%）	1.本指标用于评价城市绿色发展、推动节能降耗的工作情况。 2.本指标由重点用能单位在线监测率一个分项进行评价。 3.本指标评价得分=2%×（该分项分数）	重点用能单位在线监测率（L3P2-A1）： 计算方法：L3P2-A1分项分数=100%×（纳入在线监测的重点用能单位数量/所有重点用能单位数量）×100	数据取2018年度重点用能单位的数据	城市能源主管部门，发改主管部门
智能设施L4（5%）	宽带网络设施L4P1（2%）	1.本指标用于评价城市固定宽带网络、移动宽带网络和IPv6发展的情况。 2.本指标由固定宽带家庭普及率、4G用户普及率、IPv6网站支持率等三个分项进行评价。 3.本指标评价得分=2%×（三个分项分数之和）	1.固定宽带家庭普及率（L4P1-A1）： 计算方法：L4P1-A1分项分数=40%×（家庭固定宽带接入用户数/城市总户数）×100。比率如超过1则按1取值 2.4G用户普及率（L4P1-A2）： 计算方法：L4P1-A2分项分数=30%×（4G移动电话用户数/城市常住人口数）×100。比率如超过1则按1取值 3.IPv6网站支持率（L4P1-A3）： 计算方法：L4P1-A3分项分数=30%×（支持IPv6的主要网站数量/城市主要网站数量）×100。城市主要网站指城市本地新闻媒体类网站、城市政府门户网站，浏览量前三位的主要网站及浏览量前六位的城市本地商业网站，以及浏览量前六位的城市其他商业网站，总计10个网站	城市总户数包括城市家庭户数和集体户数。城市总户数取最近一年年底的统计数据。家庭固定宽带接入用户数截至2018年12月底	地方通信管理部门 地方通信管理部门 地方网信部门

续表

一级指标及权重	二级指标及权重	二级指标释义及评价方法	二级指标分项及计算方法	数据要求	数据来源
智能设施 L4（5%）	时空信息平台 L4P2（3%）	1. 本指标用于评价城市建立时空信息数据体系、开展时空信息服务的情况。 2. 本指标由多尺度地理信息覆盖和更新情况、时空信息平台在线为政府部门和公众服务情况等两个分项进行评价。 3. 本指标评价得分 = 3% ×（两个分项分数之和）	1. 多尺度地理信息覆盖和更新情况（L4P2-A1）： 计算方法：L4P2-A1分项分数 = 50% ×（b1 × 0.25+b2 × 0.25+b3 × 0.5） b1：（城市建成区1:500比例尺地形图覆盖面积/城市建成区面积）× 100 b2：（城市规划区1:1000或1:2000比例尺地形图覆盖面积/城市规划区面积）× 100 b3：（1/城市1:500比例尺地形图更新周期）× 100 2. 时空信息平台在线为政府部门和公众服务情况（L4P2-A2）： 计算方法：L4P2-A2分项分数 = 50% ×（b1+b2+b3） b1：城市开展政务版时空信息平台服务情况，有且运行中得40分，没有得0分 b2：城市开展互联网公众版时空信息平台服务（城市·城市）服务情况，有且运行中得30分，没有得0分 b3：基于政务版或公众版客户端App服务情况，有且运行中得30分，没有得0分	b1、b2中地形图覆盖面积指现势及历史地形图数据的不重复累加覆盖总面积，城市规划建成区的术语定义可参考GB/T50280-98《城市规划基本术语标准》。b3中城市1:500比例尺地形图更新周期以一年为单位，小于一年的按一年计算，更新形式包括整体更新或部分更新。数据截至2018年12月底	城市自然资源部门（测绘地理信息主管部门）
			时空信息平台，亦可称地理信息共享平台、地理信息公共服务平台、时空信息云平台等。运行值截至2018年12月底。b3中基于移动平台开展提供公众地理信息服务，通过政务版客户端或公众版App服务情况，指提供版的移动开发接口（安卓、IOS等），实现一种移动应用开发的应用即得30分	城市自然资源部门（测绘地理信息主管部门）

续表

一级指标及权重	二级指标及权重	二级指标释义及评价方法	二级指标分项及计算方法	数据要求	数据来源
信息资源 L5（8%）	开放共享 L5P1（4%）	1.本指标用于评价城市政府部门数据共享和公共信息资源向社会开放的情况 2.本指标由公共信息资源部门间共享率、信息资源社会开放率两个分项进行评价 3.本指标评价得分=4%×（两个分项分数之和）	1.公共信息资源社会开放率（L5P1-A1）： 计算方法：L5P1-A1分项分数=50%×（可API访问的已开放的公共信息资源类别数量/需要开放的公共信息资源类别总数）×100 2.信息资源部门间共享率（L5P1-A2）： 计算方法：L5P1-A2分项分数=50%×（制定信息资源目录并提供共享的部门数量/政府部门总数量）×100	需要开放的公共信息资源类别总数为22，包括信用服务、医疗卫生、社保就业、公共安全、科技创新、城建住房、教育文化、工业农业、商贸监管、生态环境、安全生产、市场监管、财税金融、法律服务、生活服务、社会救助、空间、地名地址、机构团体等、气象服务、地理资源流通、交通能源等。暂不对每个类别中可API访问的已开放的公共信息资源具体数量和种类进行要求。数据截至2018年12月底 制定了部门权责范围内的信息目录并提供共享是指制定两种情况给其他部门。无条件共享、有条件共享类的信息资源，应按照注明的条件范围进行共享。数据截至2018年12月底	地方政府
	开发利用 L5P2（4%）	1.本指标用于评价政企合作对城市基础信息资源开发利用、发展创新服务，推动城市精准化治理的情况 2.本指标由政企合作对基础信息资源的开发情况一个分项进行评价 3.本指标评价得分=4%×（该分项分数）	政企合作对基础信息资源的开发情况（L5P2-A1）： 计算方法：L5P2-A1分项分数=宏观调控决策支持、企业监管、食品安全、质量安全、安全生产、环境保护、旅游服务、应急处置等10类城市治理领域，每1类领域实现2个及以上开发应用案例得10分，满分100分	开发应用案例应是近2年内（截至2018年12月底）城市通过政企合作、利用主要基础信息资源开发的，已正式运营半年以上的案例数量，正在开发的、试用的、上线运营时间小于半年的都不应计算在内	地方政府

续表

一级指标及权重	二级指标及权重	二级指标释义及评价方法	二级指标分项及计算方法	数据要求	数据来源
信息安全L6（0%）（本指标作为扣分项，不占指标权重）	保密工作L6P1	1.本指标用于评价地方遵守国家《保密法》等保密相关规定，开展保密工作的情况 2.本指标由失泄密事件（案件）情况进行评价 3.本指标作为扣分项	失泄密事件（案件）情况（L6P1-A1，最高减2分）：计算方法：未按照"谁主管、谁负责"原则，在相关数据发布或输入非涉密网络前，未依规进行保密审查的，发生失泄密事件（案件）减0.5分；在智慧城市建设过程中，发生失泄密事件（案件）的，发生每起事件（案件）减0.3分，最高减1.5分	数据截至2018年12月底	地方保密部门、公安部门
	密码应用L6P2	1.本指标用于评价地方遵守《商用密码管理条例》《商用密码应用安全性评估管理办法（试行）》等相关规定，推进密码应用工作的情况 2.本指标由密码应用情况进行评价 3.本指标作为扣分项	密码应用情况（L6P2-A1，最高减2分）：计算方法：等保三级及以上信息系统相关键信息基础设施未落实密码应用"三同步一评估"要求的，每个系统减0.2分，最高减2分	数据截至2018年12月底	地方密码管理部门
创新发展L7（4%）	体制机制L7P1（4%）	1.本指标用于评价智慧城市统筹机制和管理机制建设，进行运营机制改革创新的情况 2.本指标由智慧城市统筹机制、管理机制、运营机制等三个分项进行评价	1.智慧城市统筹机制（L7P1-A1）：计算方法：L7P1-A1分项分数＝30%×(b1+b2) b1：是否设立领导组织机构及领导体制，设立得50分，未设立得0分 b2：领导组织机构是否有实际工作内容，有得50分，无得0分	b1数据截至2018年12月底；b2数据取2018年数据，即2018年领导组织机构是否正常运转并开展实际工作	地方政府

（三个分项分数之和）

续表

一级指标及权重	二级指标及权重	二级指标释义及评价方法	二级指标分项及计算方法	数据要求	数据来源
创新发展L7（4%）	体制机制L7P1（4%）	1.本指标用于评价智慧城市统筹运营机制和管理机制改革创新的情况 2.本指标由智慧城市统筹机制、管理机制、运营机制等三个分项进行评价 3.本指标评价得分=4%×（三个分项分数之和）	2.智慧城市管理机制（L7P1-A2）： 计算方法：L7P1-A2分项分数=30%×（b1+b2） b1：是否纳入政府绩效考核体系，纳入得50分，未纳入得0分 b2：是否建立智慧城市项目管理制度，建立得50分，未建立得0分	数据取2018年的数据，即2018年智慧城市重点项目是否纳入考核体系并按制度进行项目管理	地方政府
			3.智慧城市运营机制（L7P1-A3）： 计算方法：L7P1-A3分项分数=40%×（b1+b2） b1：政府和社会资本合作比率得分=（社会资本数量/总投资数）×50 b2：是否有第三方运营，有得50分，无得0分	b1数据截至2018年12月底。b2数据取2018年数据	地方政府
市民体验L8（40%）	市民体验调查L8P1（40%）	1.本指标用于评价公众对智慧城市发展效果切身感受的情况 2.本指标评价通过调查问卷完成，评价得分由调查问卷确定			

市民评价篇

新型智慧城市市民评价分析报告

一、调研方法

（一）调查方式

市民体验评价充分体现了新型智慧城市建设"以人为本"的理念，注重公众共享智慧城市建设成果的情况和公众对智慧城市的满意度、获得感。2019年度市民体验依托支付宝和问卷网两家第三方渠道以线上问卷调研方式获取数据，调查面向全国31个省级行政区（不含港澳台地区）的338个地级及以上城市，问卷回收周期为12周。

（二）调查内容

调查问卷采用选择题与简答题相结合的方式，从市民对智慧城市的认知度、满意度、意见和建议三方面进行调查。其中，通过认知度问题，考察市民对本市智慧城市建设和发展情况的了解程度；通过满意度问题，考察市民对本市12类智慧服务的体验感受；通过意见和建议问题，获取市民对本市智慧城市建设和发展成效的具体评价。

（三）调查样本规模

通过第三方渠道累计回收问卷107万余份，在全国338个地级及以上城市中，提交了有效样本的城市数量为335个，占总数的99%。

本报告相关数据分析均基于335个城市的有效样本进行。

（四）数据质量控制

第三方渠道通过技术手段限制同一设备、同一IP不能重复作答。

（五）计算方式

根据每个城市的有效样本，分别计算市民对智慧城市的认知度和对12个领域的满意度，为便于描述，本报告相关数据分析中认知度和12个领域满意度的范围均为0至100。

取12个领域满意度算术平均值作为该城市的市民体验得分，按40%权重计入新型智慧城市评价总体得分。

二、市民评价整体满意度分析

（一）市民对新型智慧城市发展较为满意

将市民评价满意度划分为五个等级：非常满意［80，100］、比较满意［60，80）、一般［40，60）、不太满意［20，40）、很不满意［0，20）。2019年全国市民评价整体满意度平均为79.23，处于"比较满意"阶段。与2016年的满意度63.71相比，提高25.55%，市民获得感整体呈上升态势（见图2.1）。

通过对简答题反馈的分析，有20.1%的市民针对一个或多个领域提出了具体的意见和建议，期待政府在新型智慧城市建设中进一步完善优化。

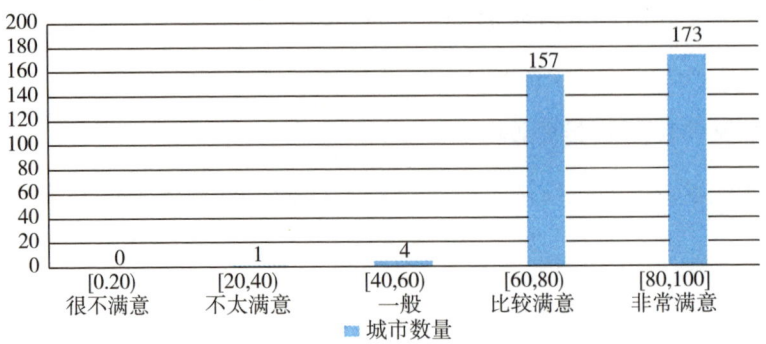

图2.1　2019年市民评价整体满意度分布

（二）各区域间市民满意度发展更加均衡

按区域分析，东部、中部和东北地区平均满意度均高于80，且区域内城市间满意度均衡性较高。西部地区平均满意度略低，且两极分化较为明显（见表2.1，图2.2）。

表2.1　2019年各区域市民满意度

	全国	东部	中部	西部	东北
最高	97.08	96.70	96.43	97.08	90.74
最低	26.67	58.80	60.80	26.67	69.10
平均	79.23	80.30	80.22	76.73	83.20
极差	70.41	37.90	35.63	70.41	21.64

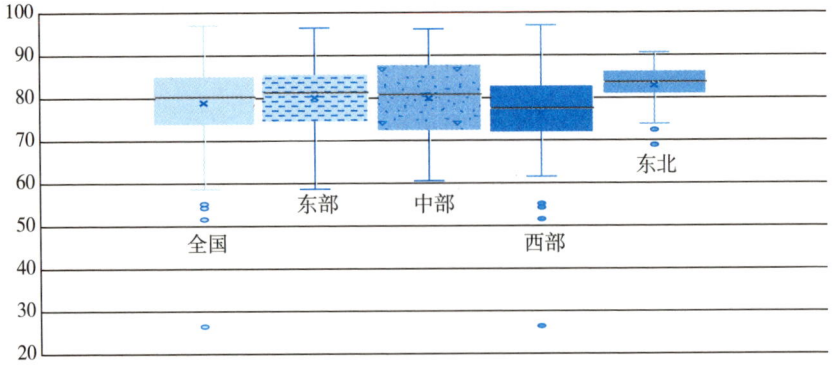

图2.2　2019年各区域市民满意度箱形图

（三）市民满意度提升存在较大区域差异

对 2016 年、2019 年两次市民评价均取得有效样本的 330 个城市进行分析，有 321 个城市的满意度提升，占城市总数的 95%，其中满意度进步率最高的城市提升了 55.32%。有 9 个城市满意度下降，其中满意度进步率最低的城市降低了 57.85%。按省份分析，31 个省级行政区中有 29 个满意度提升，最高提升了 29.62%。中部、西部区域内省份间呈现较大差异。

与 2016 年市民评价相比，四大板块平均满意度均有提升。其中东北地区整体进步明显，西部地区整体进步较慢，东部地区的先发优势不再明显，四大板块平均满意度之间的差异略有扩大（见图 2.3）。

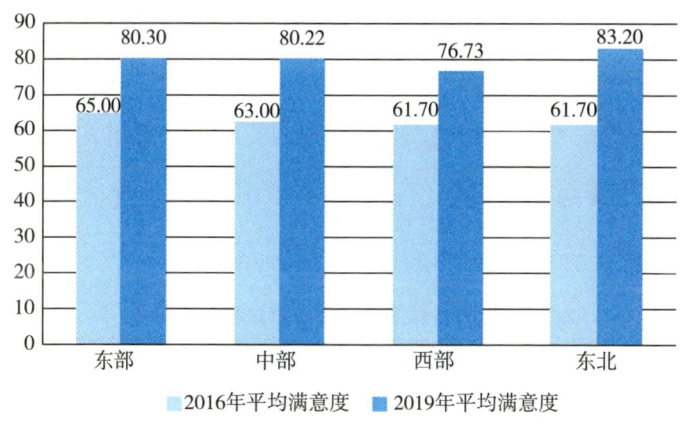

图2.3　2016年与2019年各区域满意度对比

（四）智慧城市建设需更关注市民获得感

2019 年共有 274 个地级及以上城市参与了自评价系统填报，对这些城市的系统填报得分（评价指标 L1 至 L7 总分）和市民评价满意度进行关联分析，在 0.01 水平上显著相关，但相关性比 2016 年略有下降（见图 2.4）。

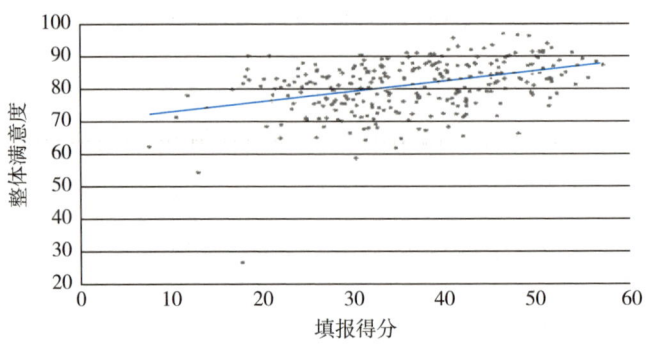

图2.4 2019年填报得分与整体满意度关联比对

对照274个城市系统填报得分和市民评价满意度在全国的位置，有46个城市的填报得分位于前50%，但市民满意度位于后50%，占城市总数的16.8%。其中有2个直辖市、1个计划单列市、7个省会城市。建议城市政府在高度重视新型智慧城市建设的同时，更应关注市民获得感，使建设投入真正落到实处、惠及百姓（见图2.4）。

分析12类智慧服务市民满意度与自评价得分的相关性，其中有7类服务的市民满意度与自评价得分均在0.01水平上显著相关，5类服务在自评价指标体系中无对应指标项（见表2.2）。

表2.2　　系统填报得分和市民评价满意度相关性分析

市民评价内容	与自评价得分相关系数
城市信息服务	0.394**
教育信息服务	0.341**
公交信息服务	0.311**
医疗信息服务	0.254**
社区信息服务	0.233**
政务服务	0.206**
就业信息服务	0.189**

（五）智慧城市认知度与满意度紧密相关

将市民对本市智慧城市建设和发展的了解情况划分为五个等级：

非常了解、比较了解、一般、不太了解、没听说过。2019年全国市民对本市智慧城市建设和发展的认知度平均为67.57，总体认知程度为"比较了解"。对335个城市的智慧城市认知度与市民评价满意度进行关联分析，相关系数为0.85，呈强相关（见图2.5）。

可见政府或企业在大力推进智慧城市建设的同时，也应注重建设成果和进展的宣传推广，引导市民关注、了解、应用智慧城市建设成果，提升市民对智慧城市建设的认同感、支持度和满意度。

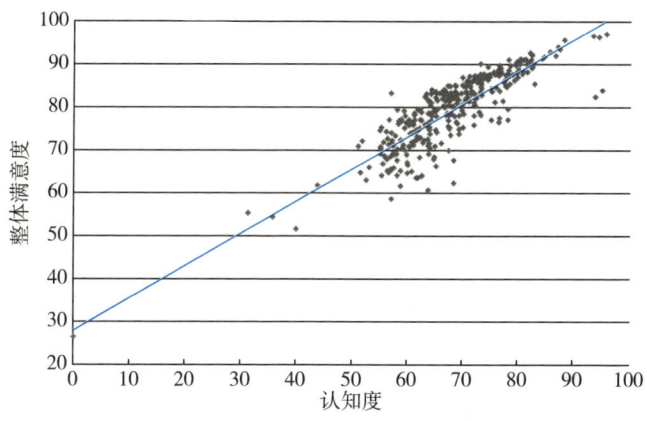

图2.5　2019年市民认知度与整体满意度关联比对

三、市民评价领域满意度分析

（一）服务满意度受市场化程度影响明显

2019年共对政务服务、市民热线服务、城市信息服务、公交信息服务、停车信息服务、文体信息服务、教育信息服务、就业信息服务、医疗信息服务、健康攸关信息服务、社区信息服务、公共Wi-Fi服务等12类与市民生活紧密相关的服务开展满意度评价，根据评价结果，市民对12类服务的满意度略有差异（见图2.6）。

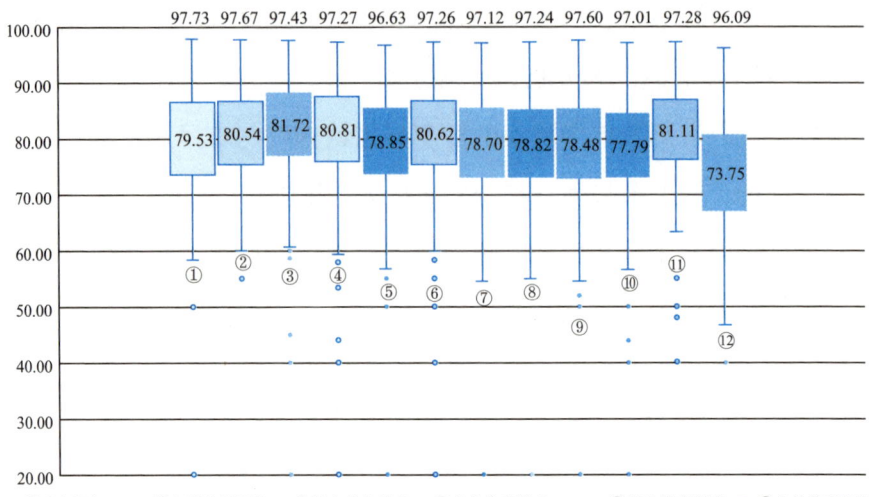

图2.6　2019年各领域市民满意度箱形图

城市信息服务、社区信息服务和公交信息服务满意度最高，一方面与政府大力推进"互联网＋政务服务"工作有关，另一方面是近年来互联网平台和社会专业机构积极参与上述领域的智慧化建设，为市民提供了大量丰富、便捷、易用的服务。

公共Wi-Fi服务满意度明显低于其他11类服务，市民在公共场所便捷上网的需求尚未得到满足。根据市民反馈的具体意见与建议可知，由于移动网络提速降费尚不到位，部分地区移动网络覆盖面不全，因此市民对免费无线网络有一定的需求，然而部分城市自行建设的公共Wi-Fi需要下载指定App或绑定个人账号才能使用，部分市民认为操作较为复杂，且信息安全难以得到保障。

（二）各领域服务体验提升程度差距明显

在2019年市民评价中，政务服务、市民热线服务、城市信息服务、公交信息服务、教育信息服务、就业信息服务、医疗信息服务、公共

Wi-Fi 服务 8 类为延续性考察内容，停车信息服务、文体信息服务、健康攸关信息服务、社区信息服务 4 类为新增考察内容。

8 个延续性考察领域的满意度均比 2016 年有所提升，但各领域间提升程度存在明显差距。

城市信息服务满意度提升幅度最高，进步率为 63.68%，有 97.6% 的城市满意度提升。由于互联网服务平台布局持续深入，日益注重市民体验，为生活缴费、交通出行、办事预约等高频场景提供了日益便捷、高效、多样的服务选择，得到市民的认可。

市民热线服务满意度提升幅度次高，进步率为 42.87%，有 98.2% 的城市满意度提升。由于近年许多城市政府将热线整合作为智慧政务的一项重要建设内容，采用前端统一受理、后台分拨处置的模式，大大提升了问题投诉应答的及时性和处理的时效性。

就业信息服务满意度提升幅度最小，进步率仅为 0.28%，仅有 52.0% 的城市满意度提升，远低于其他各类服务。说明市民在就业信息服务方面的需求未能得到较好满足，政府和市场仍需着力研究、精准施策（见图 2.7）。

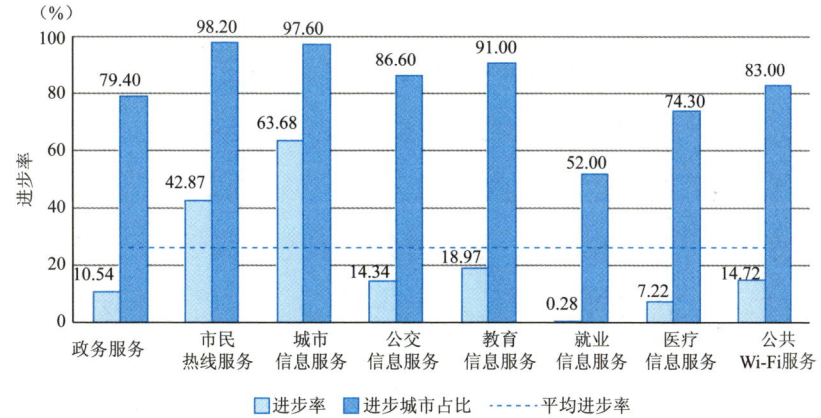

图2.7 2019年各领域市民满意度进步率（%）

（三）公交信息和政务服务成为关注热点

从简答题的回答中分析提炼具体意见建议，并统计12类服务被提及的次数。其中对公交信息服务的意见建议最多，占32.0%，对政务服务的意见次多，占16.2%。两项约占意见建议总量的一半，说明市民对公交信息服务和政务服务比较关注，期待市民痛点能得到地方城市政府重视和尽早解决（见图2.8）。

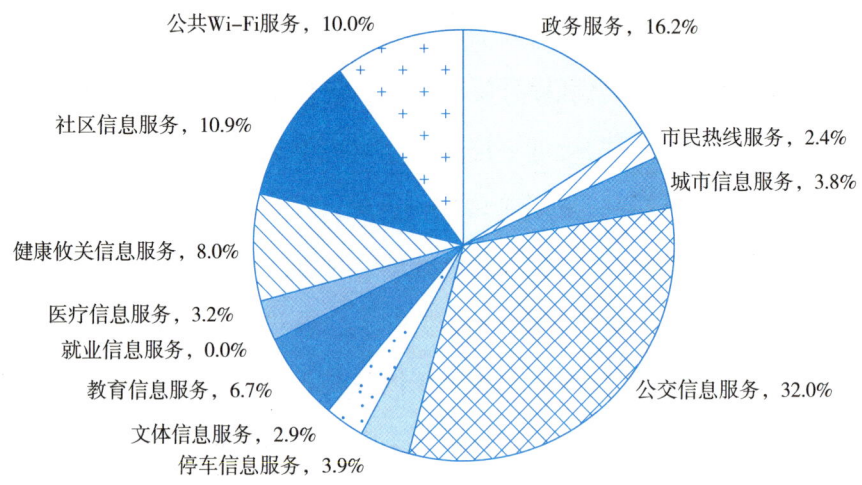

图2.8　各领域意见建议分布图

市民针对公交信息服务提出的主要意见包括：App过于分散，电子站牌不普及，智能设施缺乏维护更新，信息不准确、不及时等。市民针对政务服务提出的主要意见包括：办证流程繁琐，盖章难，服务窗口少，开放时间短，服务拖延，在线办事渠道少，希望"最多跑一次"工作落到实处等。以上问题亟待在新型智慧城市建设中得到解决。

四、各领域满意度专题分析

（一）政务服务

按城市分析，2019年全国各城市政务服务满意度平均为79.53，最高为97.73，最低为20.00（见表2.3）。与2016年评价结果相比，各城市政务服务满意度平均提高10.54%。有266个城市整体满意度提升，占城市总数的79.4%，其中满意度进步率最高的城市提升了100.52%。有64个城市整体满意度下降，占城市总数的19.1%，其中满意度进步率最低的城市降低了70.75%。

表2.3　　　　政务服务领域各区域市民满意度

	全国	东部	中部	西部	东北
最高	97.73	97.15	96.72	97.73	91.61
最低	20.00	58.29	61.78	20.00	67.74
平均	79.53	80.55	80.49	77.04	83.66
极差	77.73	38.86	34.94	77.73	23.87

（二）市民热线服务

按城市分析，2019年全国各城市市民热线服务满意度平均为80.54，最高为97.67，最低为55.00（见表2.4）。与2016年评价结果相比，各城市市民热线服务满意度平均提高42.87%。有329个城市整体满意度提升，占城市总数的98.2%，其中满意度进步率最高的城市提升了84.30%。有8个城市整体满意度下降，占城市总数的2.4%，其中满意度进步率最低的城市降低了3.49%。

表2.4　　　　市民热线服务领域各区域市民满意度

	全国	东部	中部	西部	东北
最高	97.67	96.93	96.56	97.67	91.27
最低	55.00	60.00	63.69	55.00	69.49
平均	80.54	80.85	81.24	78.97	83.78
极差	42.67	36.93	32.86	42.67	21.78

（三）城市信息服务

按城市分析，2019年全国各城市城市信息服务满意度平均为81.72，最高为97.42，最低为20.00（见表2.5）。与2016年评价结果相比，各城市城市信息服务满意度平均提高63.68%。有327个城市整体满意度提升，占城市总数的97.6%，其中满意度进步率最高的城市提升了115.12%。有3个城市整体满意度下降，占城市总数的0.9%，其中满意度进步率最低的城市降低了60.48%。

表2.5　城市信息服务领域各区域市民满意度

	全国	东部	中部	西部	东北
最高	97.43	97.43	96.67	97.14	93.08
最低	20.00	62.25	60.63	20.00	72.38
平均	81.72	83.56	83.04	78.32	86.26
极差	77.43	35.18	36.04	77.14	20.70

（四）公交信息服务

按城市分析，2019年全国各城市公交信息服务满意度平均为80.81，最高为97.27，最低为20.00（见表2.6）。与2016年评价结果相比，各城市公交信息服务满意度平均提高14.34%。有290个城市整体满意度提升，占城市总数的86.6%，其中满意度进步率最高的城市提升了38.22%。有40个城市整体满意度下降，占城市总数的11.9%，其中满意度进步率最低的城市降低了71.89%。

表2.6　公交信息服务领域各区域市民满意度

	全国	东部	中部	西部	东北
最高	97.27	97.27	96.48	96.62	91.91
最低	20.00	57.89	59.38	20.00	69.84
平均	80.81	82.47	81.83	77.89	84.82
极差	77.27	39.38	37.11	76.62	22.08

（五）停车信息服务

按城市分析，2019 年全国各城市停车信息服务满意度平均为 78.85，最高为 96.63，最低为 20.00（见表 2.7）。该领域为 2019 年新增考察领域，2016 年无对应评价结果。

表2.7　停车信息服务领域各区域市民满意度

	全国	东部	中部	西部	东北
最高	96.63	96.52	96.33	96.63	90.46
最低	20.00	56.76	60.00	20.00	69.00
平均	78.85	80.04	79.65	76.37	82.85
极差	76.63	39.76	36.33	76.63	21.46

（六）文体信息服务

按城市分析，2019 年全国各城市文体信息服务满意度平均为 80.62，最高为 97.26，最低为 20.00（见表 2.8）。该领域为 2019 年新增考察领域，2016 年无对应评价结果。

表2.8　文体信息服务领域各区域市民满意度

	全国	东部	中部	西部	东北
最高	97.26	97.06	96.51	97.26	91.91
最低	20.00	60.29	61.18	20.00	69.68
平均	80.62	82.18	81.71	77.77	84.45
极差	77.26	36.77	35.33	77.26	22.24

（七）教育信息服务

按城市分析，2019 年全国各城市教育信息服务满意度平均为 78.70，最高为 97.12，最低为 20.00（见表 2.9）。与 2016 年评价结果相比，各城市教育信息服务满意度平均提高 18.97%。有 305 个城市整体满意度提升，占城市总数的 91.0%，其中满意度进步率最高的城市提升了 49.11%。有 25 个城市整体满意度下降，占城市总数的 7.5%，其中满意度进步率最低的城市降低了 69.31%。

表2.9　　　　　教育信息服务领域各区域市民满意度

	全国	东部	中部	西部	东北
最高	97.12	96.44	96.37	97.12	90.69
最低	20.00	54.57	61.25	20.00	66.98
平均	78.70	79.51	79.65	76.35	82.89
极差	77.12	41.87	35.12	77.12	23.70

（八）就业信息服务

按城市分析，2019 年全国各城市就业信息服务满意度平均为 78.72，最高为 97.24，最低为 20.00（见表 2.10）。与 2016 年评价结果相比，各城市就业信息服务满意度平均提高 0.28%。有 174 个城市整体满意度提升，占城市总数的 52.0%，其中满意度进步率最高的城市提升了 21.61%。有 156 个城市整体满意度下降，占城市总数的 46.6%，其中满意度进步率最低的城市降低了 73.49%。

表2.10　　　　　就业信息服务领域各区域市民满意度

	全国	东部	中部	西部	东北
最高	97.24	96.50	96.40	97.24	90.77
最低	20.00	58.55	61.25	20.00	67.42
平均	78.72	79.52	79.81	76.50	83.02
极差	77.24	37.94	35.15	77.24	23.35

（九）医疗信息服务

按城市分析，2019 年全国各城市医疗信息服务满意度平均为 78.48，最高为 97.60，最低为 20.00（见表 2.11）。与 2016 年评价结果相比，各城市医疗信息服务满意度平均提高 7.22%。有 249 个城市整体满意度提升，占城市总数的 74.3%，其中满意度进步率最高的城市提升了 31.09%。有 80 个城市整体满意度下降，占城市总数的

23.9%，其中满意度进步率最低的城市降低了72.19%。

表2.11　　　　医疗信息服务领域各区域市民满意度

	全国	东部	中部	西部	东北
最高	97.60	96.87	96.32	97.60	9.22
最低	20.00	55.28	60.00	20.00	67.94
平均	78.48	80.01	79.69	75.68	81.87
极差	77.60	41.59	36.32	77.60	21.28

（十）健康攸关信息服务

按城市分析，2019年全国各城市健康攸关信息服务满意度平均为77.79，最高为97.01，最低为20.00（见表2.12）。该领域为2019年新增考察领域，2016年无对应评价结果。

表2.12　　　健康攸关信息服务领域各区域市民满意度

	全国	东部	中部	西部	东北
最高	97.01	96.44	96.46	97.01	89.32
最低	20.00	56.62	59.35	20.00	69.18
平均	77.79	78.59	78.93	73.71	81.58
极差	77.01	39.82	37.11	77.01	20.14

（十一）社区信息服务

按城市分析，2019年全国各城市社区信息服务满意度平均为81.11，最高为97.28，最低为40.00（见表2.13）。该领域为2019年新增考察领域，2016年无对应评价结果。

表2.13　　　　社区信息服务领域各区域市民满意度

	全国	东部	中部	西部	东北
最高	97.28	96.90	96.31	97.28	91.76
最低	40.00	64.79	63.53	40.00	71.25
平均	81.11	82.29	81.86	78.72	84.98
极差	57.28	32.11	32.78	57.28	20.51

五、各领域发展建议

通过分析市民简答题回答，得出以下迫切需求和意见建议。

（一）政务服务方面

一是建议加快政务服务平台一体化建设，加强各地区、各部门政务服务平台规范化、标准化、集约化建设和互联互通。

二是建议加强场景化服务，通过搜索办事目的了解办事流程，同时进一步提高窗口办事人员的服务水平，减少老百姓办事难度。

三是建议进一步简化办事手续，办事流程公开透明。

四是建议按需调整部分政务事项服务时间，推广24小时自助政务服务一体机的应用，方便市民安排时间办理政务事项。

（二）市民热线服务方面

一是建议更加重视市民热线的接件态度和效率。

二是建议借助信息化平台辅助事件分拨和追溯，提高事件分派和处置的精确度，督查办件时效性。

三是建议市民热线整合工作，不仅应整合电话号码，更应整合平台和处理机制，通过流程再造、部门协同，避免扯皮推诿。

（三）城市信息服务方面

一是建议城市信息服务渠道多样化，以满足不同年龄段、不同区域等群体均可享受便捷的信息服务。

二是建议加快信息服务在社保和医疗两方面的应用。

三是建议简化信息服务使用方法，提高服务便捷性、高效性。

四是建议平台应注重网络安全，保护好市民的财产安全、隐私安全。

五是建议加快水、电、气、供暖、有线电视等各类生活缴费平台的统一，提供缴费、用量、余额等市民关心的信息。加快普及公交、地铁等市民出行方面缴费的统一，能为市民提供车辆运行、线路优化等帮助市民提升出行效率等信息。

（四）公交信息服务方面

一是建议聚焦公众出行需求，整合交通出行服务信息，丰富交通信息发布渠道，为市民提供综合性、多层次、一站式交通信息服务。

二是建议聚焦市民关键需求，着力为市民提供准确、便捷的公共交通线路、换乘、到站时间等信息。

三是建议鼓励政府、企业发挥主体优势，通过电子公交站牌、手机等渠道为市民提供多样化公交信息服务。

（五）停车信息服务方面

一是建议构建智慧停车服务体系。通过诱导屏、手机等方式，为市民出行停车提供实时车位信息、停车导引、智能支付结算等停车全流程服务。

二是建议统筹城市停车资源，鼓励各类停车资源闲时共享。

三是建议鼓励停车要素和商业资源的有效聚合，打造"停车+"经济。

（六）文体信息服务方面

一是同一区域、同一省份内部的文体信息服务水平差异较大，建议国家层面和省级层面加强政策导向作用与规划推进力度。

二是市民对文体设施的数量、质量及可达性有较强烈的需求，建议先行完善文体设施建设，为做好文体信息服务打好基础。

（七）教育信息服务方面

一是建议在教育资源普惠化方面下大力气，建设更多优质在线教育资源。

二是市民在职业技术培训、老年培训、继续教育等方面有较大需求，智慧教育应适当扩展建设范围，面向中小学生以外的市民群体提供服务。

三是地方教育部门在选择市场化合作伙伴时应强化遴选和监管机制，避免为了提升教学信息化程度，强制学生购买智能设备、推广无实质性内容的信息化应用、强制订阅网课，反而可能造成负面影响。

（八）就业信息服务方面

一是就业政策、创业政策传递不够及时，市民及时获取相关信息的通道、渠道有限。建议各城市进一步加强面向各类人群的多层次就业服务。

二是建议规范就业服务机构，针对违规现象，加强曝光处罚及负面公司名单库的建设。

三是建议搭建网络学习平台、文化云平台等，提供专业知识、技能等免费课程，支持多种终端播放、观看。

（九）医疗信息服务方面

一是部分地区社保卡、医保卡、健康卡、就诊卡不能通用，或推行多卡合一后支付系统建设进度跟不上，给市民带来不便，医院、医保等不同信息系统间亟待互联互通。

二是预约挂号、诊间结算、自助缴费等便民服务在市级公立大医院推行较好，但在基层医院看病难、排队长的问题依然存在，需要全面加强各类医院的信息化建设。

三是建议医院网站、大屏等信息公开渠道，应及时更新科室信息、专家出诊信息，保障信息准确，使信息化建设起到实际作用。

四是社区医院、县级医院向市级医院转诊困难，检查结果不互认，建议尽快落实双向转诊和医疗影像互认，减少重复检查和重复采集信息现象。

（十）健康攸关信息服务方面

一是建议在人口密集区如各小区门口、公园、广场等字幕屏，公布有关空气、水、食品安全的事项数据，更有针对性地公布公示范围内各项检测数据、标准数据之间的对比等。

二是建议构建空气、疫苗专项 App 或公众号，推送食品安全、用药安全、安全急救等小知识，提高居民健康素养。

三是建议通过智慧城市建设，前置智慧终端实施监控、物联网进行监控互联，提高疫病监控报警、预警能力。

四是建议针对疫苗接种，加大安全宣传力度，提高疫苗覆盖度，借助信息化手段开展疫苗注射预约等服务。

（十一）社区信息服务方面

一是受城市经济体量、城市统筹推进力度等因素制约，社区信息服务发展较好的城市普遍集中在东部和中部地区，区域之间发展不均衡，西部地区有待进一步缩小城市间发展差距。

二是新建小区各项配套设施和服务相对较为完善，公众对老旧小区改造需求强烈。

三是目前部分社区服务仍旧停留在传统的方式，社区信息化建设推进缓慢，网上缴费、在线报修等便民服务尚未普遍实现，建议视具体情况引进专业的市场化服务力量，提升社区信息服务水平。

新型智慧城市评价市民体验调查问卷[①]

您要评价的城市是 _____ 省（自治区、直辖市）_____ 市

问卷问题	评价				
通过电视、报刊、网站、手机等途径，您对本市智慧城市建设和发展的了解情况如何？	□非常了解	□比较了解	□一般	□不太了解	□没听说过
在证照办理、社保服务、纳税服务、企业注册等政务服务领域，结合线上线下办理，同一窗口办结，最多跑一次，不见面审批等"一网、一窗、一门、一次"的创新实践，您对本市政务服务的总体评价如何？	□非常满意	□比较满意	□一般	□不太满意	□很不满意	□不了解，无法评价
通过12345、12319等服务热线，在问题投诉应答的及时性、处理的时效性、解决的满意度等方面，您对本市民热线服务的总体评价如何？	□非常满意	□比较满意	□一般	□不太满意	□很不满意	□不了解，无法评价
通过一张实体卡或手机虚拟卡以及支付宝互联网服务平台，在公交、地铁等出行，水、电、气等缴费，社保，医疗等服务的便捷性、高效性等方面，您对城市信息服务的总体评价如何？	□非常满意	□比较满意	□一般	□不太满意	□很不满意	□不了解，无法评价
通过电子公交站牌、手机等方式，在获取公交/地铁线路、换乘信息，到站时间等的便捷性、准确性等方面，您对本市公共交通信息服务的总体评价如何？	□非常满意	□比较满意	□一般	□不太满意	□很不满意	□不了解，无法评价
通过诱导屏、手机等方式，在获取目的地实时车位信息，停车指引，缴费等的便捷性、准确性等方面，您对本市停车信息服务的总体评价如何？	□非常满意	□比较满意	□一般	□不太满意	□很不满意	□不了解，无法评价
通过网站、App、电话等方式，在查询图书馆、博物馆、科技馆、体育馆、影剧院等场馆的基本信息，预约购票、自动检票、自助讲解、智能展示等的便捷性方面，您对本市文体信息服务的总体评价如何？	□非常满意	□比较满意	□一般	□不太满意	□很不满意	□不了解，无法评价

① 请您在对应的问题和选项表格中画"√"，且一个问题只能选一个评价意见。

续表

问卷问题	评价				
在教育信息公开的及时性、网络学习平台的便捷性、免费在线学习资源的丰富性等方面，您对本市教育信息服务的总体评价如何？	□非常满意	□比较满意	□一般	□不太满意	□很不满意	□不了解，无法评价
通过网站、手机、信息屏等方式，在就业政策、工作招聘、技能培训等方面，您对本市就业信息服务的总体评价如何？	□非常满意	□比较满意	□一般	□不太满意	□很不满意	□不了解，无法评价
结合预约挂号、诊间结算、自助缴费、手机缴费便民服务，以及电子病历、健康档案、分级诊疗、双向转诊、远程医疗等实践应用，您对本市医疗信息服务的总体评价如何？	□非常满意	□比较满意	□一般	□不太满意	□很不满意	□不了解，无法评价
通过网站、手机、信息屏等方式，在获取城市饮用水质量、空气质量、疫苗接种、食品安全等健康攸关信息的及时性、便捷性、准确性等方面，您的总体评价如何？	□非常满意	□比较满意	□一般	□不太满意	□很不满意	□不了解，无法评价
通过网站、手机、座机、缴费等方式，在获取社区便民服务、点餐、配送、救助、报修等方面，您对所在社区信息服务的便捷性和满意度等总体评价如何？	□非常满意	□比较满意	□一般	□不太满意	□很不满意	□不了解，无法评价
您对本市商场、广场、机场、火车站等公共场所Wi-Fi服务的总体评价如何？	□非常满意	□比较满意	□一般	□不太满意	□很不满意	□不了解，无法评价
您对本市智慧城市建设和发展成效的总体评价如何？	□非常满意	□比较满意	□一般	□不太满意	□很不满意	□不了解，无法评价
您对本市智慧城市的下一步发展有何意见和建议？（简答题）					

典型案例篇

第一部分　惠民服务类

厦门市："i厦门"服务体系建设实践
南宁市：着眼信息惠民　构建就医新体验
张家港市：智慧医疗　互助共享
铜陵市：智慧城市体验馆
杭州市：数字改变生活　信用增添活力
驻马店市："咱的驻马店"助力惠民服务　实现从"网上办"到"掌上办"

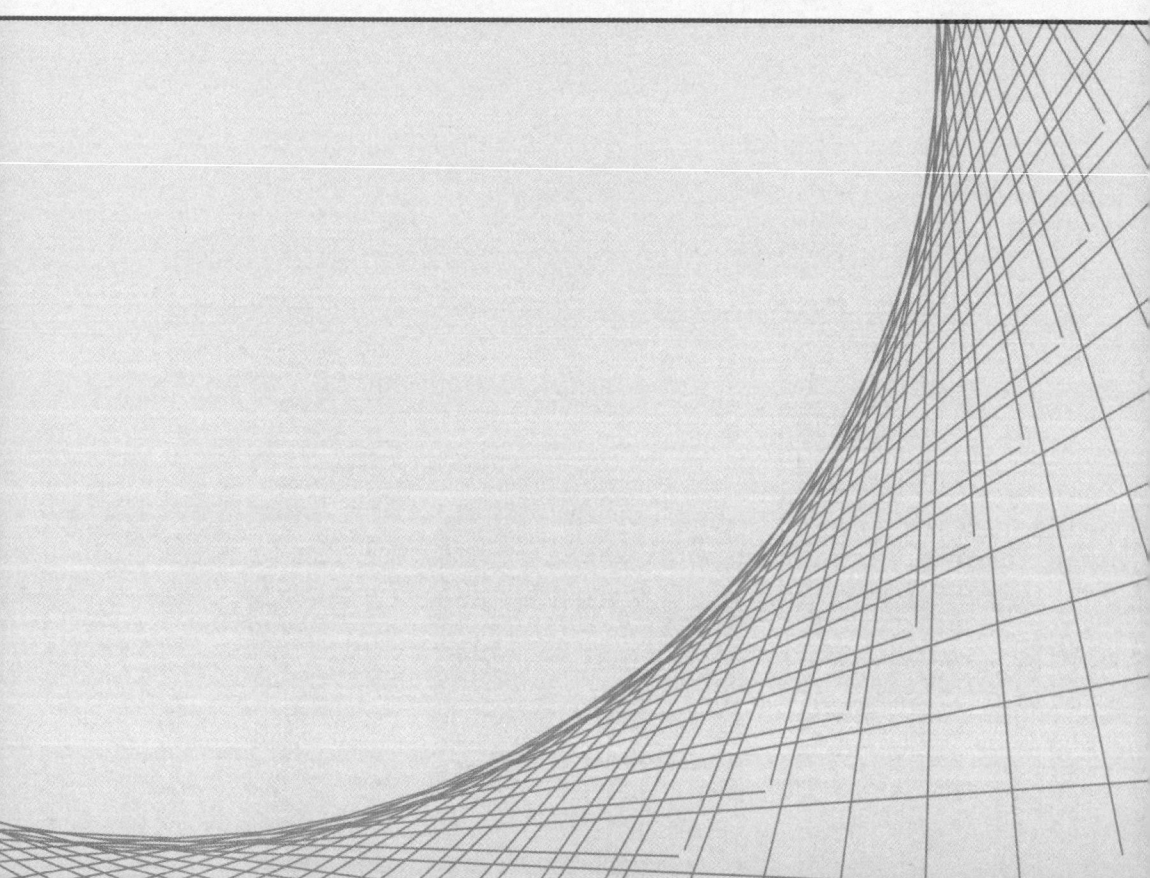

厦门市："i 厦门"服务体系建设实践

在智慧城市建设过程中，厦门市不断探索创新，运用大数据等现代信息技术，通过对孤立、分散的公共服务资源进行整合，深化跨层级、跨部门信息共享和业务协同，构建了智慧政务的"统一窗口"——"i 厦门"。"i 厦门"服务体系以实现"指尖全城通"为目标，全面汇聚与在厦市民生活、企业营商环境相关的各类服务，加快构建方便快捷、公平普惠、优质高效的服务体系，让企业和群众办事像"网购"一样方便。

一、背景和需求

信息孤岛、信息烟囱、信息壁垒是政务信息化建设发展过程中的普遍现象，由此产生的互联互通难、信息共享难、业务协同难等问题，制约了政务信息化的效能提升、阻碍了政府改革创新，同时也给群众企业办事创业带来诸多不便。

为了尽快解决企业和群众办事的"难点"、政务服务的"堵点"和"痛点"，加快智慧城市建设步伐，厦门市深入贯彻落实《国务院办公厅关于印发政务信息系统整合共享实施方案的通知》（国办发〔2017〕39号）、《国务院办公厅关于印发进一步深化"互联网+政务服务"推进政务服务"一网、一门、一次"改革实施方案的通知》(国办发〔2018〕45号)等文件部署要求,以"消除系统孤岛、铲平应用烟囱、整合数据体系、集成基础资源"为目标,通过制度变革、管理创新和技术应用等手段,在重点领域和高频事项上切实联通数据、打通业务,形成全市政务服务和公共服务的统一入口——"i厦门"。

随着信息技术的广泛应用,市民对更精准、更方便、更快捷的政务服务呼声越来越高。为了更符合公众的需要,"i厦门"服务体系进一步提档升级,新版"i厦门"建设的核心转向应用接入,重点是智能服务、统一标准,不断提升数字厦门"五通"能力(即认证通、数据通、证照通、支付通、服务通),真正实现城市智慧式管理和运行。

二、主要做法

(一)加强顶层设计和统筹规划

厦门市坚持以"一个服务体系,四个统一"作为推进智慧城市建设的总体规划,充分利用已建平台的数据资源优势,专门成立进一步提升平台工作领导小组,负责统筹领导和协调推进工作。市长亲任领导小组组长,常务副市长、分管副市长任副组长,办公厅副主任为领导小组办公室主任,成员包括全市相关部门和各区政府主要领导。领导小组办公室设在市政府办公厅,负责"i厦门"平台建设运营中的综合协调工作。不定期组织召开工作协调推进会并呈报工作月报,及时沟通部门需求,确保信息的互联互通有效实施。

（二）全面整合汇聚资源

按照"四个统一"的原则，打造"i厦门"一站式线上政务服务平台。

一是统一入口。将不同单位、不同标准、不同渠道基于互联网、面向企业和群众的服务事项和自助终端服务内容进行整编，规范应用和服务内容，各分散应用入口在整合验收测试通过后关闭。同时，加强对全市各区、各部门 PC 端、App、微信公众号、小程序、自助服务终端等的整合，解决多头管理、数据分散、市民不便等问题，增加用户易用性和黏性。

二是统一数据。为打破信息孤岛、信息烟囱、信息壁垒的困局，厦门市陆续出台《厦门市政务信息资源共享管理暂行办法》、《政务信息共享协同平台技术规范》（厦门市地方标准）等政策文件，明确共享责任义务、规范共享程序、协调解决共享问题、引导资源共享利用。

三是统一认证。通过建设全市统一用户认证规范体系，为每个市民提供线上唯一的厦门电子身份（市民通行证），实现市民在本市在线公共服务的单点登录和访问使用，市民可享受"一个 ID、一次登录、全市通行"的服务。依托公安人口数据库、银联金融大数据平台，以支付宝、微信等第三方机构实名数据为补充，采用业内领先的生物识别比对技术及数字证书等权威认证手段，构建了实名+实人的身份认证体系，做到全流程在线自动认证，进一步提升市民和企业的使用便捷性，畅快体验"i厦门"各项服务。

四是统一支付。依托"i厦门"服务体系，建设统一公共支付平台，方便企业百姓办事缴款，减少第三方支付平台——对接各部门的麻烦。平台通过信息系统开发、标准规范制定和系统接入实施等，支持财政非税收入缴费，支持申请人通过网上银行、微信、支付宝等支付渠道支付，为企业和群众办理便民服务需要缴费时提供多元化支付和对账服务。

（三）做实做细提升服务水平

一是着力做好高频服务事项。坚持以市民需求为导向，对高频服务事项进行梳理，在"i 厦门"移动端推出首批"统一就诊预约挂号、医疗费用诊间支付、统一办事预约、出入境办事服务、居住证办理与签注、交通违法查询与处理、自助移车、食品药品安全追溯查询、办事指南统一查询、公共信用信息查询"等群众关注度高、办件量大的事项，不断完善业务流程，优化政务服务模式，持续提升移动端使用体验，让公众轻轻松松"掌上办事"。

二是提高公共服务效率。"i 厦门"平台围绕办事生命周期对服务资源进行梳理展现，对已有的办事服务进行分类整合，并建立一套标准规范对接服务事项，结合智能感知的理念主动为市民推送相关办事服务和个人信息查询。面向市民、企业（社团）通过综合服务门户和个性化主页，实现从"用户找信息/服务"到"信息/服务精准找用户"，并且减少中间环节，让网上办事"少找""快办"。

（四）"以民为本"不断拓展应用

"i 厦门"服务体系从市民最关注的角度提供政务、生活、健康、文化、教育、交通、社保等领域的服务，同时不断创新应用。

一是结合部门和市民需求，实现更多的服务网上办。将全市分散的资源进行整合，汇聚吃、住、行、游、生、老、病、死及创业就业等与在厦市民生活、企业营商环境息息相关的各类服务，并通过市民需求反馈，与政务部门及时对接，持续开拓服务应用。为了解决城市治理难问题，整合建设"随手拍"应用；为了解决"企业办事难"问题，推出"政企直通车"；为了方便市民就医，推出"诊间结算"；为了让市民生活更加便捷，统一办事预约；为了解决课后教育问题，推出"课后延时服务平台"。

二是打造权威资讯中心,让政务信息一键通达。在"i厦门"平台汇聚重大政策、政策解读、应急响应、防汛抗旱等政务信息,实现信息的分类定制和主动推送,让群众一键获取各类权威资讯和便民信息。

三是建立即时在线评价功能,让公众评议政务服务成效。群众评价监督是衡量政府部门工作成效的重要方式。在"i厦门"平台上建立即时在线评价功能,市民和企业可对"随手拍""政企直通车"上的诉求处理情况,对"网上审批服务""公共服务"的事项的办理进展、办理结果进行评议,以此促进服务水平的不断提升。

(五)加大宣传推广和安全保障力度

一是多渠道、多手段推广宣传。将服务功能、应用成效、典型做法,通过报刊、广播、电视、网络等媒体进行全方位的宣传报道。线上在网站首页、微信公众号、自助终端上加入"i厦门"平台链接及App下载二维码,线下在政务服务大厅、服务窗口、电子屏幕推荐"i厦门"平台,不断激发群众参与热情,助推厦门政务服务线上线下融合发展,不断提升平台知晓度、美誉度。深化与运营商、BAT等企业的合作,开展积分资源置换、合作渠道推广,联合开展营销推广。善用博览会、交易会等重大活动,实施热点事件营销,形成一套成熟的推广运作机制。

二是建立健全督促激励机制。制定"i厦门"平台考评办法,采用第三方评估、专业机构评定、社情民意调查等多种方式,客观、公正、多角度地评价工作效果。对工作成效突出的单位推广先进经验,并给予单位和相关人员表扬和表彰。对慢作为、不作为等行为,定期通报并进行效能问责。"i 厦门"领导小组办公室每月通报"i 厦门"提升进展情况,市效能督查办强化监督,不定期开展督查工作,把考评结果纳入政府年度绩效考核。同时,搭建"i 厦门·大屏监控"平台,通过大屏时刻展示办事事项政企处理排名、随手拍处理时效排名、部门接入情况等,实现项目管理全程可视。

三是安全常态化。"i 厦门"领导小组专门建立"技术保障组",负责规划和指导"i 厦门"服务体系的安全保障工作。建立信息安全保障机制,通过身份识别、访问控制、入侵检测、限制登录、数据加密、数据备份等方式保障应用环境和数据的安全。强化工作人员安全意识,定期对各个岗位的人员进行安全意识教育、安全基础知识及安全技能培训,做好人员信用审查,确保系统数据安全。

三、特色亮点

（一）互联互通，政务数据共享协同

"i 厦门"服务体系能够较早搭建起来,得益于构建了完整的政务数据共享体系。

一是专职机构、统一支撑。在市经信局的统筹管理下,由市信息中心作为政务信息化服务专门机构,为政务资源共享协同提供核心技术支撑,统一的管理模式,让数据落地有方向、流出有效率,大大提升了汇聚力度、简化了流转流程。

二是机制保障,规范化建设。为了建立长效机制,明确共享责任义务、规范共享程序、协调解决共享问题、引导资源共享利用,厦门市先后出台了《厦门市政务信息资源共享管理暂行办法》（厦府办〔2015〕179 号）、《政务信息共享协同平台技术规范》（厦门市地

方标准）等规范性文件，为部门开展共享协同提供政策保障。全市信息化资金项目采取统筹管理，用立项、经费审批指挥棒引导部门信息共享、系统整合建设，杜绝相关部门分散无序的多头建设。同时，采取政务信息共享情况每月一报供领导查看，推进协调相关问题解决。

三是夯实基础资源库。厦门市创新提出"要素集中、业务分布"建设理念，既保证对核心数据的集中管理，确保各部门新鲜业务数据及时交互，又可以避免大批量数据转移、同步所带来的效率低下等问题。厦门市陆续启动了厦门市民、法人、空间、信用、交通、证照库等资源库的建设，现已汇聚来自70个部门8.7亿条数据，为70个部门提供数据共享支持。同时，通过市政务信息资源目录管理系统对各部门资源数据进行登记注册，形成可统一管理的政务信息资源目录，为开展跨部门信息共享与业务协同提供导航。

四是搭建共享协同平台。推崇"对等共享"理念，搭建跨部门、跨层级的信息共享、数据同步、业务协同的信息通道——政务信息共享协同平台，为各部门开展共享协同业务提供有力支撑。自上线运行以来，累计接入67个单位（含6个区），共注册各类服务资源994个服务，累计调用超过3亿次；已建73个交换通道，累计数据交换量7.4TB。

五是跨部门综合应用，统一服务窗口。基于信息资源库和信息共享协同平台，依托所构建的信息通道，厦门市陆续开展了公共信用信息共享平台、城市公共安全管理平台、交通大数据分析平台等一系列跨部门综合应用建设。为更好地把管理服务工作做好、做实、做细，通过建设统一窗口"i厦门"，为居民提供主动式、针对性、个性化整合型智慧服务。

（二）市场化运营，打造政企"管运分离"体系

"i 厦门"服务体系以服务企业和百姓为主，平台数据量大、服务内容多，涉及信息化和大数据处理等多种专业技术，事业单位运营存在很多局限性。厦门市做了一个非常大的突破，把原有事业单位"政务大数据管理中心"涉及服务企业和百姓的业务剥离出来，采用专业市场化的运作方式，成立一家市民数据服务公司，负责平台建设、运营推广和安全维护工作，充分发挥企业的能动性和市场机制，促进大数据开发与应用，逐步扩大社会化服务覆盖范围，提供增值类的社会服务，不断满足市民日益增长的多样化需求，"i 厦门"服务体系也得到优化升级。

（三）创新架构，服务体系不断优化

"i 厦门"平台按照模块化、服务化、分层构建的思想进行设计和实现。技术设计层面，首先依托电子政务云平台完成数据汇集等数据层服务能力，通过定协议、定标准，全市原有业务和服务不用推倒重来，各政府部门、行业、企业均可按统一标准接入"i 厦门"进行数据汇聚。再从移动开发、接入、管理、运营、运维、安全六大维度完成能力层的整体构建。平台采用门户聚合各类应用的统一发布展现，门户形态支持 App、H5、Web 网站和智能终端服务等丰富终端应用形态，对政府（2G）、企业（2B）、公众（2C）用户提供多样化互联互通的移动应用服务生态。

服务体系层面，i 厦门服务体系包括"i 厦门"统一政务服务平台、"厦门市民卡"App、小区共治平台，从政务、生活、居住三个维度全方位覆盖服务领域，这三个维度既统一又有自己的特色。"i 厦门"统一政务服务平台侧重于政务服务，解决市民和企业一站式政务审批、

办事、服务需求;"厦门市民虚拟卡"专注于生活服务,以"一码多用、多卡合一"为基础,通过"虚卡实用"方式,解决出行、就医、上学、消费等各项生活服务需求;小区共治平台将专注于住宅小区的治理,是全市统一的业主、物业、业委会、居委会四方共治平台。居民可以通过手机,很方便地参与小区治理事务,真正实现"我的小区我做主"。三个平台后台用户和数据是统一的,只要实名认证过的用户可以无门槛互访。

(四)服务升级,打造闭环全流程体系

"i厦门"服务体系能够为市民和企业提供三大功能,即资讯功能、服务功能和监督功能,形成了全闭环服务体系。

一是"看"的功能。就是"i厦门"用户可以在第一时间看到发布在"权威资讯"栏目的重大政策解读、民生资讯和台风、暴雨等应急响应事项,还可以查阅各类办事指南、食品药品安全追溯、公共信用信息等。

二是"办"的功能。在"i厦门"平台上可以办事,首批推出了全市统一就诊预约挂号、医疗费用诊间支付、出入境办事服务、统一办事预约、居住证办理与签注、交通违法查询与处理、自助移车、食品药品安全追溯查询、统一办事指南查询、公共信用信息查询等10项百姓关注度高、办件量大的便民服务事项,后续再逐步滚动推出其他热点移动应用项目,让民众在"网上办、马上办"的基础上可以"掌上办"。

三是"看你怎么办"功能。"i厦门"平台建立"看你怎么办"的闭环政务服务体系,让企业和市民的诉求能够以最便捷的方式得到响应。企业和市民在办事和生活中遇到问题,从"i厦门"平台提交,

可以全流程看到政府是如何办理的；效能督查部门能够全程对政府各责任部门的每个办事环节进行跟踪督办，并将结果纳入年终绩效考核；市政府领导及各区各部门领导可随时随地在掌上调阅查看办理情况。同时，针对所有办理事项，市民可以在线评议，评议结果也纳入对政府部门的绩效考核。

四、应用成效

（一）"i厦门"平台

平台是全市"互联网+政务服务"的统一政务服务窗口（也就是国务院要求的"一网"，是省政府指定的厦门全市唯一一个政务App）。2018年11月28日，新版"i厦门"App正式发布，以实现"指尖全城通"为目标，推行"一证通行、一网通办、智能感知、多屏融合"，提供全市审批服务一网通办、统一办事服务预约、重点产品安全追溯、医院统一预约挂号、统一医疗费用移动支付、教育积分入学、赴金游移动办证、居住证办理、机动车违法处理、图书借阅、生育险申领、一孩二孩生育证等多项便民服务，让企业和群众办事像"网购"一样方便。未来，"i厦门"将实现"全城服务覆盖"和"服务全流程覆盖"。

目前，"i厦门"App接入应用项包括公安交警、税务服务、交通出行、环境气象、文化教育、便民服务、城市信用、旅游观光、人事社保、食品药品、医疗卫生、政民互动、政务服务、住房保障共14大类。其中，统一办事预约接入全市28个市级单位、6个行政区，可在线预约事项两千余项；统一办事指南可查询全市8397项办事事项；统一医疗挂号预约覆盖全市27家医院；另外还推出医疗费用诊间结算、积分入学、幼儿园报名、居住证在线申办、赴金游办理、白鹭分等厦门特色应用。平台注册用户数超过 250 万（厦门常住人口 400 万），已实现 28 个政府部门、50 多个业务系统、300 多项应用服务的对接。

典型应用 1

整合建设"随手拍"应用，让城市治理提质增效。"随手拍"应用整合了城管"投诉拍拍"、公安"安全问题随手拍"、厦门百姓"微举报"、厦门交通"随手拍"等同类业务应用，通过应用整合，创新治理联动机制，改进城市问题管理状况，提高全市各区各部门协同执行力，科学、合理配置行政资源，解决市民互动存在的群众不方便、处理不及时、监管不到位等问题，完善"横向互联、纵向互通"的治理联动体系，不断提高厦门市城市精细化管理、便民服务水平。

典型应用 2

推出"政企直通车"，让企业办事顺畅快捷。"政企直通车"旨在畅通为企业服务渠道，解决"企业办事难"问题。"政企直通车"集问题上报、问题查询、办理结果和咨询交流于一体，打通政府服务企业"最后一公里"，让企业少跑腿、好办事、不添堵。企业可以通过"政企直通车"咨询政策、反映问题、提出建议、表达诉求。企业的重要诉求可直接推送市领导阅示，缩短企业和政府沟通的距离，促进问题及时有效解决。

典型应用 3

统一办事预约，让市民生活更加便捷。积极践行"一号、一窗、一网"的精神，整合全市 6 个行政区，28 个市级单位的预约服务系统，统一全市办事预约服务体验，后端通过数据互联互通叫号系统对接，实现统一入口、统一服务、智能索引、办事导航一体化的全市办事预约服务系统，并依托"i 厦门"平台的统一认证能力，真正实现"无需填写、一键预约"的畅快体验。目前在全市统一办事预约的事项 2782 项，发布以来，得到市民一致好评，日均预约量 300 余件。

典型应用 4

课后延时服务，让学生家长无后顾之忧。为了顺应课后延时服务需求，推出课后延时服务平台，主要用于全市各个学校开展课后延时服务的报名、分班、管理、缴费等，旨在进一步提升教育信息化服务能力，解决学生家长的后顾之忧。平台在前端为家长提供统一的报名入口，只需通过已注册的手机号登录"i 厦门"服务体系移动客户端"i 厦门"App、"厦门市民卡"App，在文化教育板块点击"课后延时服务"，即可根据提示操作，完成报名。平台后端连接全市 500 多所学校，各个学校在后台建立"课后延时兴趣班"和"课后延时托管班"，并录入学生信息，家长可根据需求报名。

（二）厦门市民卡虚拟卡

全国首个"实卡虚用、多卡合一、信用支付"的市民公共服务 App，极大地方便市民生活出行。市民卡 App 依托"全市统一实名身份认证服务体系"及"i 厦门"等建设成果，通过"一码多用、多卡合一"

管理模式，实现了市民卡用户与各政务服务部门用户体系的互认互通，在市民卡 App 上整合了公共交通、智慧医疗、校园健身、图书馆借阅服务、教育缴费、智慧食堂、公共事业缴费、消费支付等功能，已完成对接 15 个部门、实现 25 类事项 50 余种功能上线，完成社保卡、医保卡、图书证、银行卡、工会卡、E 通卡、路桥年卡、旅游年卡、公积金账户等 10 余张实体卡虚拟业务的接入，打造了线上线下无缝对接的"多卡融合"服务体系。市民只需通过手机下载"厦门市民卡"App，在线注册并通过全流程实名+实人身份认证，即可获得一张具备厦门市民电子身份证的个人专属的虚拟市民卡。其三大便民领域为：医疗健康，实现预约挂号、在线医疗、检查检验应用及信息查询，可对药店费用、门诊费用和住院费用等进行支付与结算；政务服务，实现居住证业务在线办理，个人公积金、社保、医保参保及缴费信息在线查询；生活服务，实现水、电、燃气、有线电视等公共事业费用在线缴纳。

（三）家住厦门

为了解决城市小区治理存在业委会成立难、公共事务决策难、监督难、物业与业主矛盾纠纷不断等问题，厦门市积极探索创新，运用信息技术的力量，建设"家住厦门"——由业主、业委会、物业和政府共同使用的智慧小区共治平台，通过技术创新、资源整合和制度规范，解决小区自治和共治等问题。平台依托"i 厦门"实名认证体系，接入政府部门其他面向居民的政务服务，开拓在线投票表决、智能门禁、雪亮社区、物业缴费、纠纷处理等功能，实现了"从单向管理向双向互动、从线下服务到线上融合、从单纯政府监督向社会协同治理"的三个转变，构建起"互联网+多元共治"的小区治理新模式，有利提升小区综合治理能力，推进平安和谐小区建设，提升了群众的幸福感。

南宁市：着眼信息惠民　构建就医新体验

一、背景和需求

（一）背景

近年来，南宁市卫生领域信息化建设取得了一定进步，尤其是医院信息化和以疾病控制为主体的公共卫生信息系统建设发展迅速，提高了医疗服务质量和卫生管理水平。但是由于体制机制和技术条件等多方面因素，市级尚未建立统一区域卫生信息平台，居民医疗信息无法广泛交换共享，在不同业务领域之间，甚至在一个业务领域不同机构之间都"信息孤岛"和"信息烟囱"林立，难以共享信息，造成有限卫生资源浪费以及卫生管理的不便。

各个医疗卫生机构相对独立开展业务，相互封闭，信息分散，各个系统采用的数据标准、技术标准不一，连续性和协调性差，信息不能共享和交换。

由于缺乏信息化支撑，管理部门对卫生健康信息无从了解，缺乏对卫生相关事件的事前预警机制，医疗卫生资源的统一调度使用缺乏有效的监控和管理。

（二）项目需求

随着南宁市社会经济和城镇化的快速发展，居民的生活水平不断提高，生活方式也随之发生了巨大变化。居民对卫生健康的需求由单一性转变为多样性，由"治病"转向了"治未病"。因此，卫生健康机构、行政管理部门等的职能也随着转化。其需求主要表现在三个层面。

市民层面：多样化的方式随时随地获取医疗卫生服务，包括诊疗服务预约、健康档案查询、健康资讯获取、线上健康咨询等。此外，居民在就诊时，就诊医生可以查阅自己以往的健康档案及诊疗信息，有助于医生全面掌握居民的健康状况和就诊信息，对症下药，提高医疗质量；并可对不必要的检验/检查进行提示，逐步缓解"看病贵"的问题。

医疗卫生机构层面：在实现全市范围内各卫生健康机构信息全面共享的基础上，医生可以调阅到当前患者的历次诊疗信息，以及当前患者相关家属的健康档案信息，能够查询个人健康档案与患者在其他医院的就诊资料，快速、方便掌握患者的健康状况，提高诊疗效率和质量。与此同时减少信息重复录入的工作量。

行政管理部门层面：行政管理部门希望通过全方位的卫生健康信息共享，提高决策水平和效率，为民办实事。实时监管全市范围内的卫生健康相关数据，对区域内在线运行系统的数据实时跟踪和监管，一旦发现问题及时纠偏，避免管理上的被动。可以全面掌握全市卫生健康服务体系、救助体系、保障体系等方面的详细资讯，为科学制定区域内的政策提供准确依据。加强对各类突发公共卫生事件的监测和预警，在应对各种突发公共卫生事件时，可充分获取各方的资源，保证突发公共卫生事件应急处理工作能有力、有效、有序地进行，维护正常的社会秩序和生活秩序。

二、主要做法

（一）建立智慧健康信息数据中心

数据交换与共享平台主要以实现区域内卫生数据的采集、交换、归并与共享等功能为目标，把分散在各基层医疗机构应用系统里的数据，按需集中到卫生计生数据中心，并对其进行统一的数据处理、信息整合和管理。一方面将业务数据集中管理，另一方面，通过数据进行整合，以满足不同层次的应用系统的需要。

数据交换与共享平台是南宁市智慧健康信息工程（一期）中南宁市人口健康信息平台的重要组成部分（见图3.1）。数据共享与交换平台采用面向服务的体系结构，是市级人口健康信息平台与国家、自治区人口健康信息平台，以及与各个医疗机构的各个异构业务应用系统交互的服务总线，为任何授权应用服务访问提供统一网关。

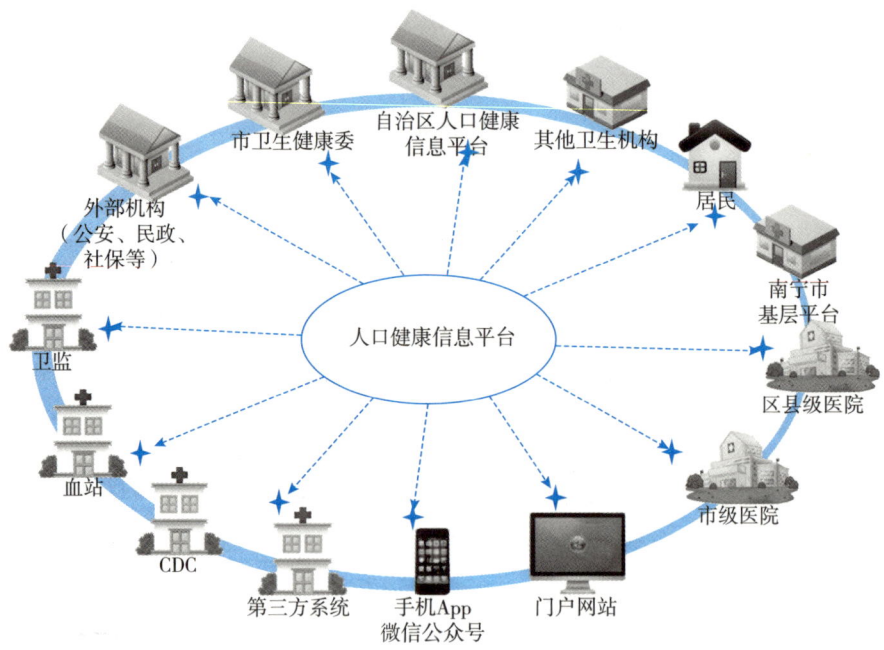

图3.1 南宁市人口健康信息平台示意图

主要实现对南宁市 13 家市属二、三级医院的互联互通和数据采集，实现与广西平台的对接，实现对门户网站、手机 App、微信公众号等"互联网+"应用的接入。随着业务的开展，后续会陆续接入南宁市基层平台，接入市属其他二、三级医院以及各区县级医院，接入疾控、血站、卫监等公共卫生机构以及公安、民政、社保等外部机构，同时在信息安全的前提下，将居民健康档案信息向第三方应用开放接口，引导企业与政府共建南宁市百花齐放的应用生态。

（二）加强居民健康档案管理

由于人的主要健康和疾病问题一般是在接受相关卫生服务（如预防、保健、医疗、康复等）过程中被发现和被记录，居民健康档案的信息内容主要来源于各类卫生服务记录，包括：卫生服务过程中的各种服务记录；定期或不定期的健康体检记录；专题健康或疾病调查记录。

个人建立健康档案需要从若干医疗机构采集信息，并遵循标准采集或转换，方能成功。出生可能在区县级医院或妇幼保健院，新生儿阶段的访视或体检在妇幼保健院或社区卫生服务中心，生病记录可能在辖区的任何一个医疗机构，死亡可能在社区卫生服务中心、家庭或医疗机构等，信息平台将通过数据采集抽取后来建立个人健康档案，一份完整准确的健康档案可方便临床医生做出正确的诊断和减少重复检查和重复用药等，降低医疗开支等。

健康档案业务领域（主题）分为 3 个一级类目，即：基本信息、公共卫生、医疗服务，公共卫生含 4 个二级类目：儿童保健、妇女保健、疾病控制、疾病管理（见图 3.2）。

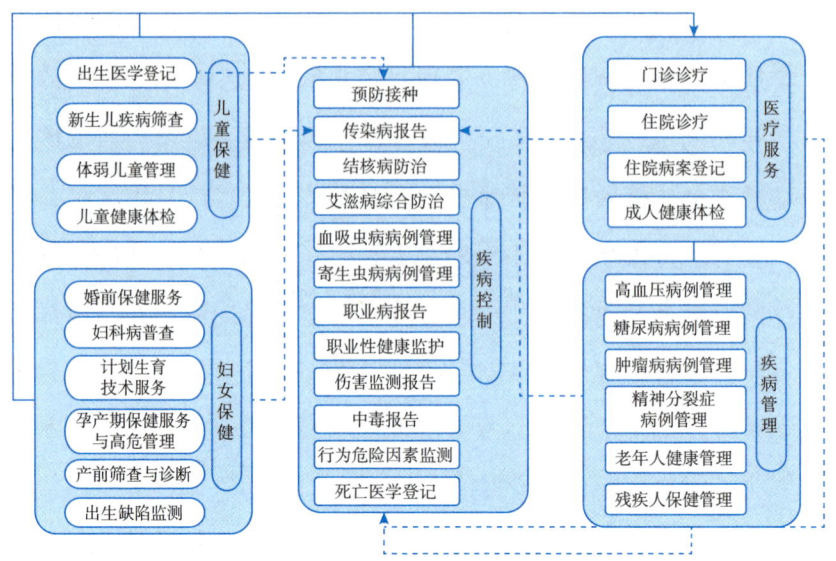

图3.2　南宁市居民健康档案业务子域示意图

（三）落实影像诊断服务到基层

社区居民可在社区医院进行影像学检查，如X光拍片等。影像的诊断则由社区医院提交至诊断中心（二、三级医院），由诊断中心为影像提供诊断服务。最后影像诊断报告仍旧传回社区医院并交付病人。另外，如某些病例，一般二级医院无法完成诊断，可能需要三级医院进行会诊。这时，可依靠影像中心网上会诊平台进行。需要会诊的病例资料，通过区影像中心平台传送至二、三级医院，而后二、三级医院可联动会诊。这样所有的社区医院、二、三级医院的影像科室进行了整合，使得整个区域的影像诊断水平得以提高，既免去了病患的奔波之苦，同时降低二、三级医院的常见病、多发病诊治负担。

（四）统筹检查数据集约共享化管理

把分布在各级医疗机构临床科室、心电图室的心电图检查设备采集的心电检查数据、报告进行数字化，并统一存储到心电图网络系统服务器中。医院或合作医院等通过网络平台，可以实现心电图数据和报告实时调阅和打印，在一定的区域内不同医院之间进行心电图数据交换，实现远程会诊。

心电诊断质量管理主要可分为心电图像检查质量、诊断报告质量和时间质量控制三部分，系统可分别对其进行控制管理。每份检查数据，可以通过软件自动预分析，根据分析结果，把检查分为危急值、阳性、正常、确定正常、不可分析报告五种类型，提高诊断效率和实现对危重病人的高质量、及时诊断。

提供自动诊断分类的用户自定义，在系统提供的缺省的分类分级方案中，用户可以根据自身情况设定每个诊断的分级级别，以适应不同的业务需要。

（五）配套急救医疗服务系统

建设了医疗急救指挥大厅及120急救指挥调度中心远程系统平台，主要包括急救受理信息子系统升级、急救信息综合管理子系统升级、地理信息子系统升级、急救辅助决策系统、突发事件卫生应急指挥中心平台。

三、特色亮点

（一）推进信息资源整合，极大方便市民看病就医

南宁市智慧健康信息工程一期项目建设了市级智慧健康信息云平台，全市13家直属医院的病历资料、检验检查结果实现共享调阅。在医生工作站可以实时调阅患者的健康档案和在其他医院的就诊记录

和检验检查结果，医生能够全面了解患者的电子病历资料和目前的诊疗情况，有利于更好地进行诊疗；患者也可以减少不必要的重复化验、检查，不必带着纸质病历在不同医院间奔波。南宁市居民通过智慧健康微信平台、App 等多个应用，使用快速预约、健康档案查询、信息咨询等服务，让数据多跑路，群众少跑腿，实现个人健康信息全掌握，真正达到"记录一生、管理一生、服务一生"的目的。在医保结算计算问题上，市卫生健康与市人社两个部门密切沟通，通力协作，破除部门壁垒，消除技术障碍，在全区率先解决基层医疗卫生机构医保结算的二次录入问题。

（二）应用远程医疗平台，促进优质医疗资源下沉

通过区域影像和心电诊断中心平台，实现上林县乡镇卫生院、县级医院与市三级医院影像诊断资料互联互通、资源共享，上级医院为下级医院提供影像、心电诊断报告，实现优质医疗资源对基层机构的覆盖。通过建立远程会诊系统，可较好地解决由于医疗资源分布不均而造成的边远地区、农村及小城市患者缺医少药，看病难、看病贵的问题，能更合理有效地发挥医疗专家的作用，使患者足不出户就可以享受到医疗专家高水平、高质量的服务，不仅帮患者降低了往返的费用，还为患者赢得了宝贵的就诊时间。而基层医院通过请上级医院的专家进行远程会诊，也可使医疗资源得到充分利用，帮助基层医生确诊疑难杂症，接受远程医学教育培训，提供医疗技术方面的支持。

（三）利用信息技术手段，提升公共卫生服务能力

在区域 120 调度指挥平台基础上，增设了急救车和网络医院的标

准化建设管理、业务数据数字化管理、急救体系综合管理统计分析、绩效考核管理等功能，同时增加重大突发公共事件医疗救援指挥调度功能。开通"微急救"平台，以"一键报警"为亮点，将GPS定位系统引入医疗救援，为救护车快速、准确到达病人身边提供技术支持，提高120调度员的接警派车效率，现场急救人员可以准确定位报警人位置，使人民身体健康和生命安全多一道保障。南宁中心血站建设的血液管理信息系统，为医院提供输血管理和报销费用管理。目前已有48家驻邕医院使用医院输血管理系统，进行网上订血及临床输血管理，9家驻邕医院使用医院报销血费管理系统，为献血者办理血费直报业务，极大减少了血液报废数量，提高了血液产品安全性。

四、应用成效

（一）社会效益

提升医疗质量：促进远程医疗信息系统的应用和普及，依托大医院或专科医疗中心的优质医疗资源，提高基层医院诊断准确率，又能使得患者得到早期诊断，早期治疗。

拓宽就医途径：使原本需要远处就医的患者，不离开本地就能享受大医院资深专家的诊疗和复诊，改变了患者远道求医难、找著名专家更难的局面，避免了异地求医的盲目性。

均衡资源分布：实现医疗资源共享和优势互补，对缓解医疗资源分布不均衡的状况具有积极作用。

加强行业管理：卫生服务的管理需要大量的基础数据予以支撑，通过本项目的建设，可实现对卫生服务需求和供给中能力、水平和质量的实时动态监测和监管，实现多角度、多维度的分析和利用，满足对医疗卫生各类各项服务评估的需求，实现卫生管理和决策的信息化、现代化。

（二）经济效益

降低群众就医成本：由于医疗资源分布不均衡，偏远地区急重症、疑难杂症患者常常需要去城市诊治，其就医成本明显提高。通过远程医疗信息系统建设和应用，使原打算外出就医的患者留在当地治疗，又避免了异地重复检查费用，降低了个人和国家的医疗支出费用；同时又避免了求医的交通费、住宿费以及逗留期间的额外开销；也避免了家属误工的损失，使得患者的总体就医成本下降。

降低医疗机构投入成本：医学影像信息作为临床最为重要的诊断依据，各医疗机构对于影像数据信息的存储都非常重视。随着高精度数字影像设备的不断普及、国家对影像数据存储时限要求的明确、历史数据不断增多，各医疗机构对存储设备的投入压力不断增大，随着时间推移，存储扩容、维护更新等给医疗机构带来巨大的投入压力。而通过影像云平台的建设，医疗机构可以轻松卸掉这一沉重的负担。

增加了基层医院的门诊量和医疗收入：通过远程医疗信息系统建设和应用，提高了基层医疗机构的服务能力和服务质量，拓展了诊疗的患者范围，树立医院公信力，让患者更信赖基层医疗机构，更愿意到基层看病，增加医院门诊量，并借助大医院或专科医疗中心的管理优势，加强了基层医疗机构的管理效率，从而进一步增加了基层医院的医疗收入。

拉动信息化产业内需：国家明确了"推进信息化和工业化融合"的战略方向，把它当作推进创新国家建设的重要环节和重要任务，鼓励在信息化建设方面增加投入，政府投资的信息化项目直接的经济效益体现就是拉动了信息化产业的内需,特别是重大信息化项目,直接促进了信息化产业的发展和产业链的形成。大型信息化项目的投入不但拉动了一级市场,也拉动了二级市场和次生市场。政府信息化投资带来的回报主要体现在两个方面:为政府带来市场收入的增加和运营成本的降低,运营成本的降低一种是直接的经济效益,一种是隐形的经济效益。直接的经济效益就是通过信息化管理使人员精简、工作效率提高、减少损失等;隐形的经济效益是指,政府各职能部门,特别是业务部门通过信息化后,减少了差错和事故的发生,特别在卫生行业,关乎个体生命和人群健康,差错减少和避免事故将带来更进一步的经济效益。

张家港市：智慧医疗　互助共享

一、背景与需求

作为全国百强县前三的城市，张家港市总人口163万，常住人口126万，户籍人口93万，现有31家一级以上医院，包括10家公立医院和21家民营医院，200多家社会卫生服务机构。全市医疗资源较为丰富，人民可以享受较为均等、先进的健康保障。

近年来，张家港市居民人均就诊次数由2004年的3.07次增加到2018年的8.66次，增长182.08%；住院率由2003年的4.69%增加到2018年的25.5%，增长443.71%；慢病管理人数由2009年的2.3万人增加到2018年的24.85万人，增长980.43%；老年人体检从2011年每年5万人次增加到2018年23.8万人次，增长376%。随着诊疗数量快速增长、慢性病快速增加、居民健康需求增加，不仅对健康信息系统应用能力提出了挑战，对区域全民健康平台数据处理能力也提出了更高要求。

因此，张家港市以深化医药卫生体制改革为统领，以"联通共享、精细管理、便民惠民"为目标，以实施江苏省"三个一"工程试点为抓手，高点定位、精心设计，持续推进全民健康信息平台建设，着力解决卫生系统信息化系统专业性强而百姓感受度差、医疗数据多而使用能力差、民营医院需求多而难以满足等问题，全面提升健康医疗水平。

二、主要做法

（一）构建了"五统一"的智慧医疗总体框架

一是统一全民健康平台，实现应用融合。在江苏省内率先建成区域卫生信息平台，集成公共卫生、医疗服务、行政办公、个人事务处理等四大类 30 多套系统。

二是统一健康数据中心，实现信息集中。建设以人口资源、电子健康档案、电子病历三大数据库为核心的卫生数据中心，整合卫生计生数据。

三是统一电子健康档案，实现信息共享。全面建立健康档案管理系统，实现健康档案跨机构调阅、医生工作站调阅和居民通过互联网调阅等信息共享。

四是统一健康索引，实现自动归档。基于电子健康档案建设"居民健康主索引"，实现体检、检验、检查、公共卫生服务信息等自动归档。

五是统一卫生专网，实现高速互联。构建全市卫生信息化专网，统一规划网络地址，实现千兆主干网络覆盖。

（二）实施了医疗健康云战略，构建卫生云应用

一是建立"医疗服务云"，解决民营医院信息化难题，提升公立医院信息化能力。由政府出资建设云应用，以民营医院自愿租用为原则，解决民营医院信息化难题；建设基层医疗服务云，服务社区卫生服务中心（站），提升基层基本医疗和公共卫生服务水平；重点建立区域心电、影像、检验三大诊断中心和远程会诊中心，可自由选择合作机构，实现区域医疗协同，将优质医疗资源延伸至基层；提升公立

医院信息化应用水平，扩展医院感染管理系统、合理用药系统、临床路径、血液透析管理等信息化应用，建立院内平台，实现全院各类系统的数据互联共享，并探索建立移动查房、移动护理、移动心电等系统，通过移动技术进一步方便患者就医。

二是建立"公卫服务云"，提升公共卫生服务体系能力建设。社区卫生服务中心（站）全部应用"公卫服务云"，电子健康档案建档，老年人、慢病人群等重点人群管理全部使用信息化手段，实现应用落地；实现公共卫生和医疗融合，在医疗过程中进行公共卫生服务提醒，实现处方电子化、诊断标准化和公卫服务规范化；市疾控中心、妇保所能够通过区域平台，获取医院开展老年人体检、学生体检、妇女病普查的进度信息，进行实时管理；创新公卫服务，实现药品溯源，通过健康自助系统，可查询处方所开具药品的基本信息、物流信息以及药品说明书。

三是建立"健康共享云"，推动健康信息共享，激发健康信息的应用价值。建立"360度全景电子健康档案浏览器"，全方位记录居民健康信息，在保护隐私的前提下，按应用场景和权限共享，并推动健康档案向公众开放；实现健康服务资源多站点共享，通过张家港挂号网、市民网、江苏省挂号网，12345便民服务热线，三网一线共享，通过任何一个渠道都能获得统一预约资源；以市民卡为依托，整合医疗、市政、金融等服务，实现全市公共服务一卡通。

四是建立"综合监管云"，提升区域综合监管能力。试点引入大数据分析技术，建立公立医院运行监管系统，自动获取各项运行指标。建成医疗器械采购、社区基药监管等系统，对区域内医疗物资资源和基药使用进行监管，实施公共卫生服务工作全过程监管。

五是建立"健康云卡"（电子健康卡），探索张家港市民卡和江苏省健康卡对接，扩展市民卡健康功能，建立"健康云卡"，作为健康服务功能投放至第三方 App 应用，居民通过市民网实名认证在线激活，利用健康 App 应用打开"云卡"，进行相关健康服务。

三、特色亮点

（一）体制机制：政府主导、顶层设计

张家港市高度重视医疗健康信息化工作，坚持统筹规划、上下联动、城乡一体。2010 年以来累计投入 5000 多万元用于区域全民健康信息平台，并连续多年被市政府列为民生实事项目。

在政府的主导下，张家港市先后推进了"卫生数字化""医疗便民一卡通""智慧医疗"等实事工程，逐步实现医疗卫生业务的信息化和数字化，并在此基础上，渐进推进智慧医疗的建设。通过统筹规划设计，每一个阶段围绕一个核心的医疗健康信息化主题，2010~2014 年，"卫生数字化"围绕基础业务的信息化和数字化，实现了医疗卫生业务纸质变电子，手工变信息化的改变，提升了业务效率和质量。2015~2017 年，"医疗便民一卡通"围绕"通"字做文章，主要实现区域内各家医疗卫生机构产生的医疗健康信息互联互通，并初步实现部门条线间的业务协同。2018 年开始，围绕新型"智慧"城市，布局"智慧医疗"，推动数字卫生向智慧卫生跨越。例如试点推动"防止因病致贫、因病返贫智能预警系统"，将全民健康信息平台定义为监测前哨，一旦监测到市民患有重点疾病，相关信息实时推送至民政局社会救助平台。初步探索了医疗卫生行业智慧城市组件的建设，将医疗健康信息化融入智慧城市建设大框架，初步探索城市部门间智慧互动。

（二）工作方法：整体架构、一体建设

率先建成县域健康信息平台，建成人口资源、电子健康档案、电子病历三大数据库，涵盖基本医疗服务、公共卫生服务、远程医疗、卫生管理等各个方面，实现了信息的统一采集、管理、调用。

全面实施以居民电子健康档案为核心的"医疗便民一卡通"政府实事工程，基本实现了县域范围内医疗健康信息互联互通、数据实时调阅，居民就诊"一卡通""无纸化"。

（三）重点应用：电子档案、数据共享、互联网医疗

一是聚焦健康需求导向，推动电子档案开放化。统一建立居民电子健康档案库，重点打造"360°电子健康档案浏览器"，推动居民电子健康档案"全覆盖、全共享、全开放"。目前，张家港市电子健康档案已覆盖全市各级各类医疗卫生机构，为分级诊疗、远程医疗、家庭医生签约服务等提供了信息支撑。电子健康档案数据库与医院信息系统互联对接，能够自动采集基本医疗和公共卫生相关数据，全方位记录、管理居民全生命周期健康信息，实现了医疗服务和公共卫生服务信息共享、跨机构调阅，患者可以通过市民网、手机App随时查阅本人及家人在不同医疗机构的就诊信息，基本实现了电子健康档案"记录一生、管理一生"的功能。

二是突破数据共享瓶颈，推动卫生管理精细化。实施"医疗便民一卡通"工程，基本实现了信息系统普及化、卫生管理数字化、业务服务协同化、健康信息共享化。主动对接基层需求，在所有社区卫生服务中心（站）建立社区医生、护士工作站，统一使用全科门诊电子病历，基本公共卫生服务项目全部实行信息化管理，大大提升了基层医疗卫生管理效能。针对基层医生相对缺乏、群众就医不便等问题，

建立了全市心电、影像会诊中心，依托市级医院为基层医疗机构提供远程会诊服务，2018年远程会诊服务量近3万人次；建立双向转诊信息系统，2018年完成双向转诊3万多人次。同时积极推动医防协同管理，打通医生工作站和疾病管理系统，实现了慢病管理全流程互联互通，传染病报告全过程监管，慢病从确诊到纳入管理的时间从原来的2个月缩短至现在的1天，大大提高了慢病管理效率。

三是拓展"互联网+健康"服务，推动惠民服务移动化。全面推行医疗业务移动化应用，全市所有镇级医疗机构和部分民营医院建成移动查房、移动护理工作系统，开展床边心电检查和跨院诊断，医疗服务更加便捷、高效。创新开发"先诊疗后付费""一站式"门诊医技检查等便民服务系统，大大简化了群众的就医流程；推广应用网络、微信、App预约挂号服务，2018年预约挂号服务25.67万人次；试点开展支付宝、微信等移动快捷支付，群众就医体验得到进一步改善。自主开发了家庭医生签约服务管理系统和配套的医保结算系统，社区医生可以通过签约系统，为有需要的签约对象提供即时转诊和专家预约，签约对象还可以实时享受相关医保报销优惠政策。同时，在家庭医生签约服务中，全面使用软硬件一体化的便携式全科巡诊仪，实现上门诊疗、随访等健康服务的移动化，社区医生和居民的获得感进一步提升。

（四）实施路径：专业与实用并重

卫生健康信息化系统专业性很强，系统建成后，很多均局限在内部使用，居民接触不到，感受度差。张家港则在专业性和实用性上做了探索，比如将原来很专业的电子健康档案管理系统，打造成完整的电子健康档案信息化体系。在这个体系里，有专门针对业务部门服务的信息系统，也有针对居民服务的健康信息管理模块，做到了专业管理和居民应用并重，提升了居民对健康信息化的使用感受，也提高了信息化便民服务的能力。

（五）建设运营：政府统建、机构租用

由政府建立医疗服务云，民营医院自愿租用。民营医院由于受到自身技术力量，以及资金投入等因素的制约，在医院信息化上发展缓慢。2015 年，张家港市民营医院信息系统的建设水平仍然停留在 10 年前，系统仅仅能够满足收费结算和药品管理等基本需求，和互联互通、数字化医院的要求相距甚远，民营医院的信息化已经成为张家港市医疗健康信息化发展的严重短板。针对这一难题，张家港创新将医院管理和"云技术"结合在一起，推动了医疗服务云建设，即由政府统一建设数据中心和云应用，民营医院自愿租用。系统实现卫生数据中心、医保结算中心、国税数据中心等 3 部门的信息互联互通和业务协同，患者就诊费用信息在 3 部门自动流转，自动计算结算和税务信息，方便了患者和医院。当年全国第一张医疗行业的营改增电子发票在张家港合兴医院诞生。截至 2018 年底，张家港医疗服务云已经稳定运行 2 年多，涵盖民营医院日常医疗和检验等方方面面，为全市民营医院有效节约信息化投入近千万元，为民营医院的发展提供了强有力的支撑。

四、应用成效

（一）电子健康档案惠及百万市民和20余万慢性病人

张家港的电子健康档案覆盖全市各级各类医疗卫生机构，全市户

籍人口基本实现"一人一档",新市民建档10万余份,常住人口建档率达83%。在此基础上,以电子健康档案为核心,建立了慢性病监测管理系统,通过居民身份证号码,所有慢性病监测管理信息及时推送至电子健康档案,目前慢病系统共管理患者近25万人。同步建立老年人、学生体检系统,对27万名老年人、12万余名学生的体检数据实行信息化管理,体检数据全部进入个人电子健康档案,可以随时调阅和共享信息。

张家港通过电子健康档案共享,盘活了健康数据,用鲜活的例子说明了数据的意义和价值,也证明了发展大数据的必要性。

(二)移动诊疗让"看病不再难"

远程会诊服务量逐年上升,从每年200多例上升至近3万例;双向转诊信息系统一经建立即受到欢迎,每年服务超万人次;基层信息系统日均服务超万人。有效解决基层医生相对缺乏、群众就医不便等问题。

推广应用"先诊疗后付费",优化就诊流程,改变居民就诊过程中如果遇到检验检查,需要多次往返收费处缴费,往返奔波的不方便状况,整合多次付费为所有诊疗行为结束后一次付费。在公立医院全面推动一站式预约系统,将需要前往不同科室进行预约集中至门诊便民一站式服务台,进行集中预约,同时将不同时段的检验检查尽量安排在同一时段,创造性地在医疗服务中落实"一站、一次、一门"的便民服务理念。

将预约服务信息化体系建设列入医疗健康惠民举措,建立统一的预约号源池,线上在市民网、相关手机App、健康张家港微信公众号提供服务通道,线下利用12345市民热线、医院预约电话、窗口、诊间和社区等提供服务途径，提供多种形式的预约诊疗服务，每年服务超33万人次。

建立医疗费用移动支付体系，为市民提供更加快捷、方便的健康服务。从2017年开始试点，克服系统对接难题，逐步推广，截至2018年底，全市医疗单位实现医疗费用移动支付80万人次，系统实现公立医院全覆盖，接入部分民营医院，并下沉至社区卫生服务站。群众就医体验得到进一步改善。

铜陵市：建设智慧城市体验馆

一、背景与需求

（一）建设背景

智慧城市作为最具创造力的城市形态，已成为全球城市发展的战略选择，建成智慧城市是人类对未来美好生活的一种愿景，人们可以借助科技的力量尽享便利的生活，并与环境和谐相处。然而智慧城市的推广并非一件易事，它需要打破人们对传统钢筋混凝土城市的印象，让人们超越对现实生活的理解，发挥想象去领悟未来的生活状况。为此建设"智慧城市体验馆"，可让城市居民通过身临其境的参观感触，切身体会未来的城市与生活，领会智慧城市的便捷之处，进而推而广之。目前，国内各种大中型城市的智慧城市类展示馆建设已趋于普及，并且作为智慧城市建设的重要组成部分，展示馆建设将对城市智慧建设与发展起到很好的典范与印证作用。

（二）建设需求

近年来，铜陵市智慧城市建设已取得一定的成就，尤其以"一张网""一片云"和"一个平台"为核心的智慧城市基础建设已初显成效，更多的智慧化应用建设正不断投入使用。在城市信息化、智慧化高速发展的同时，更加迫切地需要建设一个平台和窗口，面向市民进行城市智慧化宣传、引导智慧化生活习惯、培育企业智慧化产业。为此，通过建设铜陵市智慧城市体验馆，为广大市民提供一个可以直观感受智慧城市建设成果的窗口与场所成为当务之急。

二、主要做法

（一）明晰目标定位

铜陵市智慧城市体验馆规划面积约700平方米，通过运用虚实结合的展现方式，以基于云计算的大数据分析为重点，展现智慧铜陵基于大数据和云计算平台在综合管理、政务、产业、民生的智慧化跨越式提升，从而达到以下目的：一是探索智慧城市建设的新理念、新模式、新经验；二是聚合大众创新的新技术、新产品、新方案的智慧应用和发布；三是促进更宽领域、更广范围的交流与合作；四是为民众提供一个互动体验智慧铜陵过去、现在及未来的综合空间。

铜陵市智慧城市体验馆在设计建设时充分考虑建筑功能、建筑空间条件和技术条件的基础上，展馆的设计更需要满足作为大型设施的流线、安全、疏散、参观和公众审美等方面的要求，展览布局与流线需合理，要保证展览形式丰富性及完整性，功能先进完善。同时，区别于常见的规划馆、博物馆、科技馆，智慧城市体验馆是三者的有机统一，展现城市特色、展示城市内涵、体验未来，将是项目建设的总体思路。

展馆建设充分运用现有弧形本身所特有的视觉张力，紧抓铜陵特色，综合考虑整体性、地域性、信息化新技术、全业务板块和可持续发展利用原则，运用场景化、模块化、交互体验的方式，通过故事讲述让参观者全身心地体验未来智慧城市，寻找智慧生活共鸣。铜陵市智慧城市体验馆作为智慧铜陵的缩影，体现铜陵政府在智慧城市综合管理、民生服务、产业发展等方面的卓越成果以及未来发展畅想。

（二）突出内容设计

结合铜陵实际，规划建设体验内容见表3.1。

表3.1　　　　　　　　　铜陵市智慧城市体验馆构成表

展区	展现板块	表现内容
序厅	长廊	左侧大屏幕播放影片，展示从国家到铜陵的智慧城市建设；右侧为时间轴，展示铜陵的城市发展历程
	入口	借鉴了铜陵山水之门的造型，凸显其山水园林城市特质。布设摄像头对进入的观众进行感应抓拍
综合管理大厅	全景铜陵	通过铜陵城市的运行监控指标体系，直观获知铜陵在省内的城市现代化建设水平以及铜陵全市现代化进程
	生态铜陵	通过展示遍布城市的环境监测终端，实现对铜陵新区实时环境监控、实时能耗监控，并紧密围绕城市运行管理所涉及的环保、交通、市政等多个领域展现生态铜陵
	畅行铜陵	展示铜陵大交通圈，铜陵公交体系，节能减排，实时交通和城市绿波带总况
	和谐铜陵	展示重点区域人员管控、车辆管控、城市管理，实现在城市上空的柔性电子围栏
	城市应急响应	分主题模拟城市突发应急事件下的统一协同调度处理过程，体现多源信息汇聚下的全面应急决策支撑
智慧政务厅	基础设施与云数据中心	以城市立体剖面模型结合多媒体互动系统，模拟城市的地下、地面、地上建筑、空中网络，并通过影片和系统接入展示云计算资源
	智慧的城市管理	展示铜陵市政府通过信息化的手段，实现对城市管理各方面监测和全面的感知；通过宽带、通信网络这些"神经"，增强智慧城管作为自适应系统的信息获取、实时反馈、随时随地智能服务的能力；通过智能融合的应用以及以人为本的创新理念，实现城市的可持续发展。以互动体验、模拟场景的形式，展示铜陵多规合一、平安城市、海绵城市等内容
	社管信息化平台	实际系统接入体验
	网上办事大厅	实际系统接入体验
	支付宝铜陵城市应用、微信应用	实际系统接入体验

续表

展区	展现板块	表现内容
智慧产业厅	智慧农业	直观展现铜陵在智慧农业解决方案和综合建设成果，包括体验农场种植游戏、农产品产供销一体化网络建设、农产品溯源系统等
	智能制造	展示未来工厂场景模型和影片，生动地表达工业4.0智能制造的内涵
	电子商务	3D打印机现场展示，体验现场下单过程
	智慧港口物流	仿真系统模拟港口物流通关的智慧化程度，并实际体验水运App
	智慧旅游	模拟动画展示未来的智慧旅游形式，感受其带来的全新服务体验
	智慧节能减排	实时演示能源管控平台，让参观者有一个直观的了解
	循环经济	通过企业、行业、社会三个维度的场景，结合影片描述铜陵经济产业链的可持续发展
智慧民生	智慧交通	以场景再现的形式，通过人脸识别、电子围栏、电子警察等高科技手段，展现智慧型交通
	智慧家居	通过人的一天，设置智能厨房、智能洗漱镜、智能体感试衣镜、智能冰箱、家庭安防系统、门禁系统、家庭娱乐系统、智能茶几、家庭图书馆等展项，让参观者乐享智慧家居带来的未来品质生活
	智慧医疗	设置健康小屋，通过可穿戴式设备分析健康数据，以"虚实结合"的手段，展现未来医疗数据的互联互通
	电子阅读图书馆	展示家庭智慧书房、城市电子阅读室（铜陵市数字图书馆）、AR阅读，领略更灵活更自由的智慧教育
签名留念墙		在签名留念墙前面拍照，并留下自己对未来的展望或者祝福，也可以利用下载的App拍照上传至系统

（三）注重体验效果

1. 序厅（铜陵市发展历程）

合理利用场馆的空间布局，通过独特展示思路和新颖的手段，展现铜陵市的发展历程和其建设智慧城市的发展进程，并将铜陵特色有机融合。

2. 智慧城市综合管理展示大厅

从基础数据到人文生活，向参观者展示铜陵的全景。在智慧城市综合管理以及运营展现模块中，城市日常运行的整体情况需要实时监督和管理，所涉及的交通、城管、水利等城市核心业务领域状况的综合信息，会给参观者进行统一展示，使他们对城市整体运行状态以及各业务领域状况均可一目了然，对城市的"健康"状况了然于胸，体现智慧城市的可控、可管、可操作。

而根据不同受众群体，大厅内将会上演不同的"剧情"，传达不一样的"智慧信息"。

普通观众群体看到的是这样一段影片：在平凡的一天里，人们在衣、食、住、行各方面，会不断地接触到前沿的技术、尖端的信息，体验这些智慧的结晶带来的惊喜和震撼的生活。通过描述城市智慧式管理和运行，给他们传达智慧化城市建设的促和谐、保增长、可持续发展的理念，开启其对未来智慧城市发展的蓝图愿景。

对于城市管理者而言，他们接收的信息是基础信息，通过模拟城市出现突发状况后，多部门联动响应，进行应急处理的场景，形成终端数据，呈现全景铜陵。借助科技手段，以场景化的形式来表现智慧城市能够快速、精准对多种城市级突发情况进行判断、处理，体现未来的城市管理者对城市状况实行统一指挥、远程操控，让参观者从交通、生态、城市管理等方面去体验"运筹帷幄之中，决胜于千里之外"的逼真感觉，进一步增强管理者对于建设智慧城市的决心。

（1）全景铜陵

城市大数据指标就好比是人的生命体征数据，对城市运营管理的每一次的监测都是一次体检。通过铜陵城市的运行监控指标体系，实时监测方方面面，掌握城市"健康状态"，保障城市的和谐稳定发展。由此可以直观获得铜陵在省内的现代化建设水平、铜陵市现代化进程总体指数以及市下辖各区县的建设和资源匹配状况，全面了解铜陵的结构，为打通各个关节打下坚实基础。

（2）生态铜陵

依山傍水的城市特质必然要求铜陵在生态环保方面要给予高度重视。在场景中体验者可以通过遍布在城市各个角落的环境监测终端，实现对铜陵新区环境（空气、噪声、水质、土壤）的实时监控、能耗的实时监控，当他们心中有数之后才会对城市的绿化、环保和生态建设投入更多的注意力。除此之外，体验者还能将智能垃圾箱应用到生活当中，做一回"环保志愿者"。

（3）畅行铜陵

城市交通是一个城市的命脉所在，如同人的血脉。铜陵的大交通圈（年物流吞吐量、年旅客吞吐量、1小时交通圈、3小时经济圈、铜陵与各地市的交通密度和联系的紧密程度）、铜陵公交体系（公交、公共自行车、出租车）、节能减排、实时交通和城市绿波带总况等，把和日常生活密切相关的、亟待解决的"老大难"问题一一化解，使铜陵的交通网络畅行无阻，助推智慧城市建设发展。

（4）和谐铜陵

展示重点区域人员管控（人流热力图、区域人脸识别）、车辆管控（卡口车辆信息获取、特定车辆行车轨迹查询、套牌车查询）、城市管理，包括网格化管理、违停识别、城管人员定位以及大数据分析（违停多发区识别、城市积水区识别、夜间施工投诉等），实现在城市上空的柔性电子围栏。

利用遍布全城监测装置所构建的"天罗地网"，实现对城市主要道路的过车流水的监测，并对其中的危化品车、渣土车等特种车辆、未年检车辆及具有肇事逃逸记录的车辆进行主动抓取。

（5）城市应急响应

城市公共安全危机管理是一个社会和城市成熟的重要标志，城市应急是城市管理的重要环节。预防灾难事故、应对灾难事故的发生、灾难的善后工作都是该处所涉及关心的，危机管理应急解决方案，为全面保障城市应急体系信息化建设做出了巨大贡献。通过完备的应急体系，整合云计算、物联网各方资源，提供统一的通信处理平台，包括事前监测、事中调度、事后评估三个部分，快速地处理事故、降低损害。

综合管理大厅将模拟城市突发紧急状况下城市应急响应的过程，以体现应急状态下，城市对自然灾害、群体性事件或城市服务事件等突发事件的应对能力，形成呈现集中、指挥统一、多部门联合调度的及时处理能力，为相关领导提供更科学全面的决策支撑信息，辅助领导进行应急指挥调度。

呈现内容根据相应领域的应急事件类型以及应急处理需求进行设定，主要包括实地的监测视频、事件现状数字化展示、事件影响范围、预期危害结果、周围重点区域及影响人群、应急资源分布及实时的可调动情况等内容，并提供科学合理的应急预案，为领导决策提供支撑。

结合影响区域范围、周边敏感点和人口密度分布情况，利用缓冲区分析、最短路径和插值分析技术，规划人员疏散方案、最短路径、交通管制道路，实现事故发生地周边应急联动单位及专家组的快速查找。应急车辆实时定位及应急联动，根据污染事故级别调出相应的应急预案，触发多部门的应急联动响应，展现应急处理过程信息，并通过GPS对应急车辆的实时位置在GIS上进行定位。

3. 智慧政务展区

（1）基础设施与云数据中心

2015年，铜陵市成功入选"宽带中国"示范城市，积极推进通信基础设施建设。在这个区域，通过模型可直观感受通信网络建设成果，体验高清4K视频以及现场极速下载高清视频或者超大游戏，即下即玩。

通过实体模型与壁纸的结合，让人们感受由智慧城市五大基本元素（城市部件、信息网络、云计算平台、城市大数据以及人）构成的智慧铜陵，重点展现宽带中国、三网融合、城市光通信、智慧管网等战略部署。

（2）智慧政务

智慧的城市管理：展区通过接入实际系统，让参观者体验在铜陵市城市总体规划编制成果的基础上结合国民经济和社会发展规划、城乡总体规划、土地利用总体规划等实现市域空间信息"一张图"全覆盖之后的建设成就和重大战略意义；结合铜陵GIS地图的运用，展现未来的铜陵城市建设遵循生态性、环保性等原则，有效改善城市水生态环境，控制径流污染，减轻城市防洪排涝压力，缔造"海绵城市"的多项举措；通过模拟抓捕逃犯的案例，展示在三防系统（技防系统、物防系统、人防系统）基础下，各部门整体联动、有机统一，创建"平安铜陵"的和谐场景。

整个场景主要以动画形式，展示铜陵市政府通过全面透彻感知、宽带泛在互联、智能融合应用，形成以市民为中心、城市社会为舞台，运用智慧化的手段，进行高效的城市管理，从而实现服务型新型政府的转变过程。

社管信息化平台：展项接入铜陵当地的社管信息化平台，展现打破各部门、各级别政务"信息孤岛"的状态，为市民带来"一站式"的线上政务服务，包括人口管理、房屋管理、事件管理、区域概况、信息查询等平台。

网上办事大厅：通过展现铜陵的网上办事大厅系统，让参观者通过网上办事大厅平台来体验未来智慧城市中的"一窗式"服务，在网上办事大厅就可以办理各式各样的个人或企业事务。

支付宝铜陵城市应用、微信应用：展示在整个铜陵市的各行各业都接入支付宝、微信的应用，在任何情况下都可以在线预订并支付，不需要带钱包、银行卡出门，让生活变得更便捷。

其他不断新增的智慧政务系统接入：利用智能手机、PAD 等移动智能终端设备，展现未来智慧政务全程可视化以及全流程的处理进度的监管，从而体现未来铜陵政府服务高效化、服务质量优质化。

4. 智慧产业展区

本展区通过展现铜陵在智慧行业应用方面的综合建设，体现智慧城市对传统业务提供的支撑，助力城市发展，实现新的跨越。通过展示智慧农业、智能制造、电子商务、智慧物流港口、智慧旅游、智慧节能减排、循环经济等领域现有智慧成果，让受众感受到工业 4.0、"互联网 +"新背景下铜陵相关产业转型发展的新面貌。

（1）智慧农业展项

在智慧农业板块，通过"大棚种植"的模型和影片进行有机结合，营造沉浸式体验区，让参观者身临其境，将播种、施肥、浇灌到采摘的种植过程真实再现，把铜陵当地安全优质、绿色可持续的智慧农业发展面貌进行全方位展示。观测农作物的各项数据检测，以及大数据分析手段下农业生产的智能决策分析与市场信息处理，则是体验者对智慧农业的最大收获。

整体色调是清新的绿色，代表生机、农业和希望。在这里，利用逼真的实物模型和投影仪等科技设备，打造农业微场景，给予参观者扑面而来的农业气息，从感官上同步。并且结合关于大棚种植、智能操控系统等影片的播放，清晰直观地介绍智慧农业建设发展思路，互动模拟铜陵特色农产品（如白姜、丹凤）的种植。

体验内容包括农业物联网的建设，农业种植资源数据库的建立，线上专家科学指导种植，智慧化种植，农业溯源系统建设，农产品产供销一体化网络建设等。通过手持终端扫描农产品模型，获取生产、加工、物流等各个环节的信息，为食品安全保驾护航。同时，右侧墙体旁是触摸式触控交互一体机，其中设置了具有趣味性的农场种植游戏，见证从播种、施肥、浇灌到采摘、收获等农作物生长的一系列过程，让远离农林的参观者亲身体验种植的乐趣，感受难得的田园生活。

（2）智能制造展项

展示区内以模型展示为主，左侧是一块透明屏幕，里面摆放有机械手臂模型，形成一条制造流水线，模拟未来工厂的场景。总体色调以白色和科技蓝为主，在体验之初就有置身于科技、未来的感觉。体验者可在屏幕上根据自身需求选择产品，输入定制化要求，随即透明屏后面的流水线和机械手臂将会把产品制造的每一道工序展示给参观者，让参观者看到机械手臂通过分析、推理、判断、构思和决策，最后自动智能化制造产品的过程。着重展示工人、机器、产品、原料、物流、用户等与生产、供应和使用有关的各个环节之间的关系，生动地表达工业 4.0 智能制造的内涵。

3D 打印作为工业 4.0 中不可或缺的构件，改变了产品制造的空间。智能制造区域还将打造一个制造现场，运用 3D 打印机即时打印出成品给参观者，让参观者更加直观地了解智能制造之余，加深观展印象，对其未来的发展进行思考。

（3）电子商务展项

电子商务展项的重点和中心是 3D 打印产品，参观者可通过展区右侧的屏幕在电子商务平台上在线选择产品，进行下单，形成交易，既节省了参观时间，也将展馆空间合理利用，大大提高交易率，从而让智能制造变得更加有意义，同时也是展厅盈利的又一途径。

（4）智慧港口物流展项

墙体上悬挂的显示屏内容为模拟铜陵港口物流工作人员为顾客提供"一站式"通关、"一条龙"服务，将保税仓储、进出口贸易、海铁联运、物流信息处理等现代物流服务功能进行展现。展区内设置有一台互动触控交互一体机，让参观者进行实际操作水运 App，体验水上物流的具体流程。从而体现港口物流通关的智慧化程度，展示铜陵在智慧物流方面的创新与发展。

（5）智慧旅游展项

展项主要通过模拟动画让游客在旅游之前，对包括食、住、行、游、购、娱等分类进行数据挖掘、情感倾向性分析，整理并统计形成旅游城市网络舆情总排名及各单项排名（好评率、性价比、环境服务等）；通过交互设备识别二维码，获取该景点虚拟景象，帮助游客提前作出计划，降低决策风险；在旅游途中，游客可通过扫描建筑或实物，获取位置信息和该建筑的历史面貌以及其残缺部分的虚拟重构，还能实时获取景区游客密度、各景点排队情况、景区停车位情况、洗手间使用情况等，及时调整游览计划；旅游结束后，游客之间可通过 App 或互动平台相互交流，回顾评价旅游的整个过程，感受智慧旅游带来的全新服务体验。同时，在该展项中观众还可以通过 AR（增强现实）设备，以不一样的形式体验三维立体的铜陵浮山、天井湖的旅游形态。

(6)智慧生态经济展项

展区的主色调以工业元素为主,代表生态的绿色以及能源的黑色。布设的显示内容为铜陵市能源管控平台,参观者可对此平台进行实时演示,体验一把将企业能源与生命一手掌握,操纵一切的感觉,并把平台上的相关界面图截取再通过多媒体传送至屏幕,让每一个参观者直观地了解操控流程和进度,针对不同演示结果对未来能源利用和制造形成反思。

循环经济则通过场景化的形式来给人科普循环经济的功效与作用。共有企业、行业、社会这三个维度的场景可供参观者选择,分别对铜陵当地的循环经济发展现状进行描述。描述的主线主要是资源的生产、消费及再生,介绍并讲述铜陵以铜矿、硫铁矿、石灰石资源为基础的三大经济产业链的可持续发展。

5. 智慧民生展区

民生,就是老百姓的生活,社会民生实现智慧化将是一件利在千秋的事情。智慧民生展区以人的一天为载体,进行整体串联。展项多是互动体验设备,结合场景、实物,让参观者沉浸其中,切身体会智慧生活所涉及的方方面面。以重体验、重感受为核心,通过物联网络信息的采集,并进行大数据分析,将智慧化体验融入日常交通、家居、医疗、学习等几大区域中去,将生活中的"被动"化成"主动",打造出一幅智慧城市建设给民众带来的未来美好的生活图景,让参观者充分感受未来智慧城市建设为市民创造的宜居环境,给人留下深刻记忆。

(1)智慧交通

智能斑马线:展区地面设计成路口的式样,有黑色的路面、白色的人行横道、红绿灯以及车辆模型等。在体验者穿过智能斑马线时,旁边的红绿灯会通过传感器设备感知人体位置，这时红绿灯将会直接变成红灯，使行人畅行无阻地穿过智能斑马线，避免因乱穿马路引发的人车事故。

电子警察：展厅内设有模拟车辆行驶的道路以及红绿灯，红绿灯上设有摄像头，当行驶的车辆出现违规现象时，摄像头会自动捕捉并进行拍照记录（发出警告声）。

人脸识别：人脸识别主要用于身份识别。展区墙体设置的屏幕可进行人脸识别，当摄像头拍照记录到违规车辆时，以求远距离、用户非配合状态下快速确认违规人员的身份，并与人脸数据库进行实时比对，快速识别其身份并实现智能预警。附近的交警就会得到即时消息，从而将其拦下，进行相应的处罚。

电子围栏：当违规人员不愿意接收警察的处罚，试图逃跑时，高压脉冲电子围栏、静电感应围栏将会利用其强大的阻挡作用和威慑作用，将其拦下，电子围栏上的报警接口，能与其他的安防监控系统联动，全面拦截违规人员。

智能公交站台：体验者来到智能公交站台面前，查询得知回家最近的公交线路，由于开挖道路，回家需要换乘其他公交，班车将于3分钟之后到达车站。

（2）智慧家居

智能冰箱：智能冰箱根据参观者到智慧医疗区健康小屋测量的近期身体健康指数，通过大数据分析，冰箱根据现有的食物，以及其健康指数，为参观者配出今天的晚餐。

智能茶几：在进入家居区域时，智能茶几通过感应，将整个空间调到最适宜的温度。健康小屋测量的近期身体健康指数提醒身体需要加强锻炼，到客厅中通过智能茶几和体感游戏锻炼，增强体质、提高免疫力。

智能魔镜：所有事情解决后，睡前来到智能魔镜前，魔镜上提示了第二天的工作安排、工作中重要的事项，以及第二天是结婚纪念日，通过数据分析，推荐了相关的浪漫餐厅和电影院的相关信息。

（3）智慧医疗

在健康小屋内，参观者通过可穿戴式设备进行家庭自助式体检，根据以往的电子健康档案和近期的天气状况，分析参观者近期身体状况，是否生病，并根据分析出的结果，给出近期合适的食谱，以及改变身体状况的意见。若生病了，可以及时调出以往个人健康电子档案，进行远程挂号预约，并进行专家远程会诊。

（4）电子阅读图书馆

将场景打造成图书室、读书角的样式，增强阅读氛围。结合显示屏和虚拟阅读器，让孩子爱上阅读。场景设置为父母带领孩子前往电子阅读图书馆，父母可以通过电子图书馆阅读书物，孩子则通过AR图书阅读，增加趣味性，让孩子对图书更感兴趣。同时，显示屏可以接入铜陵数字化教育云端，看到孩子的学习状况，以及可以共享更多教育资源，随时掌握一手资讯，便于对孩子的学习规划。

三、特色亮点

（一）项目效果显著

1. 全国首个"互联网+智慧城市体验馆"

运用移动互联网、物联网、云计算、大数据等信息技术，围绕智慧城市体验馆游览事前事中事后的信息化服务，通过打造一批如展馆大数据库分析、展馆App、互联网服务平台等应用系统，丰富展馆内容，提升观众体验，开创全国首例"互联网+智慧城市体验馆"的建设模式。

2. 铜陵市"互联网+"展览展示中心

通过铜陵市智慧城市体验馆的建设，实现铜陵市"互联网+"应用的综合展示，并满足各类城市展、主题展的临展布展需求，提供城市级的"互联网+"展示平台和展现手段，传播城市智慧，为促进全市"互联网+"生态环境发展，提供有效技术支撑。

3. 铜陵互联网经济发展服务中心

通过铜陵市智慧城市体验馆的建设，打造全市众创交流中心、互联网产品发布中心、智慧城市学术研讨中心，为全市互联网经济发展提供服务。

4. 铜陵城市电子阅读图书馆

通过对体验馆的有效复用，面向公众提供城市电子阅读空间，普及新型阅读模式，提升便民服务水平。

（二）空间复用多变

铜陵市智慧城市体验馆设计时充分考虑空间复用性，运用合理的空间设计和可替换设备，实现多重场景使用，提高场馆利用率。

1. 众创空间——互联网思路碰撞的高级沙龙

产业展区的开放性设计可以灵活地变为众创空间来使用，既不浪费已有的空间，也可以高效地运用展馆内的现有资源。实现桌、椅的多种组合形式，投影、电脑等硬件设备、各种数据的交流共享。为创客提供使用的 PC 和 PAD，屏幕和投影可以实时与移动端同步，相关的数据可以实现共享，便于集中讨论。

2. 新闻发布会/学术研讨会

充分利用展馆的开放空间及硬件设备（以综合管理厅为例，关闭两边门禁形成封闭空间），为政府、企业提供关于"智慧城市"相关规划、"智慧成果"相关产品等的发布平台。将智慧城市体验馆打造成集新规发布、成果展示、产品体验、设计创新于一体的综合平台。

3. 线上线下一体化展示

体验馆建设充分理解"互联网+"的概念，通过建设展馆 App 系统，打造虚拟展馆，满足线上线下一体化体验，通过手机 App 应用嵌入展厅体验，将展厅随身携带——构造线上生态圈。通过入馆时扫描二维码下载，可满足如下功能。

（1）参观辅助。交通路线，泊车指引，全馆内容视图简介，参观动线浏览。

（2）语音导览（虚拟讲解员小童）。语音展项讲解，可实现全馆自助式导览，方便民众参观。

（3）AR 阅读。在智慧书房扫描相应的电子书板，可实现 AR 电子阅读功能，App 具有图书阅读、书架收藏、精品书购买等功能。

（4）签名留念。移动终端上签名、拍照留影可通过 App 上传至签名留念系统，门厅签名留念大屏可实时显示，终端后台可查询分享。

（5）大数据分析。通过 App 登录认证资料，大数据分析可获取展馆参观人员年龄职业结构、展项的兴趣点侧重、展馆客流量等，从而为展项的后续定制开发提供数据支持。

四、应用成效

智慧城市体验馆将面向四类受众，取得良好的社会效益。

一是面向政府机构及城市管理者。侧重宏观层面展示，关注城市发展思路和发展成就，了解铜陵智慧城市建设、发展及规划情况，对智慧城市建设工作提出意见和建议，促进城市间交流合作。

二是面向产业合作伙伴。侧重智慧城市建设的技术支撑与发展路径，通过交流研讨智慧城市建设领域专业知识，考察信息支撑、寻找合作机会，提供商机渠道。

三是面向行业专家。可实现智慧城市内的交流探讨并兼顾智慧城市培训基地，方便开展内部教育培训。

四是面向普通群众。可为了解城市变迁，感受智慧生活，参与互动体验，提供一个智慧城市体验与学习的窗口，并具备科普宣传、示范基地等作用。

杭州市：数字改变生活　信用增添活力

诚信是社会主义核心价值观的重要内容，社会信用体系是经济社会发展的重要基石。随着杭州的社会信用体系建设的逐步推进，信用化消费生活理念已悄然植根于杭州市民的生活中。杭州不断持续深化国家信用示范城市建设，打造"最讲信用城市"，以信用助力数字技术在社会民生服务领域的创新应用，为新型智慧城市建设路径提供"杭州模式"。

一、背景和需求

目前，国家社会信用体系顶层设计基本完成，组织机制完善等基础工作取得突破性进展。诚信作为社会主义核心价值观的重要内容，社会信用体系是经济社会发展的重要基础，党中央、国务院对此高度重视。

早在2002年，杭州市就启动了"信用杭州"建设。多年来，坚持以信用惠民为理念，以奖惩联动为核心，以信用监管为抓手，以平台开放为支撑，全面推进社会信用体系建设，弘扬诚实守信的社会主义核心价值观。2008年，杭州启动了信用平台建设工作，围绕城市治理、城市服务、信用惠民三个维度，充分发挥大数据技术优势，引入元数据管理模式，全面建成面向社会治理和公共服务的信用大数据平台。

近年来，随着数据经济的快速发展，城市大脑的功能已逐步完善，国家信用示范城市建设正在持续深化。根据社会信用体系建设需在政务诚信、商务诚信、社会诚信和司法公信四大领域推进的指导思想，杭州致力于以信用助力数字技术在社会民生服务领域的创新应用，不断为信用杭州建设注入新的动能，使信用场景应用遍地开花，信用红利惠及普通百姓。

二、主要做法

推进杭州市信用体系建设，数据是基础。2008年杭州市启动了公共信用信息平台建设，经过七期建设，目前已形成"一网三库三系统"，即"信用杭州"网站；法人信用数据库、自然人信用数据库、综合管理与应用数据库；城市服务信用辅助管理系统、城市治理信用支撑系统、信用大数据分析应用系统。把分散在部门的信用信息归集整合至公共信用信息平台，实现了与全国信用信息共享平台、浙江省公共信用信息服务平台、兄弟城市信用平台、"浙江省企业信用信息辅助系统"、芝麻信用的对接，并延伸至13个区、县（市）。通过大数据技术对信用数据进行采集、处理、管理、监控、分析，实现智能分析、决策管理、预警分析等数据应用，提高政府服务水平和监管效能，助力智慧城市建设。

为全面推进杭州市社会信用体系建设，打造全国社会信用体系建设示范城市2.0升级版，鼓励和促进市民守信行为，形成"人人讲诚信、事事重诚信、处处有诚信"的良好氛围，大力弘扬重信践诺的传统美德，积极倡导诚实守信的价值准则。杭州市信用办每年向财政申请宣传保障资金用于宣传社会信用体系建设进展和成效，构建全社会"一处失信，处处受限，寸步难行"的信用惩戒大格局，营造诚实守信的良好社会舆论氛围。杭州有着丰富的诚信建设实践和深厚的诚信文化传承。"戒欺""真不二价"的牌匾彰显着胡庆余堂这家百年老店的信念，"礼让斑马线"成为了杭州亮丽的风景线。一是政府带头，大力弘扬诚信文化。根据中共中央宣传部"诚信建设万里行"主题宣传活动的统一安排，2018年8月印发了《杭州市首届诚信宣传活动周实施方案》，杭州市组织开展了诚信宣传活动周启动仪式，打造以"信用杭州"为主题的诚信地铁专列。在《杭州日报》《都市快报》等开设信用宣传专栏；在杭州电视台、广播电台发布诚信宣传周动态新闻，解读国家和省有关诚信建设的法律法规和制度文件。二是社会参与，广泛开展诚信宣传。开展"诚信宣传周"活动，组织"诚信万里行"毅行活动，参赛包里发放2018年信用杭州诚信读本，开展诚信宣传进社区和校园，向居民和学生宣传信用杭州建设在生活中的积极作用，呼吁广大市民朋友广泛参与，倡导全社会践行诚实守信氛围。三是好中选优，积极推介诚信典型。公布2018年度杭州市十大信用典型案例，希望通过这项活动挖掘身边的诚信事件和诚信典型，弘扬诚实守信的社会风尚。同时，在全市范围内继续推进"诚信道德模范""信用示范企业"等诚信典型评选活动。

三、特色亮点

（一）建立统一公共信用信息平台

1. 信用平台大数据融合

杭州市公共信用信息平台围绕城市治理、城市服务、信息惠民三个维度，利用大数据技术和元数据管理模式，完成了政府信用数据的全归集。目前已归集了所有市级机关、区（县、市）和主要公用事业单位，共338类2947项3亿条有效信用信息，已形成1700余万份自然人信用记录和170余万份法人信用记录，完全覆盖了全市常住人口、流动人口及各类注册法人。

2. 信用数据分类开放

信用信息归集起来是基础，在此基础上加以应用更为重要。因此，为加强信用信息的社会应用，鼓励第三方信用服务机构开发和创新信用产品，提升信用服务质量，实现公共信用信息资源共享，促进社会信用体系建设，探索建立了公共信用信息开放互通机制。一方面，依法构建互联机制。杭州市推广市场应用，与相关企业签订开放平台数据、授权查询和数据安全使用等协议，实现双方数据互联互通。另一方面，实现数据安全开放。根据《杭州市公共信用信息管理办法》，在本人授权的前提下，信用服务机构可以向市公共信用信息平台查询当事人的信用记录，并在其认可并同意的信用产品和场景中应用。通过提前告知和约定，当事人使用含有公共信用信息的产品和场景的记录也将反馈回市公共信用信息平台。根据《杭州市公共信用信息管理办法》，目前公共信用信息按照其开放等级进行分类应用，主要分为三类：①社会公开信息。指根据《中华人民共和国政府信息公开条例》规定应当主动公开的信息；或者政府部门根据行政管理需要公开的信息。②授权查询信息。指经信息主体授权可以查询的信息。③政府内部应用信息。指不得擅自向社会提供，仅供行政机关和法律法规规章授权的具有管理公共事务职能的组织，在履行职责过程中查询和使用的信息。

3. 数据归集流程化

每年，杭州市信用办都会印发《杭州市公共信用信息分类等级管理目录》和《在行政管理中使用信用记录和信用报告的事项清单》，根据情况调节每年的两项数据清单。"信用杭州"建设共建部门根据目录清单，将拟归集的数据备份至前置机，再通过杭州市政务交换平台归集到杭州市公共信用信息平台，归集库对原始数据进行留底交换到比对库，在比对库利用元数据管理技术对数据进行重新扫描定义，比对过程中的异常数据通过平台反馈到共建部门进行核实，核实完毕以后再进行归集处理。

4. 平台管理智能化

杭州市公共信用信息平台通过元数据管理技术对数据结构重新定义组织，形成以数据仓库技术为核心的信用大数据库。将杭州市公共信用信息平台的海量数据通过图形、表格等形式直观反映给用户，实现平台信息的可视化展示，根据不同功能建立了城市服务信用辅助管理系统、城市治理信用支撑系统、信用大数据分析应用系统。提升平台用户效率及满意度。

5. 用信过程移动化

为拓展信用宣传覆盖面，让市民直观感受到信用带来的良好体验，杭州市信用办在 2018 年 6 月份推出了"信用杭州"App，配合"信用杭州"微信公众号，在移动端提供法人信用记录查询；展示杭州动态、最新法规；依法依规公示行政许可／行政处罚、守信红名单／失信黑名单、良好信息／不良信息、部门评价、资质信息等信用信息；人脸实名认证后可使用信用名片、授权信息、信用监督等在线办事应用，最终实现公众用信过程的移动化。

6. 应用定制个性化

为做到信用信息智慧化管理，杭州市公共信用信息平台通过元数据管理实现监管应用、公共服务应用、第三方应用的个性化定制。部门根据使用清单，通过信用指标分类体系和模型分类体系实现信用记录个性化定制、信用核查个性化定制、法人分类分级个性化定制；企业和个人通过互联网和移动网两网手段实现信用名片个性化定制、信用承诺个性化定制、消息服务个性化定制；第三方信用机构通过灵活多样的接入方式实现接口服务个性化定制、指标筛选个性化定制、计算服务个性化定制。

以发改委一票否决应用为例，发改委根据专项资金拨付一票否决规定在平台上设置一票否决项，平台生成相应的一票否决模板，发改委用户基于一票否决模板可以选择单项查询和批量查询拟拨付企业，单项查询时系统自动弹出预警提示。批量查询时，发改委用户在平台上传拟拨付企业名单，系统返回带有一票否决标识的拟拨付企业名单，最后形成关于资金拨付的文件。

（二）完善机制建设

1. 保障联合奖惩措施落地

为落实奖惩联动机制，杭州以《杭州市公共信用信息管理办法》和《杭州市社会法人守信联合激励和失信联合惩戒办法》为指引，以国家层面出台的联合奖惩备忘录、杭州市出台的红黑名单发布制度和社会法人联合奖惩管理办法为依据，督促各相关部门制定实施细则，形成了红黑名单管理和发布制度。为推进公共信用信息在政府部门内部率先使用，每年杭州都会印发《杭州市公共信用信息分类等级管理目录》和《在行政管理中使用信用记录和信用报告的事项清单》。如在市级财政资金补助资格审核、评优评先过程中实现了信用全覆盖，对严重失信企业在财政资金审核、各类评优评先中，实施一票否决，取消申报资格，仅2017年涉及失信一票否决的财政资金就达20多亿元。在政协委员和人大代表选举过程中查看信用记录，劝退列入失信黑名单的委员和代表。

2. 以考核促落实

为推动"信用杭州"建设工作，发挥社会信用体系建设示范城市的标杆引领作用，杭州市每年都会印发《杭州市"信用杭州"建设市直部门工作考核办法》和《杭州市信用杭州建设工作区县市考核办法》。其中市直部门考核纳入平安考核，区（县）纳入法治政府考核。以考核督促相关单位信用工作推进、落实信用联合奖惩机制、信用信息应用和政务诚信等工作的落地。

3. 组织落实联合奖惩备忘

根据国家联合奖惩备忘录，杭州在青年诚信、交通文明、户籍管理、医疗卫生、金融、旅游等重点领域，多措并举开展联合奖惩。在2016年杭州就出台了首个交通文明领域的联合惩戒备忘录，由市中级人民法院、公安局、人力社保局、监察局等11个部门签署，对毒驾等29种严重交通违法行为当事人提出了10条联合惩戒措施。2018年杭州还根据政府各部门权力事项和联合惩戒备忘录，按照所属层面，分省、市、区（县）三级梳理各自的联合奖惩措施，为后期部门业务系统嵌入联合奖惩做准备。

4. 实行分类分级监管

为进一步转变政府职能，提高事中事后监管工作水平，维护市场公平竞争，充分激发市场活力和创造力，杭州市要求各部门出台相关制度，落实行业信用分类分级监管。目前，已有国税、安监、民政等

27 个部门出台了相关制度，开展信用分类分级监管，将分类分级监管作为行业表彰、检查频率的重要依据。

5. 组织信用修复

2015 年杭州率先提出了构建信用修复机制的工作设想，联合兄弟城市完成了"信用修复机制研究"课题，获得了国家信息中心优秀课题三等奖，并积极参与和配合国家信用修复相关文件的制定工作。同时，杭州已细化并制定了 9 种红名单退出机制，15 种黑名单退出机制。自 2017 年 11 月起，目前已累计处理并实施了 70 家单位 111 起信用修复。

四、应用成效

在杭州市人民政府印发的《杭州市加强政务诚信建设的实施方案》的指导下，通过不断深化"最多跑一次"改革，完善权力清单和政务信息公开制度等手段，政府工作效率和服务水平得到明显提升，服务型政府、创新型政府、廉洁政府和法治政府建设进一步加强。同时，杭州作为全球最大的移动支付之城、"新型智慧城市"建设的标杆，充分运用现代信息技术和大数据，以信用为纽带，与第三方平台跨界融合，通过各类信用积分载体，实现市民信用生活多方位信用惠民应用落地。在政务用信和社会用信两大领域，持续探索以信用助力智慧城市建设，并取得显著成效。

（一）政务用信

1. 信用前置，再造行政审批流程

将平台的信用核查等功能融入政府采购、公共资源交易、房产管理、人力社保、项目审批、交通运输等业务平台，形成面向政务领域的大数据信用监管服务，实现信用前置，流程再造，切实提高行政管理效率。如在投资审批领域，杭州已经将信用核查嵌入办事人员网上申报平台。在材料申报过程中，自动调用杭州市公共信用信息平台的信用记录，警示失信行为。在商事登记制度改革方面，杭州将"信用承诺"前置，探索出了一条解决"准入准营不同步"的有效路径。首先，一份没有失信记录的信用档案，使其能够在缺少非关键材料的情况下，可以"容缺受理"；其次，一份自愿向社会公开的信用承诺，使其能够享受到"现场领证，事后检查"的便利。事后，"承诺不践诺，备案不真实"的，将记入企业或个人信用档案；审批受理单位"受理不办理，审查不及时"，也将记入政务诚信档案。目前园文、卫健、发改、规划、建委、环保、林水、安监、城管等部门的网上受理环节已经嵌入了信用核查功能。

2. 嵌入调用，实现平台跨界融合

为提升信用平台的服务能力，杭州市以"统分结合、共建共享，应用联动、互惠互利"为原则，推进信用应用与部门行政管理业务的深度融合。房管部门在公租房、廉租房资格核查时，在房管业务平台上通过接口调用，自动进行信用核查；人社部门的就业服务平台与信用平台无缝对接，就业保险业务、失业保险金等业务办理过程中直接调用信用记录；在政府采购网上商城、公共资源交易平台上，供应商、采购方、代理机构、专家都可以直接查询打印基于可向社会公开的A类信息的供应商信用记录。与网约车监管平台进行融合对接，建立网约车经营者和驾驶员信用记录，促进网约车监管平台对网约车经营者和驾驶员的有效监管。

以审管办中介超市为例。2018年5月，为推动中介服务网能力的提升与完善，为"杭州市投资项目审批中介技术服务网"专门搭建了"互联网+信用"中介超市，实现评价数据交换传输。在中介网产生的涉审中介机构季度评价信息，可通过网上平台实时传输至市信用平台；各部门上报至市信用办的行政处罚和红黑名单信息，可通过网上平台传输至市审管办。实现评价数据和奖惩信息的实时交换，提高涉审中介机构多维评价体系第三方考核的实效性和准确性。目前，"杭州网上中介超市"已有750家涉审中介机构入驻，中介机构的服务资质、服务时限、服务收费、信用评价等信息面向社会公开。并向省中介网推送中介机构信息2193条；中介机构驻地信息2189条；中介机构经营资质（信）信息4197条；中介机构荣誉信息552条；中介机构、服务事项映射关系数据4291条；中介受理项目办理表数据14902条；中介受理项目办理状态详细信息表数据14912条；服务事项90条；中介评价信息95765条。

除此之外，还将信用信息嵌入办税流程当中。一是对A级纳税人提供办税便利举措。A级一般纳税人可单次领取3个月的增值税发票用量，按需调整增值税普通发票用量，截至2018年年底，全市已有1.53万户次A级纳税人享受该项服务。A、B、C、M级的增值税一般纳税人，不需要进行增值税发票认证，只需登入增值税发票查询平台，即可查询、选择用于申报抵扣或者出口退税的增值税发票信息。二是推行出口退税分类管理。根据出口企业纳税信用级别、税收遵从等情况，将出口企业评定为一、二、三、四类。为一类出口企业提供绿色办税通道，时间从快、程序从简。同时，通过建立重点联系制度，及时解决一类企业有关出口退（免）税问题。截至2018年11月底，被评为出口企业管理一类的纳税人有511户，退税金额90.63亿元。三是积极推动银税互动。为扩大纳税信用的影响力，与银监会及银行业金融机构联合开展"银税互动"，为纳税守信企业提供必要的贷款支持，执行优惠利率，免收贷款承诺费、资金管理费等费用，让纳税信用成为小微企业的信用资产，助力小微企业发展（见图3.3）。截至2018年11月底，6家签订"银税互动"协作框架协议的银行，银税互动累计发放贷款11211笔，贷款金额34.69亿元，自然年内首次突破30亿元。

图3.3 "银税互动"合作银行

3. 推进"七天双公示"机制

根据国务院的相关要求，由行政机关作出或变更的行政许可和行政处罚决定，其结果信息必须在行政决定生效起7个工作日内在网上进行公示。为此，杭州市委市政府专门制定了《杭州市行政许可和行政处罚信息"七天双公示"实施方案》。作为具体组织实施单位，市信用办将公示信息通过杭州市公共信用信息平台和杭州市政府服务网的实时交换平台，实现了每日更新。同时，公示信息也将记入市公共信用信息平台的法人和自然人信用记录，为在全社会开展守信激励和失信惩戒机制提供依据。截至目前，"信用杭州"网站归集双公示事项已涉及38个部门960余万条。

(二)社会用信

1. 打造免押金城市

杭州市民可以通过浙江政务服务网、浙里办 App、杭州综合自助办事服务机(中心自助机)、杭州办事服务 App、中心网厅、微信、银行 App 等 11 个线上服务渠道,刷脸办理公积金业务。截至目前,"网上办"业务量达 5788936 笔,占业务总量 70% 以上。其中,支付宝提取量 24 万多笔,占提取业务总量 58.9%。不过这些便利,在信用不好的人那里,是行不通的。杭州市公积金中心专门制定了行业失信黑名单管理办法,对公积金失信黑名单人员,执行 3 年内不得申请公积金提取和贷款的惩戒措施,同时在网站公示失信信息,并同步向市信用平台推送黑名单数据。这个黑名单还会同步向支付宝推送,录到芝麻信用里,被列入黑名单的人员,在支付宝负面清单中会显示公积金失信信息,不仅芝麻分会减下来,很多与信用相关的便利,如免押金租借等,也享受不到了。

2. 推出杭州城市个人信用分

城市个人信用分是推进城市个人诚信建设,打造信用城市的重要组成部分,也是直观展现市民诚实守信情况的有效载体。为此,杭州市发改委牵头,依托杭州市公共信用信息平台和市民卡业务系统数据资源,推进杭州城市个人信用分——"钱江分"项目建设。并于 2018 年 11 月 16 日正式对外发布,在杭州工作或生活且年满 18 周岁的市民,无论户籍归属,都将拥有自己的城市个人信用分。

目前"钱江分"已在杭州办事服务 App、杭州市民卡 App 和信用杭州 App 上线。市民登录其中任一 App,授权后均可查看本人的"钱江分"。"钱江分"依托杭州市公共信用信息平台及杭州市民卡运营十余年积累的用户数据,以"引导市民诚信向善、弘扬社会主义核心价值观"为设计初衷，分数设计侧重于公共服务和公益普惠，充分凸显信用分的社会属性。在获得用户授权后，"钱江分"采集政务、经济、司法、生活、公益等各领域城市信用变量特征，通过科学的统计综合评价模型计算得出用户的信用分，形成个人信用画像。和芝麻分相类似的是，"钱江分"达到一定分值以后，可以在校园健身、医信付、扫码乘车信用付、公租房押金减付、办理图书馆电子借阅证、租赁免押等方面享受信用带来的便利。如对于"钱江分"高于580分的市民，免去校园健身申请3~5个工作日的审核周期，可在市民卡App——校园健身服务中，当天申请，次日即可刷卡进入校园健身。对于"钱江分"达到573分的用户，在医院诊间结算或自助机结算时，若出现账户余额不足，可通过智慧医疗掌上医院授权开通"医信付"，授信1000元。用户使用其授信额度对诊疗过程中自费不足部分进行支付，后续再通过各个还款渠道对市民卡账户进行还款，实现"先诊疗后还款"，免去因余额不足造成诊间结算失败而往返充值、结算的烦恼。升级后，将根据用户个人信用和账户使用情况，给予用户最高5000元的授信。对成功申请公租房的承租家庭，家庭中任意一人"钱江分"达到700分，可申请押金减半的优惠。

驻马店市:"咱的驻马店"助力惠民服务实现从"网上办"到"掌上办"

一、背景与需求

(一)项目背景

党的十九大报告中提出要建设网络强国、数字中国、智慧社会,推动互联网、大数据、人工智能和实体经济深度融合,发展数字经济、共享经济,培育新增长点、形成新动能。

驻马店市委、市政府高度重视大数据管理工作,多次召开市委常委会、市政府常务会议,研究大数据管理工作,认真贯彻落实党的十九大精神和关于实施国家大数据战略加快建设数字中国的指示精神。根据《国务院关于加快推进全国一体化在线政务服务平台建设的指导意见》(国发〔2018〕27号)、《国务院关于在线政务服务的若干规定》(国令第716号),2019年5月初,驻马店市政府组织带领市"放管服"改革办、市政务服务和大数据管理局、市行政服务中心赴上海市就城市门户App建设进行了学习考察,充分借鉴其"互联网+城市服务"体系建设和运营管理经验,结合驻马店实际情况,加快推进政务信息整合共享,打造新型智慧城市服务体系。

在驻马店市政务服务和大数据管理局等各部门和研发单位的共同努力下，"咱的驻马店"App于2019年9月29日实现上线运行。

（二）项目需求

1. 条块分割信息阻塞，百姓办事多跑腿

在"咱的驻马店"App立项之前，驻马店市各职能部门普遍存在条块分割、各自为政等问题。各业务部门、数据平台相对独立，信息不互通、不共享，"信息孤岛"问题明显，既降低了政府部门的工作效率，又给老百姓的生产生活带来很大不便，为了办事反复提交材料，各个部门来回跑。

2. 重复建设资源浪费，公共服务体验差

近年来，驻马店市各单位建设了多个App、公众号等，其中很大一部分存在着服务单一、功能重复、活跃度差、使用率低等典型的"僵尸App"问题，造成了公共服务资源浪费。群众为了使用在线公共服务，不得不下载多个App，关注多个公众号，用户体验较差。

3. 高质量跨越发展对城市服务提出新挑战

大数据时代为驻马店提升政府治理能力、降低行政成本、服务社会公众提供了新的机遇和挑战。通过调研和学习先进经验，驻马店市认为亟须建设一个统一、高效的城市服务一体化平台，作为全市信息化改革的抓手和公共服务的移动总入口，来提升本地区居民的生活体验与生产效率，不断优化营商环境，为高质量跨越发展提供保障。

二、主要做法

（一）加强组织领导，统筹项目建设

驻马店市成立了以市政府市长为组长的推进政府职能转变和"放管服"改革领导小组，负责"咱的驻马店"城门门户App项目的统筹指导和监督推进。建立了以市委常委、常务副市长为主要召集人，市直各部门共同参与，各司其职、各负其责的"咱的驻马店"App运营推广联席会议制度，定期召开会议，进一步加强组织领导、统筹协调各方资源，及时发现研究解决项目推进中存在的问题，建立了跨层级、跨部门、跨系统的"全市一盘棋"运营体系。以"全市一盘棋"思想为指导，以"咱的驻马店"App为抓手，与入驻单位建立全天候沟通协作机制，统一服务标准、统一运营维护，节约公共服务资源，用最少的成本做最多的事情，提升政务服务水平，转变政府职能，优化地区营商环境，最大程度利企便民，实现了平台建设集约化，避免公共资源浪费。

（二）打破部门壁垒，实现数据共享

城市门户App项目启动后，驻马店市结合各单位的信息化建设程度，以"急用先行、流量居前、市民期望"为原则，优先上线市民最常用、最期望的政务服务和公共服务，逐一上门进行业务对接、开展服务上"云"工作。截至目前，平台已接入省、市级单位31家，整合政务服务、公共服务、社会服务共计206项，切实解决了各职能部门普遍存在的条块分割、各自为政等问题，加大信息互通共享力度，破解"信息孤岛"难题，让企业群众办事不用反复提交材料，不用多个部门来回跑，

实现了在线办事、信息查询、生活缴费的"掌上办""一站办"。

（三）统一身份认证，方便群众企业

参照国家政务服务平台统一身份认证系统技术要求，实现注册信息规范化、认证标准统一化。该统一账户体系包含手持证件照、人脸识别等多种实名认证方式，建立真实、规范、完备的用户账户数据库，市民只需注册一个实名账号，打开一个 App，即可一站获取各职能单位的两百多项公共服务，摆脱下载多个 App，管理多个账号的麻烦，将传统线上服务由 PC 端升级到移动端，由"网上办"升级到"掌上办""指尖办""刷脸办"。

（四）坚持创新机制，强化平台特色

"咱的驻马店"App 充分借鉴了上海等地的智慧城市建设运营经验，依托全国一体化在线政务服务平台、市电子政务云、共享交换平台等系统，加快政务信息系统整合共享，打通"放管服"改革"经脉"。平台从立项到建设运营，始终坚持"一号通行、一库共享、一站服务、一体运营"的"四个一"模式，市民只需一个实名账号，下载一个 App，就能使用平台整合的 200 多项在线公共服务，轻松实现"掌上办""一站办"，充分享受驻马店信息化改革带来的便利。

三、特色亮点

（一）服务内容：办、缴、查

"咱的驻马店"App 以群众企业需求为导向，持续优化人居环境和营商环境为目标，为驻马店市民生活和经济发展注入新活力，持续

提升群众生活的舒适度、企业办事的便捷度。

目前"咱的驻马店"App可以提供以下三大类服务。

一是在线办事。在方便企业群众办事方面,"咱的驻马店"App根据本地信息化建设和社会经济发展实际情况,整合了一系列针对性业务,为驻马店打造量身定制的服务环境。例如在政务服务方面,推出预约办税、不动产登记、12345投诉等在线办事业务,逐步实现"办事不出门,最多跑一次";在信用服务方面,推出企业信用查询、黑红名单、信用报告等服务,完善驻马店信用体系建设;与此同时,平台还在法律、财政等方面推出一系列指南服务,为企业群众提供方便明晰的办事指引。

二是信息查询。"咱的驻马店"App为市民提供了各类信息查询服务,海量信息一触即达,覆盖生活方方面面。常见的如社保、公积金、不动产、驾驶证、行驶证、医院检查报告、考试成绩、垃圾分类、找公厕等便民服务,涵盖民生保障、交通旅游、健康医疗、环境气象、文体教育、企业服务、家庭生活等各类主题。

三是生活缴费。"咱的驻马店"App作为一款综合性便民平台,整合了与市民生活息息相关的各类缴费业务,避免用户线下排队或下载多个App、关注多个公众号的烦恼。目前已接入的生活缴费项目包括三大电信运营商话费缴纳,以及水费、电费、燃气费,方便市民足不出户一站缴费。

(二)服务模式:"四个一"

为了给企业群众提供统一、高效、便捷的服务体验,"咱的驻马店"围绕"四个一"机制持续强化智慧城市的一体化特色(见图3.4)。

一号通行。市民只需注册一个实名账号,就可使用平台接入的上百项城市服务，如投诉求助、水电燃气缴费、查社保、查公积金、不动产登记、预约办税等，让市民体验更便捷、更高效。按照国家一体政务服务平台的要求，下一步，将按照统一身份认证的要求，把"咱的驻马店"账号纳入驻马店政务服务网统一管理。

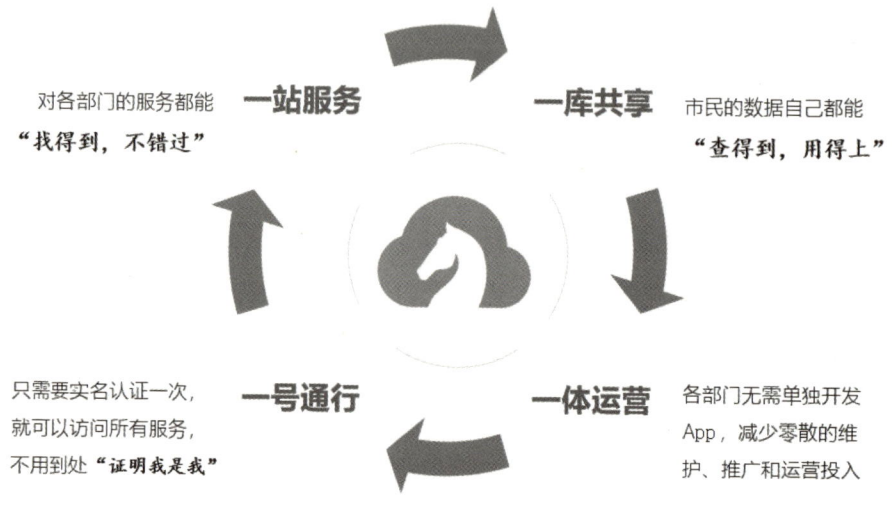

图3.4 "四个一"服务模式示意图

一库共享。"咱的驻马店"App汇聚全市大数据资源，集住房、医疗、信用、交通、法律、民政等各个系统的海量数据于一体，为驻马店市民的智慧生活提供全方位数据支撑。

一站服务。可查询、可缴费、可预约、可办事，"咱的驻马店"App将原本分散的各单位服务进行统一整合，逐步实现城市服务的一网通办，为市民提供全生命周期的一站式线上服务。

一体运营。"咱的驻马店"App以"全市一盘棋"思想为核心，与所有入驻单位建立全天候沟通协作机制，统一服务接入标准、实时巡检，及时发现各部门服务问题，并协调相关保障人员第一时间处置，确保平台各项服务质量，提升市民对智慧驻马店的获得感。

（三）服务方式：掌上办、一站办

"咱的驻马店" App 整合全市城市服务资源，将不同部门、不同系统、不同平台的为民服务事项进行统一整合，汇集到同一个移动客户端平台，实现了从"网上办"到"掌上办"的跨越，把办事变得更加灵活方便。同时在化零为整方面做着努力，让传统"小卖部"式的碎片化服务，升级为"超级市场"式的一站式服务模式。涉及老百姓的生老疾病、游行住医等服务都可在"咱的驻马店" App 上轻松享受，市民生活、学习、工作全覆盖，一站办。

四、应用成效

"咱的驻马店" App 将多类政府和社会服务统一纳入平台，"一站式"满足市民多样化需求，随时随地提供便捷的城市服务，有效提升了政府服务水平，为人居环境、营商环境构建高效、便捷、智慧的基础服务支撑，也为中原其他地区同类信息化改革积累了先行经验，探索出可借鉴、可复制模式。

（一）打破孤岛随机可取，增强群众可信度

解决了政务类 App 资源浪费和数据孤岛问题。"咱的驻马店" App 于 2019 年 9 月 29 日正式上线，一举解决了驻马店市政务类 App 多头建设、重复开发导致的公共服务资源浪费问题，杜绝了"僵尸 App"出现。通过与入驻单位建立全天候沟通协作渠道，全部服务统一接入标准、统一巡检、实时预警，满足了 31 家单位 206 项服务的巡检需求，解决了大量服务无人运营或重复运营的问题。

同时，"咱的驻马店" App 有效解决了各部门信息平台自成体系、

数据没有统一标准、系统之间互不兼容导致的条块分割和信息孤岛问题。以统一身份认证为例，平台打通各系统间的认证机制，市民只需注册一个实名账号，即可使用平台接入的所有服务，真正实现"一号通行"。

（二）便捷高效随时可办，增加群众体验度

提供了统一规范、高效便捷的"掌上办"服务体验。"咱的驻马店"App 有效规范了各部门服务标准，提高了政府服务水平。市民只需打开 App，即可实现申请受理、材料提交、问题跟踪、结果反馈全程"网上办""一站办"。

1. 以不动产的抵押权变更登记为例

申请人只需按要求上传申报材料即可在线办理，无需缴纳费用，收费标准严格依据国家相关规定，整个服务流程"不见面"，办理时限缩短到 3 个工作日以内。

2. 以 12345 热线和随手拍为例

相比传统方式，市民只需打开"咱的驻马店"App，通过文字描述和拍照上传即可完成投诉举报。在降低举报投诉成本的同时，提高了效率和真实度，投诉流程全程跟踪，反馈结果实时可查。

3. 以水、电、气办事缴费为例

市民缴水、电、燃气费无需排队，在平台上动动手指，就能轻松实现掌上办、一键办，节省时间、节约精力。和传统的奔走模式相比，市民的政务办事效率实现了质的飞跃。为给广大人民群众提供方便快捷、安全省心的移动支付服务，"咱的驻马店"App 与各大银行全力推进移动支付，建设多条缴费通道。

(三)电子证照随地可查，提升群众满意度

实现了电子证照应用。"咱的驻马店"App 目前已上线 4 项电子证件，其中包括居民个人电子驾驶证、电子行驶证、电子健康证、电子社保卡，并实现多项证件的线上线下应用。例如，市民通过电子行驶证可查看个人违章记录，通过电子社保卡可实现医疗缴费扫码支付，提升就医问诊体验，为电子证件的应用场景拓展提供了先行经验和可行模式。

(四)倒逼职能部门改革，提升群众幸福度

"咱的驻马店"App 将各部门分散开发、维护的各类在线服务整合到同一个平台，进行统一服务、统一维护、统一监测，避免了项目重复建设造成的浪费。利用自身的"四个一"服务规范，有效提高了办事效率，改善了政府服务形象，拉近了政府和群众的距离。市民通过 App 的"12345 热线""随手拍""市民互动"等板块可随时随地发布自身诉求。哪些部门服务跟不上，数据查不到，反馈的信息一目了然，用户的投诉件件落实。这无形中就倒逼着政府各部门改善服务质量、提高服务效率，从而提高群众对智慧驻马店的获得感和幸福度。

截至 2019 年 12 月 10 日，"咱的驻马店"注册总用户数 95077 人，实名用户数 81552 人，实名率 85.77%。随着 App 用户数量不断攀升，平台的后续建设与运营工作也在按照计划同步开展。

第二部分　精准治理类

深圳市：智慧龙岗时空大数据云平台建设实践
大庆市：内挖外联 借势发力　构建大庆智慧交管"123"支撑策略
福州市：永泰县重点工作攻坚作战指挥平台建设与应用实践
济南市：交通大脑——打造泉城交通管理智能生态系统

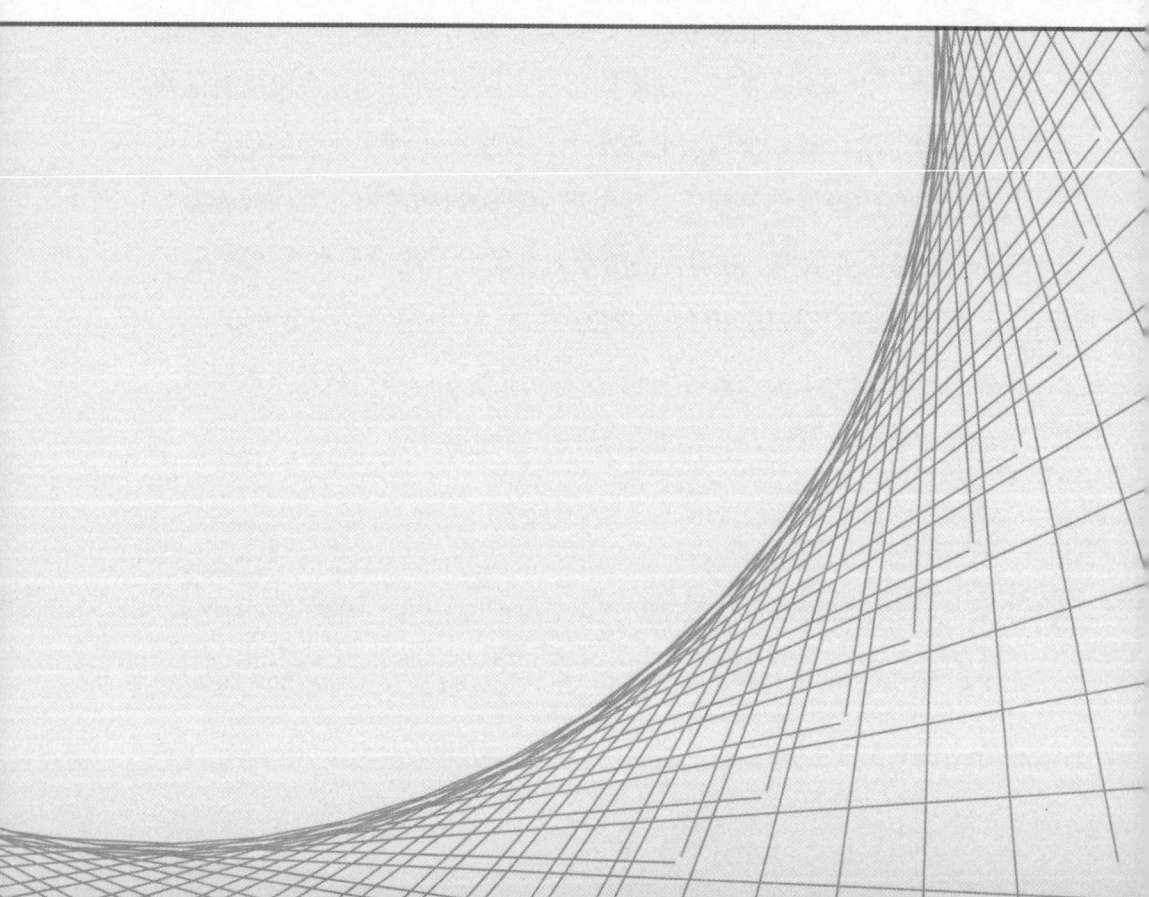

深圳市：智慧龙岗时空大数据云平台建设实践

一、背景与需求

深圳市龙岗区正处于工业化向深度城市化的转型阶段，必须以新发展理念为引领，以信息化、大数据为抓手，通过智慧城市建设着力破解基层人力不足、管理粗放、服务水平不高等问题，全面提升社会管理治理精细化水平，在营造共建共治共享社会治理格局上走在最前列。

在智慧深圳总体框架之下，龙岗区于2013年全面启动智慧城市规划和建设工作，以"需求导向、民生导向，基础先行、急用先行"为基本原则，以"一中心、三平台"为主体架构，逐步建成了龙岗智慧中心和基础资源、政务协同、公共服务三大共性平台，政务、应急、安监、综治维稳、教育、城管、警务、消防等智慧行业应用，形成了独具特色的智慧龙岗框架体系，管理和服务"智慧化"水平不断提升，在改善营商环境，提升基层治理能力，便利市民工作生活等方面发挥了重要作用。

龙岗区时空大数据云平台（即"龙岗一张图"）是"一中心、三平台"主体架构中"基础资源平台"的重要组成部分，旨在统一全区的时空大数据基准，把分散孤立的GIS服务、政务空间、物联网感知等多专题、多尺度、多格式的地理信息数据整合起来，打造透彻感知、广泛互联、智能决策、灵性服务、安全可靠，集标准性、唯一性和权威性于一体的时空大数据云平台，实现"一图全面感知"，为实现社会治理协同高效、公共服务智能便捷、生态环境动态感知、数字产业创新发展提供有效支持。

"龙岗一张图"打通了各部门数据壁垒，消除了信息孤岛，实现时空数据共享和交换。针对数据时效性强、涉及范围和内容广等问题，"龙岗一张图"的构建有利于科学管理、及时更新并补充共享海量的数据信息，为政府部门的科学决策提供准确、可靠的数据分析参考。"龙岗一张图"为政府决策和公共服务能力的提升提供详实、科学的时空数据支持，实现"用数据说话、用数据决策、用数据管理、用数据创新"。通过"龙岗一张图"，不仅能够准确掌握龙岗区空间地理信息动态，为各部门的政策制定提供参考，支撑部门业务的运行，更能够向公众提供更为精细的地理空间信息服务、政务服务与城市管理服务。

二、主要做法

"龙岗一张图"建设目标主要是在"数字城市"资源基底之上，以"五大基础数据库"（人口数据库、法人数据库、宏观经济数据库、空间地理数据库、建（构）筑物数据库）为基础，依托云计算、物联网等新一代信息技术，将龙岗区辖区内的人、物、事等转化成数据信息，建设综合了基础数据库的时空数据库集群与信息时间序列框架，接入实时感知信息，实现数据资源、服务资源智能组装、按需服务、多维（二维、三维等）融合联动的数字化、可视化呈现，为全区各政府部门开发业务系统提供时空信息的组织、管理、交换、展现、查询操作公共服务、数据服务和空间位置服务，致力于实现全区地理空间数据资源的"共建、共享、共用"，进而建成生命力强大、运转高效智能的"数字政府"组成单元。

"龙岗一张图"建设内容可归纳为"1+1+1+N",即,在一套标准规范体系之下,建设一个政务空间地理数据库,搭建一个时空信息服务门户,提供政务地理信息在线服务,支撑 N 个行业应用和综合应用。标准规范体系是数据更新、服务对接的保障,数据是基础,共享交换是核心,应用是最终目的,整体上构成了可持续发展的生态体系。具体内容包括以下四个方面。

(一)编制数据生产、应用接入、平台运维等一整套标准规范体系

在充分采用国家、行业相关技术标准的基础上,结合龙岗区特点进行必要补充,编制了《龙岗区基础数据资源分类与编码规范》《龙岗区三维地理信息模型数据规范》《龙岗区时空信息共享交换规范》《龙岗区时空大数据云平台成果管理与使用说明》《龙岗区时空大数据云平台运行管理说明》等 13 项标准规范,形成合理、实用、开放、先进、可操作的平台标准,统一了建设标准、共建共享机制和二次开发接口,为平台更新与拓展提供保障。

(二)构建可关联、可感知、可扩展的时空大数据中心

基于统一时空基准,以时间、位置为纽带,动态关联事物或事件的多时态、多主题、多层次、多粒度信息,包含二维三维、历史现状、静态动态等,关联其他行业部门的共享业务数据,形成一体化的时空大数据中心。

建设了龙岗区二维电子地图、影像地图、实景地图、POI、地名地址等二维基础数据,以及全区 388 平方公里的倾斜摄影模型(分辨率 5 厘米)和 22.5 平方公里中心城区域精细模型(分辨率 2 厘米)等

三维基础数据。

建立了 34 类专题 312 个数据图层，主要包括 480 多万条人口数据、52 万余条法人数据、17.5 万条楼栋数据、266 万条房屋数据等"人房法"专题数据，危险边坡、危险化学品、重大危险源、工商贸粉尘涉爆、三小场所、既有房屋安全等 20 余万条安全隐患专题数据，同时囊括了 15000 多路高清视频、598 个高空全景点以及十几类规划国土专题数据等。

（三）搭建二维、三维及实景一体化的时空信息服务门户

构建融合二维、三维和实景信息的时空信息服务门户，通过统一的服务接口向各部门提供地图服务，开放图层订阅，并收纳、积累各部门的开发成果。各类数据资源、功能资源、云 GIS 资源以服务的方式开放共享，用户可申请云计算资源，而无需购买服务器和基础 GIS 软件；也可以利用在线制图功能快速制作专题地图，利用地址匹配或在线标注服务将业务数据快速上图；还可以通过在线智能匹配服务快速定制地图应用系统。以"可见即可得"的方式提供简单、便捷、一站式的"个性化服务"，实现按需灵活服务。

（四）支撑跨层级、跨区域、跨部门数据共享和业务协同

"龙岗一张图"在政务服务、综治维稳、环保水务、城市管理、应急指挥等 15 个领域广泛应用，已为 23 个单位或部门、9 个街道提供实时在线服务 200 多项，系统调用量超过 3000 万次，单日峰值访问量超过 35 万次，日均调用量 5 万余次，各类智慧化应用均取得了较好成效。

三、特色亮点

（一）多渠道汇聚、有序共享

"龙岗一张图"数据来源渠道众多，包括市级下发、外业采集、街道在线采集、与各应用平台之间共享交换、离线拷贝等。众多渠道来源的数据，一一建立对应的共享交换机制及数据更新机制。有序将二维基础数据、专题数据、三维数据、视频资源、高空全景等数据进行共享，使得各类资源价值最大化体现。

（二）信息盘活、增值利用

通过实时获取全区房屋楼栋空间数据，实现将全区 17.5 万栋楼宇精准落图呈现。通过楼栋编码建立与人口、家庭、法人、房屋等数据的时空关联，实现"人房法"一体化管理，为各单位实现"以房找人、以人查房"的需求提供数据支撑和决策支持。

（三）空间信息与物联设备的无缝衔接

整合视频监控位置信息，以聚合图形式展示视频位置分布情况，通过视频编码与视频流信息进行关联管理，将视频实时对接到地图上。建立视频展示模块，按街道、派出所划分管理视频空间定位点，提供视频点位信息查询服务并提供对应视频流的实时播放和服务调用。

（四）全景影像的快速更新及在线服务

整合全区 598 个高空全景点数据，以热力图形式展示全景点分布情况。通过定期获取高空全景数据，实现全景影像数据展示、历史版本对比等功能。高空全景影像广泛应用于重大项目进展管理、查违、城管绿化巡查、建筑工地监管、既有房屋安全巡视等场景。

（五）大批量数据热力分析的快速呈现

针对"人房法"数据等百万级别数据量，采用热力图及聚合图的技术手段，快速在地图上加载数据，并以热力图形式呈现数据密度分布状态，当放大到数据具体详情时，则切换成以聚合图分布展示的方式，具体展示数据在一定范围内的数量及分布情况。

四、应用成效

"龙岗一张图"以城市中的建筑物、人口、企业、视频监控点、安全隐患和重大危险源等为对象，将二维、三维、实景、影像等电子地图和叠加地图数据录入该平台，并制作成三维模型，有力支撑了各部门智慧应用，促进形成了智慧城市建设全面开花的态势。

在智慧应急方面：依托"龙岗一张图"，接入 15000 多路高清视频图像、598 个高空全景点影像数据、9 个部门的安全隐患和危险源数据，建设全生命周期的应急管理系统、完整的应急保障系统、高效智能的应急值守系统、平战结合的联动指挥系统，实现了联动指挥、预警预报、应急评估等功能。

在智慧查违方面：基于"龙岗一张图"，通过 7 天一次的高频率更新 598 个高空全景点影像数据，实现全景影像数据展示、历史版本对比，为"天眼"查违提供了有力支撑，大幅提升了发现、取证和处置效率。

在智慧消防方面：运用物联网手段，动态监测烟感探头、消防栓、可燃气体等的异常状态，基于"龙岗一张图"，整合行业数据资源，精准定位救援队伍、执法队伍、消防水源、消火栓等信息，通过"人防+技防"有效结合,实现对全区消防态势的实时监测、分析研判和指挥调度。自 2017 年 2 月下旬全面推广以来,全年发生火灾数量环比下降了 23.08%,龙岗区被确定为"智慧消防"国家"十三五"重点研发计划课题示范应用基地。

在智慧安监方面:基于"龙岗一张图"的数据资源,建设智慧安全底图,实现安全生产精准信息呈现、动态监测预警、全局指挥控制。以二维、三维电子地图为载体,对隐患、事故、资源、行政等四类安全生产相关数据进行精准定位,并实时接入物联网监测、基层巡查、群众上报等数据。通过大数据分析挖掘,制作热力图、趋势图、事故推演模型等工具化应用,辅助科学决策。

在建设工地管理方面:针对建设工地规模大、涉及人员多、环境多变、管理复杂、质量与安全隐患大等特点,通过信息化手段及智能技术,对工程项目进行全局掌控。基于"龙岗一张图"整合各类工程项目数据进行上图,实现项目数据可视化管理,一图尽览项目;依托高空全景、视频监控、人脸识别等手段,对建设工地进行实时管控。

在重点项目管理方面:基于"龙岗一张图"的时空基准,整合项目用地、规划、征拆、环保等重要信息,精确掌握重点项目的选址范围、规划条件、实景影像等关键信息,为项目生成、统筹协调、跟进督查等提供预优化、预沟通、预协调服务,促进储备项目可决策、可落地、可实施,实现"多规合一"。目前,400 多个重点项目完成落图,初步实现项目投资和建设管理全链条的信息化、便捷化、科学化,为项目决策、建设和跟踪协调探索出新模式。

在边坡管理方面:制定边坡数据台账采集、坐标位置采集、统一编号管理等标准,对全区 1791 处边坡建立"一坡一档",通过分类评估划分 6 个风险级别,制作"边坡管理一张图"。运用热力图、分类统计宏观评估区域风险，科学分配人力和治理资源投入；通过边坡周边人房法人、重点保护对象、三维模型等数据关联，量化评估威胁对象、涉险面积、危害人数、潜在经济损失及次生灾害风险，辅助科学制定应急预案和救援措施；整合视频监控资源，实时查看边坡现场，利用7天更新一次的高空全景影像，以"天眼"视角巡查周边异常变化，有效提升了巡查频次，弥补了人力巡查之不足，降低了恶劣天气户外巡查作业风险。

大庆市：内挖外联　借势发力
构建大庆智慧交管"123"支撑策略

一、背景和需求

随着我国城镇化进程的不断加快，大庆市机动车保有量持续快速增长，城市交通供需矛盾日益突出，带来交通拥堵、事故高发等一系列"城市病"，严重影响了人民群众交通出行的体验感和舒适度，"行车难题"亟待破解。由于石油产量和石油价格双降的影响，政府投资力度受到制约，形成了"机动车剧增、驾驶员攀升、设施老旧、投资锐减、警员老化、人才短缺"等不利局面。

大庆市公安局交警支队积极主动面对"社会新矛盾、群众新需求、工作新标准"等带来的新压力、新挑战，立足大庆实际，既注重内部挖潜，又加强外部联动，多措并举，综合施策，借势发力，构建交管"123"支撑策略，打造大庆智慧交管，破解社会新矛盾，满足群众新需求。

二、主要做法

交警支队紧密依托市公安局科技大厦情报、指挥、防控、民测、新闻五大中心建设成果，局领导亲自谋划布局，支队党委班子群策群力，构建并日臻完善交管"123"科技支撑策略，即建设1个"交管大脑"，打造业务监管和执法监督2个平台，升级完善交管指挥、事故处理和宣传服务3个中心。"123"科技支撑策略依托市局科技大厦五大中心建设，是五大中心的重要组成部分，五大中心为交警科技提供源源不断的数据、技术及人才等资源和动力。

（一）依靠市局智慧警务大数据平台建设"交管大脑"

"交管大脑"以市局数据中心为基地，以市局智慧警务大数据平台为基础，以科技大厦情报研判中心为应用和展示场所，融合部、省、市交管数据，扩充视频检测、雷达及互联网交通数据，在市局科信处的全力支持帮助下，建设大庆智慧警务交通版即"大庆交管大脑"。交管大脑现已建设城市交通、安全态势等6个功能展示页、提炼信号配时优化、重点驾驶人、高频事故车、酒驾醉驾报警趋势、假套牌车等39个战法模型，深度挖掘数据能量，提供假套牌、失驾人员违法驾驶、克隆出租车等。交警支队还组建30人的情报研判队伍，建立赴情报支队跟班作业学习的机制，强化信息化的实战应用工作。

（二）整合各类监管资源建设车驾"业务监管平台"

以部局"交通管理大数据研判平台"为基础，借助市局"执法与民意测评中心"，建立业务数据研判分析、异常数据预警处置、部门监管考核评价体系，实现交管业务办理数字监管，可有效防范各类业务隐患。

（三）集成相关勤务执法监督手段构建执法监督平台

交警支队成立专门的执法监督部门，全面开展执法监督巡查工作。执法监督平台以350兆PDT数字集群系统、公务车管理系统、智能联网酒精检测系统、执法记录仪管理系统、警务通、移动执法终端等为基础及数据来源，整合共享警务指挥系统、执法与民意测评系统、办案区管理平台、涉案财物管理系统、交管"六合一"系统、接处警系统、执法办案 4.0 系统等，实现与"交管云行平台"互通互联和有效融合，实现全流程、多维度、可视化的执法监督。

（四）依托市局应急指挥中心建设"交管指挥中心"

交管指挥中心与应急指挥中心同址共建，共享共用市局科技大厦优质软硬件资源，中心使用面积 450 平方米，LED 小间距大屏幕 88 平方米，布局现代、设计科学、功能完备。交管指挥中心依托交管集成指挥调度平台和市局智能化警务指挥平台，研发"大庆交管云行平台"，以 9 处 4K 超高清摄像机构建 VGIS（视频地图）空间门户为基础，通过 AR（增强现实）技术融合统领信号控制、电子警察、警情信息等智慧交管子系统。现已联动全市近百处高空摄像头和上万处低点视频资源，搭建大庆交警的"千里眼"，覆盖全市重点道路、桥梁、学校、商圈、交通枢纽及交通节点等区域，大庆市城市交通防控体系初见雏形；攻关创新将"交管大数据"、交通态势、警情信息等数据，视频监控、电子警察、交通卡口、执法监督、智能指挥管理等系统叠加在视频画面中，云行平台操作简单、功能强大：360 度大视野监看、全资源可视可控、3D 定位灵活快速、预制位秒级到达，大大提高交通指挥管理的效率。

（五）升级交通事故快处快赔中心为"事故处理中心"

交警支队事故处理服务中心引入复议复核、救助基金、法医鉴定、车辆鉴定、人民调解、保险理赔、法律服务、案件诉讼等八大服务主体，建立了一站式服务模式。同时，事故处理中心以交通事故快速处理快速理赔为基础和数据来源，建立健全以识别风险、管控风险为主要内容的交通安全防控体系，有效防范和遏制重特大交通事故，现已发布预警信息 35 期。

（六）以96122短号码为标志建设"交管服务中心"

"交管服务中心"依托"互联网+"交通大数据及科技大厦新闻中心的宣传途径，以 96122 短号码、互联网交通安全综合服务管理平台、12123 手机 App、官方微博、微信公众号及短信平台等为主要手段，延伸交管业务服务范围、拓展办事渠道及业务功能，提前介入车驾管业务，由被动服务向主动服务延伸。打造"365+24+N"全年 24 小时多方式接受群众咨询、举报、投诉、建议等所有交通类服务，主动为群众提供业务办理、移车、导航、救援、保险、维修等指引服务，为交管部门和领导提供各种交通出行数据资料及信息服务决策。

三、特色亮点

（一）交警科技工作全面融入市公安局科技建设

一是交警科技建设规划纳入市局智慧警务建设规划，高点布局。借助市局依托华为等共创科技公司合作开展大庆智慧公安规划机会，把全局交警科技建设规划全部纳入整体规划，共建共用、科学合理。

二是支队机房设备托管于市局数据中心，全国领先。交警支队机房全部迁入并托管于市局数据中心，解决了原有机房电力无保障、网络故障多、维护人员少等问题，该数据中心 3200 平方米，是全国公安地市级一级信息中心，机房环境及运维管理水平全国领先。

三是交警外场设施全部并入市局视频专网，全局共享。交警已联网的智能信号机、电子警察、视频监控等外场设施全部统一迁移至市局视频专网，相关服务器及系统等全部迁移至视频专网，解决了多年来的网络安全隐患，达到了市局的整体网络布局及相关规范要求，为全市视频、卡口等资源共享应用铺平了道路。

（二）做好规划设计，积极推进智慧交管建设

充分继承大庆交警原有科技建设成果、完全延续市政规划、交通规划等内容，走出去、引进来，多方补充交通科技知识，构建大庆智慧交管建设专家库、智囊团，同自然资源局、城管局、交通局等部门深入交流，争取城市2021～2040年整体规划增加交通规划内容，紧盯城市轨道交通建设，研究地下管网建设机制，倡导依法规范新建、改建及扩建道路交通设施建设职责。

一是开展"互联网+"智慧交管落地。主动拥抱大数据，积极主动与百度、腾讯、阿里、高德等互联网公司深度合作，并与滴滴公司建立全面战略协议：共建新技术创新研究实验室，推进"互联网+智慧交管"出行服务在大庆落地，大庆交警是东北首家与滴滴出行合作的交警部门。

二是组织全市公安智慧交管建设研讨会及技术交流。策划组织召开了大庆市公安局智慧交管研讨会，邀请北方工业大学、哈尔滨工业大学等国内知名专家教授，开展智慧交管建设与应用的演讲，建立大庆智慧交管建设专家组和智囊团。专家组和智囊团对市交通科技建设的规范化及各区政府自建交通科技设施提供了大量的技术支持。

三是走出去学习先进技术及经验。争取领导支持，多人次参加国际安防展、交通科技产品博览会等，多人次赴深圳、南京、杭州、西安等先进城市学习，同各地交警同行、高校及科研院所等建立友

好关系，开阔眼界、提高认识，为智慧交管建设奠定智力基础。

（三）筑牢四大基础支撑体系

重视外场设施、前端设备建设，联网率、畅通率及维修维护工作，系统与数据安全工作及建立交通科技设施建设的地方标准等基础支撑体系工作。

一是多渠道开展道路交通科技设施建设。为有效增大道路交通安全设施建设力度，明确政府、企业等路权单位建设的主体责任，广开思路，克服资金困难，多渠道开展道路交通科技设施建设工作。认真落实市局党委部署，推动各区政府投资建设道路交通安全设施，取得较大成果。

二是筑牢网络与维护支撑体系，形成四横四纵交通光缆资源。联网是各类智慧感知的基础和重要环节，支队协调借用交通局管道资源，建设机场路沿线144芯光缆，连通大齐、大广两条高速的原有光缆资源。整合形成以市局数据中心为中心，沿机场路形成贯通大庆市区南北的光缆通道，构建四横四纵基本覆盖大庆主城区的交警视频专网。光缆资源已延伸至机场、火车站、客运站及收费站等重要交通枢纽。

三是筑牢系统和数据安全支撑工作。交警支队日常负责部、省、市级各业务系统50多个，包括167台套服务器、3600T存储及其他设备等。近年来，因各类平台老化故障、网络不稳定等原因造成系统瘫痪的情况多次发生，导致"放管服""办事不求人"、路面执法等业务不能很好地开展，严重影响公安交管服务形象。交警支队与科信处紧密配合，在向市局共享各类数据的同时，建立容灾备份机制，既降低容灾备份软硬件投入又提高数据资源利用率，并开展网络安全设备建设、完善信息安全管理机制，确保安全高效运行。

四是尝试建立地方标准，便于设计、施工及验收等工作。为更好地适应与满足大庆地区地质、水文及气候等条件，便于新建交通科技设施统一联网可控，利于市区政府、大项目办、企业、设计单位、施工单位等实施操作，交警支队主动作为，多次组织协调自然资源局、城管局、交通局、各规划设计院、油田相关部门及大庆智慧交管专家组成员等召开相关会议，在遵循各类国家标准、行业标准及相关要求下，研究讨论制定最适合大庆本地情况的交通科技设施建设地方标准。目前已经出台了《企业及各项目办投资建设交通科技设施总体要求》《市区联合建设交通科技设施总体要求》《大庆市交通设施建设技术引导（征求意见稿）》等一系列简单易懂的标准体系。

四、应用成效

（一）交通治理主体新变化，投资多元化

通过推动各区政府主动作为，近两年已投资 5000 多万元，建成路口信号灯 36 处，闯红灯电子警察 45 处，其他违法抓拍设备 71 处，非现场处罚力度增强，交通秩序明显提升；推动企业投资，促进油田公司投资 4500 多万元，改造两条城区主要道路及建设路口信号灯 15 处、电子警察 7 处等，其他单位建设信号灯 11 处。大庆市信号灯设施完好率达到近年最好水平，交通非现场执法力度和执法效果明显增强，交通秩序及司机、行人文明程度大幅提升。

（二）设施共建共用新提升，数据全共享

交警支队建设的外场设施全部并入公安视频专网，将 262 处抓拍设备共 786 台摄像机（1310 条车道）的高质量抓拍数据，全部推送给

市局卡口平台，供全警使用，日均过车数据近 500 万条，同时接收市局 1300 余台相机数据，日过车数据超过 800 余万条；共用市局高空监控近百个、视频点位上万个及城管局监控点 3000 多处。因此，极大丰富了彼此的数据信息，为各自的业务工作提供了极大的帮助，为打击假套牌及涉车违法犯罪及全局"打防管控"工作提供了强力支撑，推动全局信息化共同进步。同时，省掉了各办案单位互相调取卡口和视频数据的繁琐手续和车马劳顿。

（三）交管社会效益新高度，服务全方位

应用"交管大脑"等每周发布大数据分析报告，先后提供信号灯配时优化措施 69 次，有效缓解难点路口早晚高峰拥堵问题，提供疑似碰瓷骗保信息 102 条，假牌车信息 330 余条，提供服务群众信息 20 万余条；组织开展统一打击失驾人员收网行动，一周打击失驾人员 27 人；两名研判民警应用"交管大脑"，半年多时间就研判录入伪造号牌等严重涉牌违法 79 例。交管大脑的建立，切实体现出了科技就是战斗力。

大庆智慧交管系统的建设，巩固了大庆支队各项工作在全省交管系统的领先地位，多方面在全国领先。2018 年以来，黑龙江省公安厅交警总队召开了三次现场会，两次选在大庆市，另一次大庆支队作了经验介绍，智慧交管工作都是三个现场会的主线和灵魂。

福州市：永泰县重点工作攻坚作战指挥平台建设与应用实践

一、背景及需求

永泰县委县政府着眼未来，高度重视数字信息化建设，积极响应"数字中国"和"数字福建"建设的号召，扎实推进"数字永泰"建设，在《永泰县新型智慧城市总体规划》指导下，永泰县启动新型智慧城市项目建设和智慧信息产业园区建设，并陆续开发出惠民资金网、经济运行监测系统、重大项目节点管理系统等系列智慧应用，在创新的土壤中培育出了一批智慧的果实。

随着永泰县社会经济的快速发展，县级及乡镇各政府部门为公众服务模式，将从传统的手工和面对面方式转变为远程、无时间和地点限制的信息化方式，将政务服务利用信息化技术手段向社会公众提供。服务内容包括面向公众和社会种类繁多的政务服务、社会公共服务及社会综合管理。因此，需要构建能够承载县级各部门业务系统的基础支撑平台，提高政务部门为社会服务能力和管理水平。通过信息化技术推广应用，促进永泰县建设服务型政府、高效政府、法治政府、廉洁政府。

2019年，永泰县全面启动"重点工作攻坚作战指挥平台"建设工作。该平台是"数字政府"改革后实施的首批一体化、系统化、综合性的电子政务项目，旨在通过全县信息化电子政务项目的统筹规划实施、集中建设管理，切实加强电子政务基础设施建设，大力提升全县信息化基础支撑能力，做到网络通、数据通、业务通，实现跨层级、跨地域、跨系统、跨部门、跨业务的协同管理与服务，推进政府决策科学化、社会治理精细化、公共服务高效化，推动"数字政府"改革顺利开展。

二、主要做法

永泰县重点工作攻坚作战指挥平台"1+5+N"管理模式，以"一个中心、五大系统、N项功能"为主体架构。"一个中心"指重点工作攻坚指挥中心；"五大系统"指重大项目节点管理系统、经济运行监测系统、招商大数据可视化管理系统、督查管理系统、绩效管理系统；"N项功能"指数据跨层级共享、目标动态实时监测、重点企业态势感知、指标智能化分析预警、重点工作督察督办等。"重点工作攻坚作战指挥平台"按照"统一指挥、统一调度、马上协调、速战速决"的原则，建立重大事项部门协调联动推进机制，督促各乡镇、部门弘扬"马上就办、真抓实干"的精神，转变作风、提速增效，确保各项重大工作快速推进，全面落实到位。

永泰县从新体制、新架构、新服务、新发展四个方面发力，推进以数据资源为驱动的政府信息化工作体制改革，实现全县各级各部门、各乡（镇）横向到边、纵向到底全覆盖的电子政务网络体系，以"惠民、强政、兴业"为核心理念推进数字政务，以"优化产业结构、推进资源整合、深入试点创新"为主线，推进信息资源集中化、智能化、自动化管理，促进部门间业务应用的互联互通、协同共享，以"智慧管理""智慧政务"为核心应用，以"数字经济""智慧城市"为新发展，创新工作机制，强化工作落实，全面提速增效。

（一）构建强有力的攻坚机构

构建由县委县政府主要领导任总指挥，县委副书记、常务副县长任副总指挥的"永泰县重点工作攻坚指挥部"，把攻坚作战室作为县委县政府的总调度室，将县委县政府重点工作、重要部署、重大决策纳入作战室进行统一指挥调度，发挥作战室的"指挥棒"功能。同时，抽调县委办、县政府办及相关科局10多名创新能力强、业务素质高的干部组成中坚力量，确保攻坚作战室各项工作强力推进。

（二）开发精细高效的信息化系统

1. 重大项目节点管理系统

该系统解决了项目流程拖沓、审批滞后、问题协调乏力等问题。将一个项目从立项到开工按顺序裂变出若干个节点，细化每个节点责任单位、责任人，业主单位推进项目一目了然。系统设置了每个节点的计划时间（计划时间由100个样本计算得出），并与实际完成时间对比，实现工作成效的具象化评价；对落后进度的项目节点，系统将预警、逾期信息按不同程度，以短信的形式发送给项目经办人、责任人、督查部门、责任县领导、县主要领导，倒逼各级有效加速项目进展。

2. 经济运行监测系统

该经济运行监测系统克服了传统县域经济工作数据分析不够精准、预警响应不及时、调度手段简单的问题，系统实时掌握全县经济运行状态，有效解决经济运行中出现的问题。各级领导可以在PC端、App

移动端，直观查看各经济指标完成情况，并可细化分产业、分行业、分乡镇甚至每个企业每个项目的实时情况；通过系统算法，实现经济指标模拟调度和指标走势预判；每月末系统还会自动给出一份分析建议报告，报统计部门参考；对于项目或企业中出现的问题，系统会自动发出红色预警，督促有关领导和部门主动过问、专题研究或现场帮扶。

3. 招商大数据可视化管理系统

该系统基于传统的招商工作模式难以实现不断发展的现代管理需求，解决了招商资源分散、全流程管理不到位、考核和评价体系不健全的问题。

"招商大数据可视化管理系统"一是能有效跟踪管理项目全程进展，提高意向项目落地效率；二是能实现信息资源整合，方便寻找并查看招商资源的有效信息；三是能了解全县招商项目进展情况、各个招商工作小分队、责任部门和各乡镇的工作任务及其完成情况，实现招商考评有据可循。

4. 督查管理系统

该系统的建设目的是为了改进督查工作，切实减轻基层负担，促进县委县政府各项工作部署得到有效落实。系统包括立项、任务派发、待办事项、在办事项、已完成事项、催办和用户管理等功能菜单。实现了政府日常工作点对点督导，使得督查工作的精准性、时效性明显加强，为领导协调解决问题提供科学依据，实现督查平台化、自动化管理，实现对政务工作的全过程跟踪管理。

5. 绩效管理系统

该系统主要将市对县考核指标分解至县直单位和各乡镇，将县对乡镇和县直单位的考核进行动态管理。包括市对县绩效考核指标、县对乡镇考核指标、县直单位考核指标、正向激励、察访核验工作、重点工作考评、测评和考核得分汇总排名等。系统对各单位的绩效考核情况进行汇总和预警，各考核单位每月填报绩效分数，由以往的年终考核问责转变为现在的实时跟进、及时发现全县各项工作中存在的问题并解决问题。年终根据绩效考评得分，作为绩效奖励及评先评优的重要依据，推动全县上下攻坚克难，营造良好的干事创业氛围。

（三）打造极具攻坚氛围的指挥环境

通过科学谋划选址、全新理念设计、设置攻坚元素，打造实战、高效、现代的指挥环境。"攻坚作战室"选址在新启用的行政服务中心，面积1000平方米，主场馆按照全通透理念设计，意在营造全公开环境；在硬件配备上，设置了一个高2.4米、长9.6米、点间距1.66P规格的主屏，两个高1.9米、长5.3米、点间距1.66P规格的副屏，通过显示屏实时交互重点工作的攻坚信息；场地内设置了圆桌式会议，倡导小范围、平等协商、迅速决策；还设置了纪要签字台，凡进入攻坚作战室的会议，均要求当场开会、当场决策、当场出纪要。

（四）建立务实高效的运行机制

"攻坚作战室"实行"统一指挥，统一调度，快速会商，快速突破"的办法，以攻坚作战的方式强力推进重大事项落实。为切实增强数据指挥系统的先进性、实用性，坚持以问题为导向，通过实时平台监控、数据分析、督查考核机制等手段，配上"综合体检""解剖麻雀"等办法，查找问题和症结所在，建立了快速会商机制和督查机制，及时发现问题并快速处理。平台能够对重点工作推进中存在的问题进行智能预警，同时智能启动督查和绩效考评。平台预警后直接对接县六个专项督查组，由督查组下达"督办清单"，列明完成时限，相应督查组实时跟进督查，避免多头督查和重复督查。督查工作实现平台化、自动化、全过程管理。同时，系统还会对各单位的绩效考核情况进行智能汇总和预警，由以往的年终考核问责转变为现在的实时跟进。重点工作攻坚指挥部依托"攻坚作战室"实行"三级会商"的会议制度，主要是一级会商：县委县政府主要领导月例会；二级会商：指挥部总指挥、副总指挥联席会议；三级会商：项目分管县副处级领导专题协调会。"三级会商"会议制度的建立，为重点工作提供了快速会商突破重点、难点问题的平台，促进重点工作提速增效。其中，专题协调会初步构建"一、二、三、四"会商突破机制。

三、特色亮点

（一）数据汇聚共享，城市态势感知

永泰县重点工作攻坚作战指挥平台采用先进的技术架构，以"平台+应用"的模式实现系统架构，依托大数据中心建设完成数据的汇聚、沉淀、清洗和预处理，以"模型+算法+可视化"的模式进行数据应用建模，使系统先天具有高灵活性、可自我调优迭代的优势。实现各系统之间的互联互通，归集各个领域全量全维数据，助力数据汇聚共享平台的战略部署，促进数据共建、数据互通、数据分享，实现态势实时感知，动态预警项目监管。

（二）实现真正意义上的"数据驱动决策"

永泰县重点工作攻坚作战指挥平台系统以数据驱动决策为核心，通过五大系统工具，助力政务创新管理，提升政府综合管理和服务能

力。以数据集中和共享为途径,推进技术融合、业务融合、数据融合,实现跨层级、跨地域、跨系统、跨部门、跨业务的协同管理和服务,打破部门壁垒、政务藩篱和信息孤岛。

(三)创造了政府高效运行的永泰模式

创新建立了"重点工作攻坚指挥平台",建立重大事项部门协调联动推进机制,全面聚焦隐瞒问题、议而不决、决而不行、办事拖拉、虎头蛇尾等问题,狠抓落实的"痛点""堵点"和"难点",建立了系统平台预警预报、高效督查、绩效评价、当场出纪要、销号退出等工作制度,进一步明确抓落实的主体,督促各乡镇、部门弘扬"马上就办,真抓实干"优良作风,优化政府管理模式,促进政令畅通和高效运行。

(四)组织结构优化和数据意识的增强

"智慧永泰"以项目带动,打破传统政府工作中信息交流的模式,促使政府工作人员的思想观念发生改变。强烈的信息资源共享性,要求政府工作人员具备高尚的团队合作意识和精神,利于营造更为高效的工作环境。增强了行政组织的灵活性和适用性,从而更好地为公众服务,利于创新型和服务型政府的打造。政务信息化已成为转变政府职能、提高政府服务效率的一个非常重要的手段。

四、应用成效

(一)政府管理科学高效

依托"重点工作攻坚指挥平台",全面解决落实项目的"痛点""堵点"和"难点",改进抓落实的作风,提高抓落实的方法,增强抓落实的成效。2018年通过重大项目节点管理系统的应用,将一个项目从原来的90多个工作节点,简化压缩为36个节点,项目审批时间从原来的230天缩短为112天,项目建设全面提速增效。

(二)经济发展成效明显

永泰县政府主要领导提出,以不断深化"重点工作攻坚指挥平台"为抓手,树立转变作风、提速增效的鲜明体现,助力永泰县各重大工作快速推进,各项主要经济指标取得新成效,全面落实到位。其中市下达11项主要经济考核指标,总量均超额完成任务。第一产业增加值、一般公共预算总收入、一般公共预算收入、住宿和餐饮业、金融业、房地产业、营利性服务业等7项指标均位居全市前三。一般公共预算收入突破10亿元大关。建筑业总产值突破500亿元。一、二、三次产业比例为25.2∶39.9∶34.9,结构进一步优化。2019年上半年11个主要经济指标在全市排名中,有8个指标位居全市前3名,其中有6个指标位居全市第一名。

(三)招商成效不断提升

通过招商可视化系统的科学管理和辅助决策,促使政府进一步优化营商环境,提高服务企业水平。2018年,全县共落地招商项目527项,投资总额677.01亿元,完成全年任务(518项)101.74%。其中,大项目好项目落地404项,投资额630.76亿元,完成全年任务(373项)108.31%。2018年至今,投资50亿元的中欧康养旅游特色小镇项目正式落地永泰葛岭,投资40亿元的华体永泰国际运动健康温泉小镇于2018年底正式签约。2019年以来,全县共落地招商项目492项,投资总额 620.91 亿元。引进源本溪西里生态康养、中南高科企业生产配套、云顶 5A 提升（蚂蚁小镇）、青云山景区改造等优质项目。

（四）荣获多项荣誉奖项

自平台运行以来，成功参展首届、第二届数字中国建设峰会，受到各界广泛好评，央视新闻联播《首届数字中国建设峰会在福州开幕》，对该平台进行了重点播报，《人民日报》《福建日报》《福州日报》、福建电视台等国家和省市重要媒体刊出或播发二十几次。

济南市：交通大脑——打造泉城交通管理智能生态系统

一、背景与需求

城市交通是城市建设的重要组成部分，是经济社会发展的重要保障，也是关系民生的社会问题。近年来，济南市交警支队坚持优化出行环境与提高交通管理水平相结合，统筹推进全市交通管理工作。但随着城市居民出行需求的增加，城市机动车保有量的持续增长，城市交通拥堵问题未见好转，并面临着交通资源供给与多元化活动需求不协调、技术战略配置与交通发展需求不协同等一系列共性问题和挑战。

济南市交警支队秉承从实战出发，响应济南市委、市政府建设智慧泉城的号召，秉承"智慧城市、交通先行"原则，以城市发展需求、交通管理需求、居民出行需求为驱动，积极主动承担起智慧泉城"市民出行一路通"建设工作的牵头职责。遵循"互联、共享、智能"的建设理念，提出济南交通大脑的建设想法，强化大数据、人工智能、云计算等先进信息技术的深度应用。以业务系统建设为手段，打造一个全感知、细认知、快行动、准评估的"云端智慧交通管理生态系统"，使其成为一个真正服务城市、服务交通、服务出行的智慧决策平台。

二、主要做法

济南交通大脑搭建了"1云4中枢"的运行体系架构，是具有实时感知交通体征、动态分析交通异常事件、科学评估交通状态、智能下达交通管控决策的交通管理生态系统。其中，"1云"为交通专享云，是交通大脑的大数据管理云，也是大脑服务的管理云、调度云，汇聚并互联全域交通数据。"4中枢"由感知中枢、分析中枢、决策中枢与评估中枢构成，承担着交通大脑的核心智慧业务工作，构建了"实时感知—分析研判—智能决策—发布评估"的闭环控制模式和服务体系，最终构建能够自我进化和自我学习的真正的交通大脑。通过精确完备的数据采集，依托系统平台的学习、认知、解释、计算、仿真、决策，实现更有效的交通管理与决策，最大限度地提升路网承载能力。

（一）全感知

利用互联网思维和交通大数据分析技术，大脑感知中枢重构适应未来复杂交通巨系统的大数据全息感知预警网络，致力打造全域、超维的城市交通体征诊断评估能力体系。

1. 全域实时态势感知

依托支队前期建设的外场采集设备，通过引入互联网公司的浮动车数据，"济南交通大脑"构建了全域、全时、全维的信息感知触角。融合大数据、云计算等前沿数据处理技术，形成了覆盖济南市市级、区域级、车道级、节点级的交通态势感知体系。建立了济南自己的道路交通指数，以运行速度、拥堵指数等为状态指标，全方位精准描述交通运行和管理状态，为交警业务决策提供更完备的数据支撑。

2. AR 鹰眼全景监控

针对态势感知中的重点关注区域，如拥堵点等，为全面、直观掌控其道路交通运行状况，支队着力打造了 AR 实景监控系统。在二环、奥体等重点片区共计建设了 44 套，覆盖了城市主干道（包括经十路、旅游路、泺源大街、历山路、舜耕路、大纬二路英雄山路沿线）及四条高架快速路在内的关键道路，为各类堵情、警情的快速确认、实时掌控辖区交通运行状况提供了有力支撑。

3. "互联网+"警情监测

济南打造了"互联网+"警情智慧监测系统，主要是应用互联网交通态势数据和交通大数据分析技术，实时监测路面通行异常状态，在历史异常拥堵状态信息的基础上，筛选出拥堵发展态势严重区域，识别影响范围不断扩大的拥堵情况，作为拥堵警情进行动态报警。

4. 静态交通感知

除了能够对道路上跑着的车辆进行全域感知之外，"大脑"同时还在实时监控全网静态资源的使用情况。目前已经接入了全市 378 个公共停车场的静态数据和全部道路停车资源信息，绘制了全市公共停车场、道路停车资源全局信息展示的"停车地图"。其中，公共停车场数据共涉及 2.4 万个泊位，包括位置、泊位总数、是否对外开放等信息；道路停车数据包括全市范围内的禁停道路、准停道路、临停道路和限停道路的分布情况。

5. 慢行交通监测

针对共享单车等交通新兴业态，济南市交警支队加强监管、规范运行共享单车市场，自第一辆摩拜单车在济南市运行以来，全力推动建设"B+"模式（即 Bike+ Park 停车场、Bike+Bus 公交车、Bike+ Community 社区）的绿色交通体系，真正实现"家门口"的单车出行服务，解决市民出行"最后一公里"的问题。通过一年多运行，"政府规范管理、企业规范运营、市民规范骑行"的共享单车"济南模式"已经形成。济南市交警支队将全市范围内运行的各家单车的订单数据、单车数据、实时位置信息等实时接入平台，成为国内第一个，也是唯一一个通过实时接入单车运营商数据，并通过数据分析进行共享单车管理的城市。

此外，通过单车监测设备来实现对各家单车总量、流量和违停车辆的监测，并通过监测设备进一步验证各家数据推送的质量和准确性。除了对单车总量进行监测以外，还对火车站、汽车站、公园等三区三圈重点区域，以及违停多发区进行违停监测。通过地图可以看到，红色监测点位即为目前监测到的有违停的点位，违停数量显示在气泡内，点击气泡可显示各家违停量。根据这些数据，可以对各家进行综合考评，采用动态调控机制，严格控制总量的同时，根据考评成绩对各家单车数量进行动态增减。

（二）细认知

大脑分析中枢通过挖掘和剖析交通系统内在机理和本质，做到精准预测、预判，并模拟交通拥堵事件、交通事故、交通需求、交通违法行为，真实认知城市交通系统自身的原理，准确刻画复杂交通体征演变规律，实现需求可判断、态势可预测、警情可预判、行为可预见。

1. 交通拥堵分析研判

在完成对全域交通态势的智能感知之后，济南交通大脑对感知的常规拥堵、异常拥堵等非常态交通态势能够进行深入分析研判。基于交通态势的巡航分析、历史交通状态特征挖掘，追溯各类拥堵事件的致因与扩散机理，并能够对常发拥堵节点、路段和区域的拥堵态势及其影响进行量化推演，基于电子地图可视化展示交通拥堵事件的演变过程。

2. 事故信息可视化汇聚

通过对历史交通事故数据信息的多维度分析，包括时间维度、空间维度、违法维度等，以期发现事故分布规律和致因特征。目前，通过对历史事故数据的可视化分析和统计，可以在地图上直观展示交通事故的分布情况和分布热力，并能够根据事故类型、严重程度、涉事对象等维度进行事故信息分类展示，也可根据道路、大中队辖区、办事处等区域范围分析事故黑点。另外，系统还可以回溯历史交通事故特征数据，对特定时间、特定区域范围的事故过程进行重现，支持对事故及违法的专项分析工作。

3. 数据支撑违法研判

基于对交通事故、交通违法大数据的碰撞分析研判，结合日常管理经验和社会民生需求，制定了《济南交警2018年度重点违法整治目录》，并对社会发布。整治目录针对行人、非机动车和各类机动车等不同的管理群体，分别制定了重点整治内容、整治依据和整治时间，并将4月份、8月份和11月份列为重点整治月。

4. 警力警情分区研判

基于警力警情一张图作业模式，挖掘警力警情历史隐藏信息，细化勤务责任区网格化分区及配套警力资源调配机制，将警力警情细化到各警力辖区，实现更加准确、灵活、高效的全覆盖警情巡逻管控，为下一阶段打造"交通大脑"+"情指勤督"警力警情作业奠定基础。

（三）快行动

通过改革传统或经典交通工程理论和技术，将大数据、云计算、人工智能等科技深度融入交警智慧交通管理业务决策，大脑决策中枢可提供城市级、区域级，乃至节点级的交通组织优化、智慧信号控制、交通标志标线规范、违法行为追踪等全方位治理方案的自动生成与优化匹配，打造科技驱动交通系统的认知、计算、决策，强化人工智能辅助交通组织和控制、数据精准打击违法行为、"互联网+"惠民信息服务。

1. 交通信号智慧控制

现已建成灯控路口 1050 处，联网回传 800 余处，城区内重点道路和片区的灯控路口已实现全部联网。为提高信号控制效果，打造两个闭环式信号管理机制。第一为信号配时方案优化闭环式管理；第二为交通信号设施维护闭环式管理。通过对地磁、卡口过车、互联网等多元数据的深度挖掘，开发出具有济南特色的国内领先的信号控制策略，包括方案选择式、方案生成式自适应控制、可靠绿波带控制、实时绿波带控制、夜间安全绿波带控制、隧道集装箱式控制、匝道控制、二级诱导、可变车道、请求式感应控制等。

2. 交通组织精细化管理

将工程改造工作成果纳入政府综合考评。交警支队作为市城管考评单位，将路口渠化改造纳入各区政府"科学发展观"考评月度项目，要求每个区政府每月通过工程施工的方式改造 2 个路口，提升通行效率。在工程改造中，交警支队充分利用多源交通大数据，对改造目标的交通需求、交通态势、拥堵机理研判，支持精准的交通组织方案实施前后的效果评估。

3. 科技辅助违法整治

一是针对路口行人、非机动车闯红灯违法，截至目前，全市共计安装具有人脸识别功能的行人和非机动车闯红灯设备 118 套，通过采集人脸信息并与警务云系统比对，获取违法人的详细信息，实行实名曝光，并录入交通诚信管理平台。

二是针对火车站周边非法三、四轮车非法营运现象突出问题，采用人脸识别技术，在火车站东广场安装 3 套全局相机，实时拍摄非法三轮车违法载客视频及当事人脸部特征图片。通过采集违法当事人身份信息，实现对其违法行为的规律统计和频次分析，为联合客运部门开展专项整治工作提供有力支撑。

4."泉城行+"App

以"泉城行+"App、济南交警微信、济南交警小程序为前端服务载体，基于 App 和微信两大平台已实现动态交通诱导、交管资讯发布、业务查询与办理、信息推送、互动参与、生活服务等 6 大类 30 余项功能。平台自上线运行以来成效显著。截至目前，平台注册用户 90 万余人，车辆绑定 45 万余辆，驾照绑定 40 万余人，共提供各类服务 8500 万余次，推送各类信息 200 万余次。

（四）准评估

大脑评估中枢全过程追踪，并精细评价交警各类交通管理业务决策的实施效果，准确分析交通实际问题本质，并利用大数据打造闭环警务督察智能监管模式，动态巡查、自动预警警务管理问题，实现更快速、更精准、更公平的警务警情监督管理。

1. 四个闭环协同的警务督察管理

打造四个闭环的警务督察管理，包括接派警闭环、处警闭环、远程调处闭环、视频巡检闭环，形成指挥业务全生命周期闭环化管理，使指挥长全面掌控接警席、视频巡检席、远程调处中心、各大队路面民警的工作量与工作效率，对于接处警超时情况可及时督导，第一时间处置异常情况。警务督察分为支队及大队版本，支队可对各大队警情进行督导，大队可对各中队警情进行督导。

接派警方面，考核指挥中心坐席接派警工作量、派警时长指标，派警超过3分钟记作该警情派警超时，可按照超时次数对指挥中心坐席排名。处警方面，考核警员处警数量、到场时长、撤场时长指标，到场时间超过10分钟记作该警情处警超时，可按照超时次数对警员排名。远程调处方面，考核交通事故远程调处中心处理警情数量及平均处理完成时间，处置超过5分钟记作该警情处理超时，可按照超时次数对中心坐席排名。视频巡检方面，考核视频巡检席每日巡检点位数量、巡检工作时长、发现警情数量指标。

2. 建立健全科学评价考核体系

支队以"安全、秩序、效果"为导向，以提高见警率、管事率和现场执法率为目标，创新改革勤务中队、基层民警考核机制，并加强评价结果运用，有效提升中队、民警的工作积极性和管控效能。

三、特色亮点

济南交通大脑目前的先进性和创新性主要体现在如下几点：

第一，搭建了全国领先的"一云四中枢，一环十服务"的整体架构。构建了具有实时感知交通体征、动态分析交通行为、科学评估交通状态、智能下达交通决策的"全感知、细分析、快行动和准评估"的智能交通管理生态系统。交通云是济南交通大脑的数据资源存储、计算引擎与处理决策中心，拥有超大存储容量与超强计算能力，负责指挥调度四大中枢并完成数据、信息、业务融合交互。四大中枢联动实现"实时感知—分析研判—智能决策—发布评估"的闭环控制模式。

其中，感知中枢将感知结果与异常状态预警反馈至分析中枢；分析中枢将各类研判预测结果传输至评估或决策中枢；评估中枢将评估结果反馈至决策中枢；决策中枢根据分析与评估结果提供全方位交通管理解决方案的制定、下发与资源调配，进而实现四个中枢之间的数据、信息互联与共享。

第二，构建了交通大脑自我进化和逐步成长的进化架构。通过标准化的数据和接口、多引擎并行的优化比选和开放式规律分析，保证交通大脑系统具有自我进化逐步成长的能力。

第三，打造全域、超维的城市交通体征诊断能力体系。打通交委、公交、出租、长途客运、城管、气象等部门数据链路，实时接入互联网企业浮动车数据，并与自有数据实现各类交通数据的互联和共享，构建多源大数据全息感知预警网络，通过全区域全时空的综合感知及智能补全缺失数据，致力打造全域、超维的城市交通体征诊断能力体系，进而实现对全市实时动态交通态势的感知、全出行模式交通态势的掌控、重点区域以及重点车辆的交通掌控，进而精准调控，科学疏导。

第四，建设了"事前布控预警、事中精准处置、事后分析研判"的精确制导和精准查缉的综合车辆研判分析平台。聚焦"人、车、路"三大要素的管控：一是通过高危驾驶行为预警，实现防线前移和智能非现场执法演进；二是通过智能识别，强化重点车辆监管，实现对核心路段的及时疏导和对隐患车辆的重点整治；三是通过过车图片大数据的全域调控，实现对各类违法聚集的自动监测，提前掌握聚集路段实现精确制导和精准查缉。

第五，实现了交通出行信息的智能发布。通过对卡口数据、互联网企业浮动车数据融合并应用深度学习模型计算预计到达时间，实现了道路交通智能诱导服务，将交通路况、交通事件、预计到达时间等动态信息通过路面诱导屏和"济南交警"微信公众号发送给交通参与者，为市民合理制订出行计划提供参考。在路面拥堵的情况下，这些信息提示可以很好地缓解驾驶员焦虑情绪，保障出行安全。

第六，实现了交通警情的智能自主发现。利用交通态势动态数据，实时研判发掘交通运行的异常情况，通过系统分析拥堵范围大、蔓延速度快、恶化程度高的异常拥堵情况，利用专题算法判定生成拥堵警情。生成的警情将在系统中持续监控，评估其发展状态，并由系统建议观察或派警处置。

第七，实现了"会思考"的智慧信号灯交通控制。济南交警支队本着求真务实的态度，在对地磁、卡口过车数据及互联网数据的深度融合挖掘的基础上，根据道路交通状况空间性、时间性变化特征，建设具有反馈机制的分时段信号控制优化方案，自动适应交通状态变化。通过分析交叉口的不同时段的交通特征，对交叉口进行科学合理的多时段划分，并根据各时段内的相应交通量及交通数据进行配时设计，进而提高信号配时的适应性，改善信号控制的运行效果。

第八，实现了警力部署与派警调度的智能优化。围绕警情智能发现及处置、警力实时投放、警务回放督导轨迹跟踪、交通设备应用管理、交通通行态势监控几方面业务，重点提升勤务监督管理水平。从警力的选择、分组、打分、归并、输出干涉实现 AI 警力调度，实行 AI 警力调度警力到场 ETA 策略，基于时空特性完成警情预测、时空分布，并基于历史警情高发与预测进行警力部署规划推荐，切实提升全周期业务管理水平。

第九，实现了基于移动视频的交通设备设施的自动识别和智能状态分析。通过车载智能设备前置摄像头采用广角拍摄扫描到的行驶道路上的交通设备设施、标识标牌等，经过人工智能机器学习技术，自动识别出图像中的相关信息，并提取 GPS 信息。利用图像识别技术挖掘图像中的交通标示牌等信息，与之前数据进行比较，可主动上报更新情报。针对典型场景，如临崖、隧道、急转弯等，扫描当前状况，与标准设施库进行对比，人工智能分析评估差别并上报问题。

第十，实现了自然语义的交通报告自动生成。经过交通大数据处理，交通运行报告服务主要通过统一化的报告模板、自动化的报告引擎、多样化的报告发布渠道，实现各类交通分析研判内容的报告输出；对城市路口、干线等的周报、月报、自定义报告的生成；实现报告参数可自定义，对比日期时间段可选；支持自定义文本模块，建立完善的交通报告体系，用来支撑交管部门的日常报告、汇报需求。

四、应用成效

通过济南交通大脑的建设，对外在对全市驾驶人行为及城市交通运行精准显示的基础之上，通过移动终端、户外大屏等形式向特定人群精准推送提示、引导、告知，变普遍式诱导为个性化交管服务。对内实现标志标线设置、机制体制优化、管控策略行动等方面的精准、高效管理。对政府决策上，能够掌控微观层面的拥堵点段、分析中观层面的交通规律、支撑宏观层面的交通发展。

交通大脑应用系统成效初显。AR 实景监控系统能够实现：①实时全景视频，路况态势实时呈现，快速指挥调度。②依托于特写球机，拥堵、事故位置快速定位和跟踪。③低点视频关联，高点、低点联动。④路口过车数据接入，并可对车辆布控和车辆报警展示。

信号控制管理方式和系统运用以来，济南市工作日早高峰停车次数下降 6.7%，晚高峰下降 8.7%，工作日早高峰平均延误时间下降

10.73%，晚高峰平均延误时间下降 10.94%，交通拥堵指数环比下降 8.9%。

四个闭环系统应用以来，指挥调度业务在接派警、处警、远程调处、视频巡检四个方面得到了明显提升：①指挥调度日平均处置事故类警情 500 余起，事故快处警情 150 余起，交通拥堵警情 400 余起。②接派警方面平均接派警时间由智慧办成立前的 7 分钟提升至 4 分半钟，接派警超时率低于 0.5%。③处警方面平均到场时长由以前的 9 分钟提升至 7 分钟，到场超时率低于 0.9%。④交通事故远程调处中心警情调处平均时间由 7 分钟提升至 5 分钟，调处超时率低于 0.8%。⑤视频巡检席日巡检视频点位 800 处，人均巡检时长 5 小时，日均主动发现警情 30 余起。

第三部分 生态宜居类

郑州市：大气环境管理平台建设与应用实践
黄石市：智慧环保系统建设与应用实践
宁波市：创新农村垃圾不落地新模式

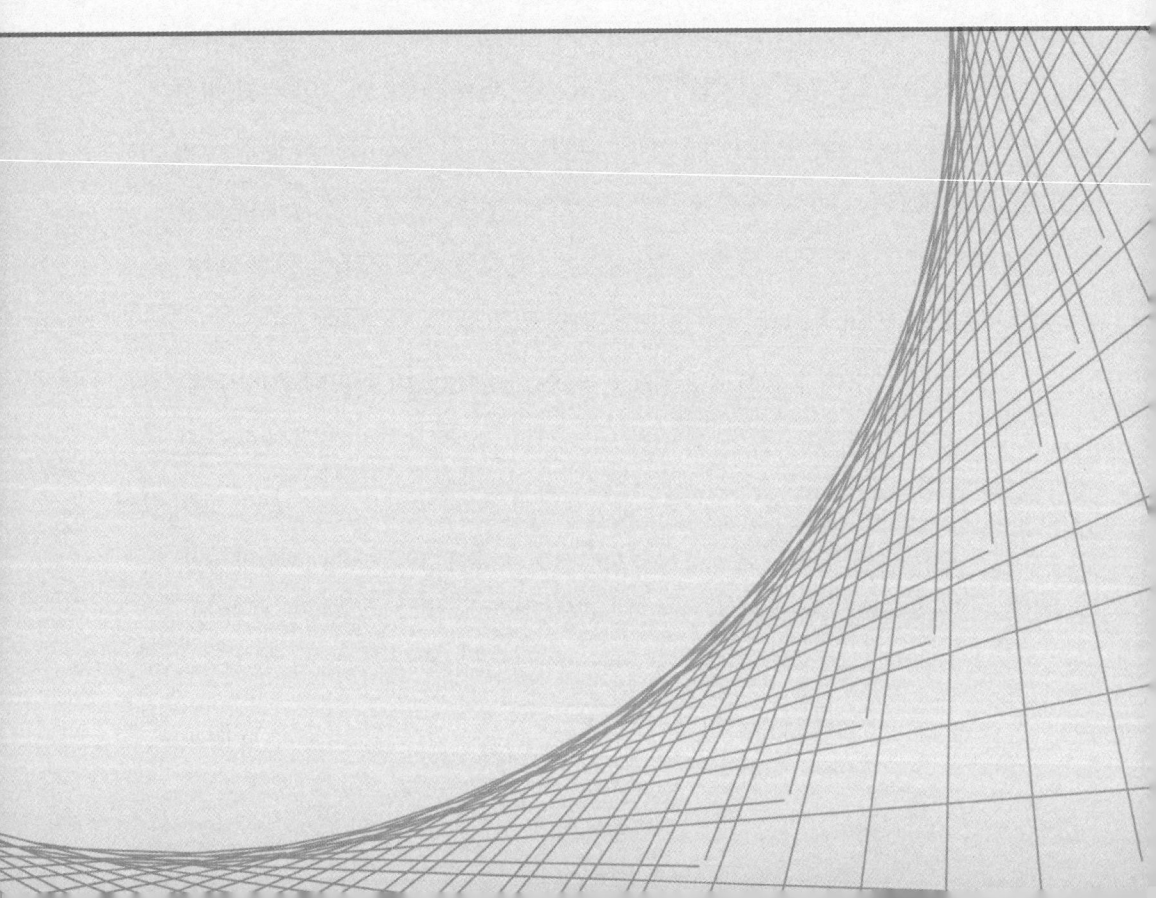

郑州市：大气环境管理平台建设与应用实践

一、背景与需求

党的十九大报告指出："我们要建设的现代化是人与自然和谐共生的现代化，既要创造更多物质财富和精神财富以满足人民日益增长的美好生活需要，也要提供更多优质生态产品以满足人民日益增长的优美生态环境需要。"在落实十九大两个阶段、两步走战略安排，同时考虑郑州建设国家中心城市的艰巨性和长期性，《郑州建设国家中心城市行动纲要（草案）》提出：近期到2020年，开启郑州全面建设国家中心城市新征程，全面建成人民群众认可，经得起历史检验的高质量、高水平小康社会。郑州市在实现经济转型快速发展的同时，也需夯实大气污染治理成绩，实现大气污染防治的智慧管控，推动发展生态文明建设，全面落实"五位一体"的总体布局。

为补齐郑州市生态环境质量的"短板"，充分发挥互联网平台开放、参与、整合的优势，通过大数据、云计算等新技术，实现高效的信息处理，推动大气污染防治工作科学化、正规化、常态化，积极探索"互联网+环保"新模式，搭建智慧郑州—大气环境管理平台。通过分析研判、指挥调度、督导督查、考核考评，逐步实现郑州市的智慧环保、智慧生态新格局。

一是通过智慧郑州—大气环境管理平台，解决环保信息资源庞大但较分散、增值效益不大的问题，将不同来源数据多源并构，实现大气污染治理工作肖像化。充分运用各类环境监测数据，包括大气在线监测、气象在线监测、企业在线监控、工地和渣土车GPS、郑州市交通流及超级站数据等，为解决好传统的根据系统进行条块分割造成的对数据利用的限制问题，建立大数据共享平台，实现环境信息数据的整合和充分利用，将分属于不同部门单位、不同系统的各种数据，集中整合在智慧郑州—大气环境管理平台上。利用多种数据进行综效分析，制定针对性管控措施，实现动态调度，多部门联动。

二是通过智慧郑州—大气环境管理平台，解决区域跨度大、本地排放总量大、污染成因复杂、调度指挥不及时，形成全区域、多方位的环境管理体系，实现大气污染治理工作精准化。郑州市已建设高密度监测网格，形成由固定监测站点（包括微型站）、移动监测车、激光雷达在线监测组成的全区域、全天候、多方位的环境质量监测体系，使监测数据能够更准确地反映局地污染和区域污染影响。通过分析环境监测的应用需求，结合物联网全面感知、可靠传递、智能控制的特征，构建高密度监测管控平台。

三是通过智慧郑州—大气环境管理平台，将郑州市重点考核指标及市直部门重点工程的进展情况进行挂图作战，解决工作落实难以监管，实现大气污染治理工作高效化。将郑州市重点考核指标挂图作战，整合郑州市及全国其他城市综合指数及六项污染物指标，实时了解郑州市各项指标完成及综合指数排名情况；整合各市直部门重点工程进展数据，督促各相关部门落实，全市上下多部门联动，不断推动大气污染防治工作高效化。

二、主要做法

为达到为民服务全程全时、城市污染治理高效有序、数据开放共融共享、经济发展绿色开源等目标，积极推进新型智慧城市建设，郑州市建立了智慧郑州—大气环境管理平台，通过运用环保物联网技术、大数据、人工智能、现代测量技术、自动控制技术、计算机技术、GIS技术，集成融合来自各种大气环境管理业务应用系统中的数据，实现对不同领域、不同格式数据的共享（见图3.5）。通过运用大数据的整理、转换、匹配、校验、对比、整合和分析，服务于郑州市大气环境质量分析评价和应急指挥、环境污染治理策略制定等业务，以满足政府、社会、公众和各级环境管理工作对环境数据的共享和应用需求，提高环境数据管理水平，增强大气环境数据共享服务能力，实现大气环境数据的综合利用，为大气环境管理决策提供高质量的综合数据支持。

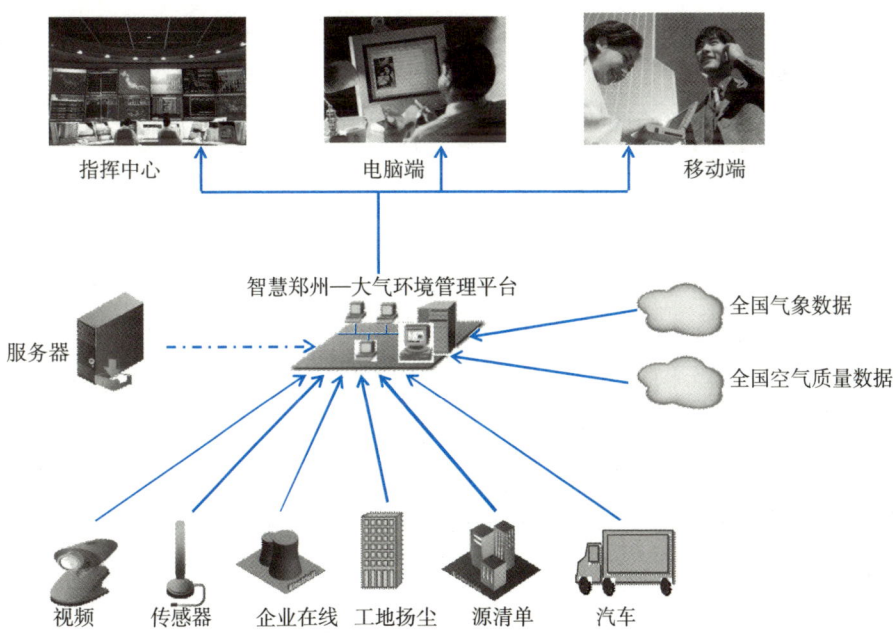

图3.5　智慧郑州—大气环境管理平台网络组织拓扑图

智慧郑州—大气环境管理平台建设分为三个阶段。

第一阶段：环保大数据的整合及录入

基于真气网已集成的367个城市、1499个监测点观测数据及气象数据，集成郑州市现有资源，包括郑州市全域微型站、企业在线监测数据、工地监测数据、渣土车GPS数据及郑州市交通流数据、郑州市超级站数据（源解析、激光雷达）等环保大数据，纳入智慧郑州—大气环境管理平台。

第二阶段：搭建平台框架

通过采用系统集成、同统平台的方法，实现将城市整体情况进行集合，搭建平台框架，形成统一操作平台，自主分析，研判调度，反映问题，形成一套自循环科学治污体系。

智慧郑州—大气环境管理平台基于云计算、物联网技术，采用层次化结构，包括感知层、传输层、数据层、平台层和服务与应用层（见图3.6）。

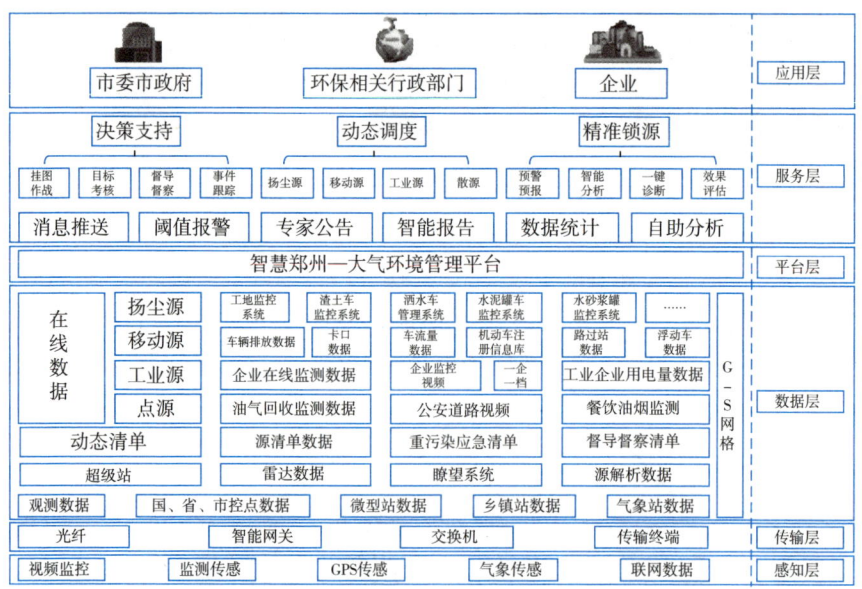

图3.6　智慧郑州—大气环境管理平台框架系统

第三阶段：人机交互的功能优化

一是运用上百种大数据算法（风玫瑰、相关性、整点统计、抢蘑菇、五哥算法等），实现天气、空气质量预报及监测数据、污染源监测数据、网格数据、预警预案数据等的顺利对接，深挖环保大数据在大气污染防治工作中的应用；二是通过固定源、移动源、开放源等污染源清单，实现大数据肖像化；三是通过不断试用优化完善，利用AI（人工智能）、互联网，实现大气污染防治工作由单一管控向群体智能的转化。

三、特色亮点

智慧郑州—大气环境管理平台，一方面通过深入融合环保大数据，实现各行业工作体系融合，建立科学智慧调度模式；另一方面通过梳理制定部门考核标准，建立有法可依，违法必究的考评体系，实现了四大系统（见图3.7）。

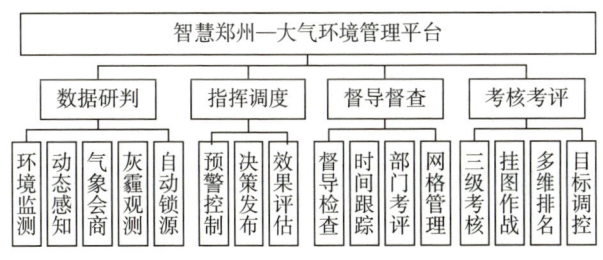

图3.7 智慧郑州—大气环境管理平台四大系统

（一）数据研判系统，实现大气污染治理智能化

设立污染等级、重点指标、城市排名等预警机制，利用百种大数据算法，对重点区域、重点时段进行智能研判调度，实现时保日、日保周、周保月、月保年的智能化管控机制。

第一，基于大气化学机理，诊断城市污染成因及未来发展趋势。通过集成国、省、市控空气质量六项指标，乡镇站空气质量六项指标，超级站组分网，气象指标，微型站空气质量六项指标等数据资源，污染源清单数据，基于大气机理利用大数据算法、模型反演，实现污染的肖像化展示、污染成因诊断、未来污染趋势变化预警等功能。

第二，结合业务逻辑，打通各部门资源壁垒，实现自动锁源，自动提醒。整合郑州市现有工地在线监测、企业在线监测、渣土车GPS等感知数据，根据监测数据及污染成因诊断结果，利用多源异构数据融合和深度挖掘技术结合模型进行活动场景分析，实现针对性的定向锁源。

第三，分析区域长期污染特征及排放特征，为专项研究专项治理提供支撑。通过对空气质量指标、气象数据、污染源过程监管等数据进行海量存储、智能检索、关联挖掘，分析高值区域内不同时间尺度、不同空间尺度下的污染变化特征及污染源排放规律，利用模型，锁定重点污染源。同时反演污染较大的排放主体（工业、交通），作为重点监管对象进行专项调研及治理。

（二）指挥调度系统，实现大气污染治理工作精准化

充分利用微型站、乡镇站等各类监测监控数据，结合观测数据、研判结果利用模型计算，进一步研判重点管控区域，锁定污染区域和污染源，实现精准指挥调度。

第一，违规问题，快速响应。根据郑州市攻坚方案、应急管控方案，实时监管各部门工作落实情况，包括工地扬尘源、机动车违规行驶、道路保洁洒水抑尘情况、企业无组织及运行情况、渣土车运输情况等。对落实不到位、超标等违规行为进行通报，同时调度所属辖区负责

人督促整改。利用天、地、空一体结合的指挥调度模式，实现全市作战一盘棋、快速响应，打破传统的靠人盯、靠人查、靠人守的工作模式。

第二，建立线上+线下多源协同，多部门联合作战的工作模式。利用"互联网+"传感的网格模型算法，快速研判高值区域，智能提醒工作重点包括需关注的清单（工地、企业等），提醒关注可能存在的违规行为。实现指挥调度过程中的线上定人、定源、定事，利用传感器在全市重点区域内编织成"网"，对污染主体形成震慑力。

第三，特殊天气、空气质量突变情况下的及时预警快速调度。根据会商结果及大风、降雨、降雪、重污染天气、污染传输等特殊状况进行及时预警快速调度，使管控工作打出提前量，应急工作实现有序化。

（三）督导督查系统，实现大气污染治理工作高效化

通过信息共享，融合在线监控数据、遥感监测数据、GPS数据和道路监控，实现对工地、渣土车、企业和道路实时跟踪、动态管理。

第一，一站式督导督查。实现郑州市典型污染源督查流程的线上操作，针对郑州市典型工业企业进行调研及专项研究，制定一站式督查指南，指导相关人员进行督导督查。

第二，频复发问题，专项调研，倒逼有改造能力的企业实施企业优化改造，产能升级，无改造能力的企业末位淘汰。针对性地搭建关键算法，对各区、各部门发现的问题数量、整改速度、复发率等指标进行综合打分，为考核提供支撑。频复发问题，专项分析，专项研究，并针对无组织排放等问题，在指定污染环节实施数据监测及采集，通过模型对长期的数据规律分析，提供整改意见，最大程度地保证企业的清洁化生产，源头上解决排放过程中长期存在的问题，助力城市实

现双统筹、双促进及绿色发展理念。

（四）考核考评系统，实现大气污染治理工作精细化

定量衡量重点工作进展数据，对照考核目标任务，对各职能委局进行智能化考核，实现全市上下多部门协调联动的工作机制。

第一，重点任务挂图作战。以全年目标为导向，将各类工程及考核指标挂图作战，领导整体把控郑州市大气污染防治工作进程（见图3.8）。

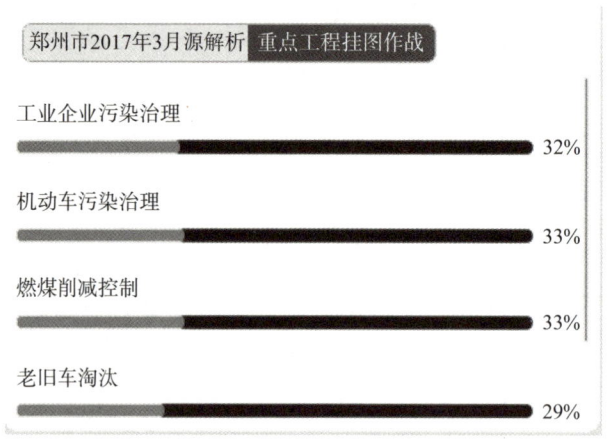

图3.8　智慧郑州—大气环境管理平台重点任务的挂图作战

第二，设定周减排目标，提前量，科学控。将国家、各部门对郑州市的考核任务进行周、月分解。以周为单位，利用伴随模型模拟技术解析污染源区域来源分布，依据污染来源数据，制定本周的最优减排方案，实现年度目标月度控，月度目标周实现。

第三，建立小时保天、天保周的过程调度机制。利用人工智能的小时保天模式算法，智能研判自身差距及不足。利用整点统计模型研判工业企业、高排车辆、渣土车运输、工地施工等排放实况的规律变化，调控全市当前的重点工作。

通过智慧郑州—大气环境管理平台的搭建，郑州市建立了综合指

挥调度体系，探索出大气污染治理工作新方法，促进传统工作模式向"互联网+环保"新模式转变，形成调度、处理和反馈的完整闭环，实现环境保护与行政管理相融合，打通环境监管"最后一公里"。

四、应用成效

（一）助力郑州市空气质量持续改善

2018年，郑州市实现综合指数、6项指标、优良天数"七降一增"；PM10、PM2.5超额完成省定年度目标；7、8、9月份，连续三个月空气质量达到二级标准，实现空气质量新标准实施以来历史性突破。

一降：郑州市2018年全年综合指数6.47，比2017年下降0.6，下降8.5%，下降率全省排名第四；二降：PM10年均浓度为106微克/立方米，比2017年下降12微克/立方米，下降10.2%，下降率全省排名第二；三降：PM2.5年均浓度为63微克/立方米，比2017年下降3微克/立方米，下降4.5%，下降率全省排名第五；四降：二氧化硫浓度为15微克/立方米，比2017年下降28.6%达到空气质量二级标准；五降：一氧化碳浓度为1.8毫克/立方米，比2017年下降18.2%，达到空气质量二级标准；六降：二氧化氮浓度为50微克/立方米，比2017年下降7%；七降：臭氧八小时浓度为194微克/立方米，比2017年下降2.5%。一增：2018年优良天数168天，优良率为50.3%，比2017年优良天数增加2天。

（二）提高督导督查效率

2018年9月28日郑州市攻坚办每日通报实施以来，利用智慧郑州—大气环境管理平台，现场调度问题1368处，平台问题推送512处；

共向郑州市攻坚办报送专报 35 期。

2018 年 12 月 11 日开展重型车辆在线监管治理以来，利用平台调度违规渣土车 438 辆次，违规水泥罐车 374 辆次，向攻坚办应急处报送专报 42 期。

2018 年 12 月 28 日郑州市环境污染防治督导组开展每日会商以来，共报送督察周报 15 期，通过审核并进行交办处理的重点问题 79 处。

（三）提升污染预警准确性

2018 年开展秋冬季大气污染综合治理攻坚行动以来，结合智慧郑州—大气环境管理平台对于区域长期污染特征及排放特征模型模拟结果，共参与三方会商启动预警 17 次，其中黄色预警 4 次，橙色预警 9 次，红色预警 4 次。

黄石市：智慧环保系统建设与应用实践

一、背景与需求

黄石智慧环保系统在建设之前，国家、省和市环保局先后建设了污染源在线监控管理系统、环保网站、污染减排管理系统、排污费申报征收管理系统、环保移动执法、环保行政审批系统、环保专网系统、危险废物物联网监控系统等14个信息化子系统，但这些系统存在信息孤岛，不能互联互通。相互之间在数据结构、网络传输、功能设计、服务整合等方面缺乏内在的有机联系，各系统零散地分布在各个科室和局属单位，有的信息化系统甚至处于闲置状态。

基于此，黄石市环保局根据《国务院办公厅关于印发政务信息系统整合共享实施方案的通知》（国办发〔2017〕39号）、环保部《国家生态环境大数据建设总体方案》《黄石市生态环境保护十三五规划》要求，以及黄石市创建生态文明城市需要，提出要运用大数据、云计算、物联网等现代信息技术手段，为环境保护全方位监管和科学决策分析提供大数据支撑，并对接"智慧黄石"城市运营中心，形成生态环境大数据共享开放的"大环保"格局。

二、主要做法

（一）全市一盘棋，资源共享

黄石市"智慧城市"建设统一规划、分期建设，"智慧环保"项目依托智慧城市云计算大数据中心和城市运营中心（公共信息资源共享交换平台），充分运用当前云计算、物联网、移动互联网、大数据和信息化领域等方面最先进的技术，打造黄石"智慧环保"项目，为黄石市在治水、治气、治声、治土和生态市创建过程中，提供强有力的科学支撑。

（二）高位起点，顶层设计

"智慧环保"是黄石第一批智慧城市项目，必须高起点、高标准打造，按照全国一流、全省领先的标准做好规划设计。

市环保局联合大数据局、市大数据公司做好项目的立项、可研编制等工作。从 2016 年 9 月开始，根据国家生态环境大数据建设总体方案、《黄石市生态环境保护十三五规划》等，在全面调研生态环境保护信息化需求、走访重点污染源企业的基础上，起草了《智慧环保建设方案》初稿。2017 年 2 月 21 日，邀请工信部、省环保厅、武汉大学等专家对《方案》初稿评审。之后再赴深圳、杭州、南通、重庆进行现场考察学习"智慧环保"建设情况，进一步吸收国内先进地市智慧环保建设的精华和特点，完善黄石智慧环保建设方案。2017 年 8 月 16 日，邀请生态环境部信息化专家对《智慧环保建设方案》进行论证，在逐条吸收专家意见后，进一步完善了《智慧环保建设方案》，进一步明晰项目建设框架设计、功能定位、建设主体以及建设模式。

（三）量身定制，黄石特色

黄石"智慧环保"项目依托智慧城市云计算大数据中心和城市运营中心（公共信息资源共享交换平台），实施黄石"环保12369工程"，主要建设一朵云、两大门户、三大体系、六大应用、九大模块。

一朵环保云。建设环保云平台，打通14个既有环保信息系统，实现环境数据交换共享，统一接口标准规范，统筹环保数据库和API函数库，为环保大数据应用服务开发提供云支撑。

两大门户。建立环保对内的办公门户和对外的企业、公众服务门户。

三大保障体系。建立标准规范体系、安全保障体系和运维服务体系，为智慧环保安全使用、迭代升级和日常运维提供保障。

六大应用。分别提供环境监测监管、环境管理、环境执法、环境社会服务、环境应急、决策支持等六大应用服务。

九大模块。分别为环境地理信息支撑模块、环境监测监控模块、环境综合管理模块、环境执法一体化模块、公众环境服务信息模块、应急指挥管理模块、决策支持模块、业务协同模块和交互展示模块。

项目建设围绕"实、智、简、联、观"五字目标，打造全省领先、全国一流的智慧环保应用系统。

"实"——

实时：环境信息，实时更新推送。

实数：监控监测，真实数据支撑。

实景：生态实景，全域远程监控。

"智"——

智慧：数据分析，决策智慧服务。

智能：物联感知，预警智能提示。

智造：数据引导，绿色智造升级。

"简"——

简单：操作简单，系统信手拈来。

简捷：通达简捷，全网一点即通。

简便：办公简便，社会服务高效。

"联"——

联接：技术联接，实现内外交互。

联通：系统联通，海量数据共享。

联动：部门联动，立体协同作战。

"观"——

观摩：现场观摩，学习交流平台。

观测：监控观测，质量一目了然。

观察：趋势观察，动态尽在掌握。

黄石按照"实、智、简、联、观"原则打造"智慧环保"项目，将实现一张网监管、一张图作战、一个平台指挥、多系统交互、公众和多部门联动，纵横打通全域环保业务的综合平台。

（四）资源整合，高效协同

黄石"智慧环保"项目整合既有环保信息化系统，打通数据关联，以服务管理综合信息系统的建设和应用推广为抓手，实现环境数据的统一采集、汇聚和共享，促进条线业务协同和执法联动，助力智慧环保从"多头管理"向"综合治理"全面转型，同时又有"智慧环保"系统与黄石城市运营中心整合，无缝对接工商、水利、卫生、城管、气象、公安等多部门和政府12345平台基础数据和企业业务数据，有效推动全市统一网格化监管和智能化治理。

三、特色亮点

（一）一朵环保云

环保云是整个智慧环保系统的数据中心，也是智慧环保的心脏，所有的外部系统数据汇聚于一朵云，所有内部系统业务关联也是通过一朵云实现，是海量环境数据的汇聚中心和共享交换中心。纵向上，以接口的形式与湖北省生态环境厅数据中心进行对接，将环评审批、排污许可、移动执法、企业环境信用评价、危险废物监管、大气自动站、水自动站等数据对接到环保云中。横向上，通过公共信息资源共享交换平台对接黄石市工商数据、12345信访数据等，并对接终端设备的污染源在线监测数据、视频监控、噪声在线监测数据。从而实现了纵向、横向、终端数据的对接，打通了既有的14个子系统，同时对接了各终端监测数据，形成了囊括黄石市生态环境各类数据资源的大系统、大平台。自2018年9月上线试运行以来，目前环保云中汇聚各类数据600万条。未来随着系统的不断使用，汇聚的数据会越来越多，环保云将会更好支撑环境大数据分析和环境管理决策。

（二）两大门户

智慧环保系统建设有环保对内办公门户和对外服务门户。内网门户是各大应用系统访问的统一入口，是局内信息、通知公告、相关业务信息发布和查看的窗口，是全局所有工作人员的应用服务栏。本次智慧环保云平台集成应用系统共计41个，这41个系统统一汇聚在内网门户中，打通了各项业务系统资源，实现了不同数据在门户上的灵活发布和共享查阅，最终构建"一套账户、全网通行"和"一个界面、全局掌控"的信息化办公新方式。外网门户是面向公众和企业提供环境信息服务的。按照市政务统一规划，纳入政务网站集群建设项目统一建设。原先存在企业办事繁琐、公众查找数据不便的问题，本次项目中，黄石市环保局紧抓规划设计，积极推动资源整合、注重数据开放协同，以政务服务驱动为主线，将面向企业应用的所有申办业务和面向公众发布公开的环境数据，集中至外网门户一体化管理，实现了统一行政事项申报、统一环境信息公开。

（三）三大体系

智慧环保云平台的建设离不开标准规范体系、安全保障体系和运维服务体系这三大保障体系。三大体系为项目建设和运营提供相应的体系保障。平台的标准规范体系遵循智慧黄石的标准规范体系及规划框架，为数据横向联通联动提供技术基础。安全体系建设上，本次项目采购了防火墙、上网行为管理、入侵防御系统等网络安全设备和软件，对网络安全、信息安全进行加固，按照等保三级进行建设。运维服务体系上，组建了专业化的现场运营服务团队、指挥中心 24 小时值班坐席，保障了智慧环保系统长期稳定运行。

（四）六大应用

六大应用和九大模块是黄石智慧环保项目的核心。其中，六大应用是业务应用方向，分别面向环境监测监管、环境管理、环境执法、环境社会服务、环境应急和决策支持。

以准确全面的环境质量和污染源数据监测监控，实现环保监管要素全覆盖的环境监测监管应用；

基于环保云科技，实现环保业务各流程有机串联、协同流转与交互展示的环境管理应用；

达成环境污染社会共治、联防联控信息化管理体系的环境执法应用；

通过互联网多种途径，提供企业在线业务申报、公众环境举报投诉和环境质量信息便民在线服务的环境社会服务应用；

利用空间地理信息和环境应急业务数据，对环境应急事件进行处理的环境应急应用；

以环境质量监测实际状况为基础，提供可视化展示平台的决策支持应用。六大应用贯穿于环保工作的各个环节。

（五）九大模块

九大模块是六大应用方向的细分和具体体现，是信息化建设的实际载体。包括业务协同模块、环境监测监控模块、环境监管模块、执法一体化模块、环保综合指挥模块、社会服务模块、环境地理信息模块、决策支持模块、交互展示模块。

1. 业务协同模块

业务协同模块实现了环保局政务办公信息化功能，通过该系统能够实现全局的收发文、通知公告、日程人事等管理工作。相关档案文件能够自动对接到档案管理系统进行归档，同时结合智慧环保 App，满足随时随地移动办公的需求，实现无纸化办公，能够大大提高日常办公的效率。

2. 环境监测监控模块

环境监测监控模块建设了针对水、气、土、声、污染源的监测系统，针对前端设备监控的物联网设备管理系统、针对异常监测数据监控的智能分析预警系统，同时还建设了环境监测系统，基于"人机料法环测"六大要素，实现监测资源的统一管理、监测业务流程化管理、监测过程文档统一管理、实验室质控管理，实现监测数据可溯，质量可控。

3. 环境监管模块

环境监管模块主要包含排污许可证管理系统、核与辐射管理系统、危险废物管理系统。系统数据来源于省环保厅，为日常监管提供依据。

4. 执法一体化模块

包含移动执法系统和行政处罚管理系统。环保执法部分将日常环保执法与网格化执法相结合，加强市县联动执法和交叉执法。平台覆盖环境网格化监管、移动执法、行政处罚、双随机、指挥调度等执法一体化相关功能。通过结合移动端，实现现场检查情况及时填报，企业信息、环保手册随时查看。检查过程中还可通过扫描电子标签，直接定位污染源的排口位置，便捷了现场执法工作。对于局内领导来说，通过移动端位置定位、执法台账、笔录统计等，可以对执法队伍进行管理。执法过程发现的问题可移交法制科进行处理，从立案、调查取证、案件审查、告知听证，到处罚决定，实现行政处罚的全过程信息化管理，形成处罚台账信息。

5. 环保综合指挥模块

环保综合指挥模块包含环境信访投诉管理和环境应急指挥。该模块建设坚持平战结合、共享共用的原则，以空间地理信息和环境应急业务数据为基础，开展应急指挥和决策分析。其中环境信访投诉管理将生态黄石微信公众号、网站、12369、智慧环保App（公众版）等各渠道信访信息，统一纳入环境信访系统中，进行统一登记、受理、办理，形成环境信访台账，并可按区域、案件来源、投诉性质、投诉方式、污染种类、月报、季报等，对信访信息进行分析展示。环境应急指挥管理系统能够针对应急环境事件进行应急处置。当发生环境应急事故的时候，通过系统能够快速接警，并按照应急事故的严重程度自动定级。在指挥作战过程中，可以通过地图形式查看事发点位，查找附近的敏感源，模拟污染扩散程度，同时结合航拍无人机、可视化调度系统、指挥中心坐席，对环境应急事件进行指挥调度。通过各项应急指挥手段配合，提升环保局应对各类突发事件的快速响应能力、指挥调度能力和防范处理能力。

6. 社会服务模块

社会服务模块包含环保局门户网站、环境信息公开、企业直报系统和环境舆情管理。该模块服务于社会公众和企事业单位，通过环保门户网站、环境信息公开系统向公众展示当前政务信息、环境管理信息、环境质量信息等。随着互联网的快速发展，公众对影响自己切身利益的环境问题发声的欲望越来越强烈，通过环境舆情管理系统全面掌控舆情信息，并按区域、按污染要素、按情感类型、按舆情来源，对舆情信息进行分类统计分析。社会服务模块还提供污染源信息动态管理功能，比如企业地址发生变化、名称修改等，可以通过该系统上报，从而实现污染源的动态管理，局内人员实时管控污染源情况信息。

7. 环境地理信息模块

环境地理信息模块主要建设环保一张图，利用地理信息技术，在地图上展示污染源管控、环境监测、环境监管、环境监察、生态环境、环境决策图层信息，结合市政矢量图与卫星遥感图，对黄石市范围内的地形地貌、生态空间、河流流域、企业分布等进行平面预览，实现了空间直观定位和空间分析服务。通过一张图，领导可直观查看全市各类型污染源分布情况信息，水、气、声环境监测信息，建设项目、在线监控、危废管理、环境应急监管信息，网格任务、网格管理、移动执法、环境信访、行政处罚环境监察信息，水、气生态环境信息，从而为环境决策提供依据。

8. 决策支持模块

决策支持模块主要建设了包括领导驾驶舱、环境质量综合决策系统、水污染综合防治与决策系统、大气污染综合防治与决策支持系统、土壤环境管理系统、生态地图等应用，是基于环保云平台进行数据挖掘，为局内领导提供一个宏观、直观、信息全、信息量大、关键信息突出的可视化展示平台。其中"大气污染综合防治与决策支持系统""水污染综合防治与决策系统""土壤环境管理系统"主要聚焦水、气、土壤三大污染防治攻坚战，聚焦关键环境指标，基于环境质量监测现状，开展综合研判，为摸清环境质量现状、科学制定环境政策，提供决策支撑。"生态地图系统"展示饮用水源地分布、生态红线，按土壤保养、水源涵养、生物多样性维护不同红线类型分别划定生态红线。通过地图，直观展示饮用水源地和各类型生态红线的分布。"环境质量综合决策系统"主要是对地表水环境、饮用水环境、空气环境进行分析。

9. 交互展示模块

交互展示模块包括指挥中心装修、大屏、视频会议、音响、语音通信、调度坐席、可视化调度、电子沙盘、统一智能中央控制系统、环保无人机等内容。交互展示模块建设了黄石智慧环保平台的指挥调度中心，是打赢污染防治攻坚战的作战中心。其中电子沙盘是在实时数据驱动下，在沙盘上动态真实展示水环境、大气环境、噪声环境、土壤环境，以及重点排污企业等情况，全面、立体地展现黄石环境的现状。

四、应用成效

黄石智慧环保系统实现了一张网监管、一张图作战、一个平台指挥、多系统交互、公众和多部门联动。

一张网监管：通过视频监控、无人机、高空瞭望硬件建设，同时建设监测监控系统集成生态监测、污染源在线、物联网等数据，实现超标预警，建立快速发现问题的机制。已建成的视频监控系统，接入了 100 路高清监控视频摄像头，实现了对 66 家国控重点企业排口及饮用水源地的全天 24 小时监控；污染源在线监测系统，接入了 165 家在线企业共计 325 个排口的在线监测数据；空气质量在线监测系统，接入了全市 8 个国控省控空气自动监测站点实时数据；航拍无人机、监测无人机投入正式使用，5 名通过培训的飞手持证上岗，进行了 10 次日常巡查执法任务。

一张图作战：为环境质量和污染源管理业务系统提供"一张图"展示平台，绘制成环境监测一张图、监察执法一张图、环境应急一张图和决策分析一张图，实现以图管业务、以图说数据、以图作分析。通过一张图可以直观展示全市污染源、空气自动站、水自动站、视频监控点、生态环境地图。

一个平台指挥：通过指挥中心硬件大屏，同时结合智慧环保大平台、应急指挥管理系统、环保一张图、无人机等，实现对环境突发事件及环境日常监管的实时调度。通过各项指挥手段配合，提升环保局应对各类突发环境事件的风险防范、快速响应、应急处置和指挥调度能力。

多系统交互、公众和多部门联动：目前对接了工商部门企业法人数据 213190 条，对接了湖北省生态环境厅排污许可证、环评审批、企业环境信用评价、危险废物等环保业务数据，打通环保业务各流程，使环保相应业务协同流转。所有的环境业务通过智慧环保平台发起，逐级层层流转，以业务推动数据，以数据推进流程，实现环境闭环化管理。目前各类系统对接及系统产生的数据共计600万条。同时为企业和公众提供便民的在线服务，满足企业在线业务申报，公众环境举报投诉和了解环境质量信息等公开信息，构建亲民关系，"让数据多跑路、让群众少跑腿"。

"智慧环保"真正让黄石市生态环境保护工作插上移动互联网、大数据的翅膀，可以实时采集污染源数据、水环境质量数据、空气环境质量数据、噪声数据等环境信息。对重点地区、重点企业实施智能化远程监控，对各种环境信息进行综合实时的智能分析和精准管控，从而达到改善环境质量的目的。充分发挥了环境监测的千里眼、顺风耳作用，及时反映环境质量现状及变化趋势，预警可能出现的环境问题，为环境管理提供第一手的原始数据和科学预警。从而制定具体的措施，对污染进行综合治理，精准施策，减少污染物对环境质量的影响。

2018年，依托环境大数据，黄石生态环境保护工作稳中有进。大气环境质量持续改善。全市PM10年均浓度70微克/立方米，PM2.5年均浓度为43微克/立方米，降幅均在全省排名第一，完成省定考核目标。优良天数比例为76.5%，较2017年增加1个百分点。水环境质量稳中有升。国控、省控及县级以上饮用水水源地水质达标率均为100%。土壤污染综合防治先行区建设取得了阶段性进展。

宁波市：创新农村垃圾不落地新模式

为贯彻落实关于美丽乡村建设和垃圾分类工作的系列重要精神，针对农村生活垃圾分类难、收集难、处理难，严重影响村容村貌的问题，宁波市在宁海县试点推进农村地区的垃圾分类工作，采用智能化感应设施设备，建立智分类云平台，完善可回收利用模式，构建了源头分类、分类收集、分类清运、分类处置的全流程运营管理体系，有效实现前端分类信息化、流程管理云端化、就地处置减量化、循环利用资源化，已在363个行政村实现了生活垃圾分类全覆盖。据统计，智能垃圾分类应用促进生活垃圾综合减量率达58%，转运量下降达49%，环卫成本下降近6成，有效实现农村垃圾"零污染"，形成了农村垃圾分类处理的"宁波模式"，已向海南、上海等地推广，打造了中国美丽乡村建设的农村样板。

一、背景与需求

（一）背景分析

加快推行乡村生活垃圾分类，是建设生态宜居的美丽乡村的重要举措，有利于构建人与自然和谐共生的乡村发展新格局，实现百姓富、生态美的统一。2017年3月18日，国务院办公厅转发了《生活垃圾分类制度实施方案》，将生活垃圾分类作为推进绿色发展的重要举措，加快建设资源节约型社会、环境友好型社会。2017年12月8日，浙江省召开生活垃圾分类处置工作动员会，提出强力推进"垃圾革命"，强调以生活垃圾"三化"处置和垃圾分类为突破口，对垃圾问题进行一次全面的"大手术"，推动形成绿色生产生活方式，努力走在前列。中央和浙江省对垃圾分类工作的高度重视，使垃圾分类工作成为增强人民获得感、幸福感的重要举措。

（二）需求分析

随着经济社会快速发展和物质消费水平的大幅提高，生活垃圾产生量迅速增长，环境隐患日益突出，曾经有一度"垃圾靠风刮，污水靠蒸发，家里现代化，屋外脏乱差"，乡村环境问题已经成为新型城镇化发展的制约因素。乡村环境好不好、美不美，事关民生福祉。推进农村人居环境整治，既要坚持问题导向，也要逐步解决群众关心的人居环境痛点和难点。只有解决好垃圾处理、污水治理、卫生改厕、村庄绿化、村道硬化等突出问题，才能让广大人民群众在乡村振兴中有更多获得感、幸福感。宁波市在"十三五"初期就已充分认识到垃圾分类工作的重要性和紧迫性，在动员宣传、难点突破、机制改革等方面开展了大量工作，取得了初步的成效。但垃圾分类工作依然存在不少薄弱环节和突出问题有待解决，比如思想认识还需提高、推进力度还需加大、多部门协调机制还需畅通、宣传教育还需继续深入、垃圾分类收运和处置设施短板依然存在、民众在垃圾分类方面的认同感还不够强等。为此，宁波市在以下三方面统一了认识。

一是加快推进美丽乡村建设的需求。以往多数生活垃圾未经任何处理和分类，依旧采用露天堆存、简单填埋、倾倒焚烧等陈旧落后的处理方式，不仅浪费大量土地资源，而且产生多种有毒、有害物质，严重污染环境，农村街头垃圾遍地、蚊蝇乱舞的现象较为普遍，危害巨大。迫切需要通过智慧垃圾分类，改善乡村环境，实现绿色发展，提高农村生态文明建设水平。

二是提高资源回收利用率的需求。垃圾被称为"放错位置的资源"，以前垃圾不经前端分类直接回收分拣利用，需要消耗大量的人力物力进行后期分类，时间久、效率低、产值少，付出较高的经济成本却只能产出低端再生产品。智慧垃圾分类采用信息化手段，将有助于提高可再生资源回收利用效率，实现高质量发展。

三是提高垃圾分类智能监管水平的需求。以前垃圾分类多采用人工作业，难以实现精准监管。智慧垃圾分类，采用信息化手段将上游的垃圾分类、中游的垃圾运输和下游的垃圾处理环环相扣，形成闭环式循环利用体系，有助于提高垃圾分类智能监管水平。

二、主要做法

针对垃圾分类难、收集难、处理难等难题，尤其是农村生活垃圾分类涉及面广、人多推广难，严重影响村容村貌的问题。为补齐垃圾分类建设的短板，2017年8月，宁波市在宁海县率先试点采用智能化感应设施设备，打造全国首个"垃圾分类智慧云平台"，从全县45个省级试点村逐步向363个行政村全面推广，成效良好。

（一）采用智能化感应设施设备，不断提升垃圾分类智能化水平

垃圾分类设施设备薄弱是制约垃圾分类运行的短板之一。宁波市

宁海县通过引进智能分类垃圾桶、智能上门收集车、可回收智分器、智能有机垃圾成肥机等覆盖垃圾分类全流程的硬件设施，采用"户分类""村收集""就近就地处置""积分奖励"等运营方式，使得分类垃圾投放追溯精确到户，责任落实到人，确保垃圾分类机制得以有效运行。在分类端，宁海县向每户住户配置两个加载有智能芯片的分类垃圾桶，分发印有二维码的垃圾袋，采用实名制管理，确保垃圾分类投放有源可溯。探索适合农村主体的"二分"简易模式，即分装"会烂"和"不会烂"两类垃圾，村民在家进行厨余垃圾和其他垃圾的分类投放。家中的可回收物由村民自行打包后，粘贴下发的身份二维码，投放至村内资源回收箱内。在收集端，村里的垃圾收运员会每天定时驾驶智能采集清运车上门收集垃圾，村民按时段将自家智能家用垃圾分类垃圾桶放在门口，由收运员扫码进行垃圾桶身份读取、称重操作，并根据桶内垃圾分类情况自行进行评分，数据汇总上传，并转换成积分充值到村民积分账户中。对可回收物，由收运人员定期清运回收，进行扫码称重、折算积分、上传回收数据后，统一放置。在清运和处置端，收运员将厨余垃圾和其他垃圾分别倒入车内不同收集桶内，分桶装运、集中清运。将厨余垃圾运送至就近的厨余垃圾处理中心，使用智能有机垃圾成肥机转化成有机肥料，进行及时有效的"就地就近"处置；其他垃圾运送至其他垃圾待运区，等待进行填埋或焚烧处理；有害垃圾，定期送到村内统一设置的有害垃圾堆放区等待处理；可回收物资源，由收运人员定期对接回收公司进行再生利用。

（二）建立智分类云平台，不断提高垃圾处理科学化水平

为解决农村垃圾分类动态跟踪难、监管难等难题，宁波市在下畈、梅山等45个省级试点村建立了智分类数据管理云平台。作为全

国第一个农村垃圾分类信息化的大数据采集分析决策平台，智分类数据管理云平台运用物联网、大数据等新一代信息技术，通过信息化管理、智慧化手段，实现对区域性垃圾分类数据信息的收集、存储、统计、汇总，贯穿"垃圾产生—垃圾分类—分类收集—分类处理"全流程，打通垃圾分类"户—村—乡镇—县主管单位"全渠道，实现全面数字化管控，推动垃圾分类进入2.0智能时代。智分类数据管理云平台由智分类收运数据采集、智分类垃圾处理计量监控、可识别分类垃圾桶管理系统、垃圾分类绿色积分账户管理系统等若干个系统配套组成，由实名管理、设备管理、积分管理、自主查询、垃圾分类评价、垃圾分类重量、报表导出、GPS定位、数据可视化等九大功能模块构成，涵盖生活垃圾分类投放、分类收集、分类运输、分类处置及再利用的全流程信息化运营管理，实行一户一卡实名制，实现垃圾分类投放有源可溯。同时，通过对垃圾分类投放、收集、清运、处置各环节进行分级管理、在线监测、数据采集、数据分析、统计报表等，能够实时监管垃圾分类过程中精确到户的垃圾分类情况、区域各类垃圾日产量等垃圾分类各环节运营情况，实时掌握运营数据，切实推动了垃圾分类工作落地，实现垃圾分类情况可视化呈现，提高了垃圾分类运营管理系统的运行效率和可控性管理水平，为垃圾分类提供全流程一站式专业化的运营及管理服务，极大地优化了垃圾分类运营模式。

（三）完善可回收利用模式，不断提高民众参与积极性

为提高民众参与积极性，宁波市积极探索餐厨垃圾、可回收垃圾等循环利用，推出积分兑换机制，形成绿色产业循环链，有效减少垃圾产量。餐厨垃圾的资源化利用，成为垃圾减量的重要手段。

各村因地制宜地选择"一村一建""多村联建"或"村企联建"等形式，建立餐厨垃圾就地就近处置体系，垃圾收运员每天将餐厨垃圾运送至就近的有机垃圾生化成肥资源再生中心，通过智能餐厨垃圾生化机，将餐厨垃圾粉碎、脱水，进行活性菌发酵，再对转化成的有机肥进行有偿回收，处理后再销售给苗木种植基地等，打造了"餐厨垃圾—有机肥—有机农业基地—配送中心—农户"的绿色产业循环链条。不仅可实现垃圾资源化，也可使村、企业和苗木基地实现多方共赢，使餐厨垃圾的边际效益最大化。除了应用餐厨垃圾生化处理机，宁海还实行了太阳能垃圾处理，利用太阳能作为消化反应过程中的能量来源，对含有机质的垃圾进行卫生、无害化生物处理，最终形成腐熟的堆肥。为引导和激励用户正确有效地分类投放垃圾，清运员会根据厨余垃圾、其他垃圾桶分类情况进行智能打分，自动换算成绿色积分，可回收垃圾根据二维码也折算计入绿色积分，充值到村民绿色积分账户内。村民可在智分类自助查询机上查询每天的积分获取情况，持卡到村内绿色积分超市兑换日常用品，大大提高了村民的参与性和积极性。

（四）加大宣传引导，不断提高民众知晓度

垃圾分类是一项系统性工程，民众参与度高，只有不断加大宣传推广，引导广大市民不断增强垃圾分类意识、养成良好习惯，让垃圾分类理念深入人心，主动投身生活垃圾分类工作，才能贯彻落实好。为有序推进农村生活垃圾分类工作，组建了专业讲师团，进村入户宣讲垃圾分类工作。按"一村一员"方式，由本村干部、党员志愿者担任垃圾分类指导员，召开动员会、交流会、分享会，讲解垃圾分类的方法，大量发放垃圾分类宣传资料、倡议书，广泛发动老年人、妇女、

儿童等群体，营造垃圾分类氛围，使得群众对垃圾分类知晓率达到100%。同时，不断加强制度建设，把"垃圾源头分类、定点定时投放"纳入村规民约，明确每名村干部和保洁员的责任区域，并实行细化考核，让垃圾分类工作落到实处。

三、特色亮点

宁波市首创了"智分类、云回收、源处理、循利用"的垃圾分类运营管理体系，实现了前端分类信息化、流程管理云端化、就地处置减量化、循环利用资源化，形成了可推广的农村垃圾分类新模式。2018年8月，大佳何镇启动"物联网+"垃圾智分类一体化管理项目，成为全国首个垃圾智分类小镇。

（一）智分类，垃圾分类简便易行

针对厨余垃圾、可回收垃圾、有害垃圾、其他垃圾四种不同垃圾类型，宁波市在宁海县采用不同的垃圾分类回收方式。为推进日常操作简易化，将农村垃圾分为"会烂"和"不会烂"两类，日常用两个垃圾桶，对厨余垃圾，利用装有芯片的家用智能垃圾桶进行智能读取称重评分，其他垃圾用另外一个垃圾桶。可回收垃圾，由村民捆绑贴上二维码标签，自动投入路边回收箱。有害垃圾则每月一次定期上门回收。

（二）云回收，实时智能管控垃圾分类情况

宁波市建立了智分类数据管理云平台，实现对区域性垃圾分类数据信息的收集、存储、统计、汇总。在回收过程中，充分利用云计算、

大数据等新一代信息技术，对垃圾分类数据采集、处理计量监控、可识别分类垃圾桶等进行实时智能化管控，为农村垃圾分类实时监管、精确监管装上"智慧大脑"。

（三）源处理，前端处置垃圾分类

宁波市宁海县将农村垃圾分为厨余垃圾、可回收物、有害垃圾和其他垃圾四类，针对不同的垃圾种类，采用不同的处理方式进行分类处置。对厨余垃圾，由村民在家进行分类后，定时由清运员上门收运、分装清运、分类处理，就近加工成有机肥，进行循环利用。对可回收垃圾，村民可自主投放至资源回收箱，由专门单位定期回收处置。对不可回收垃圾，由回收车转运进行焚烧或填埋。对有害垃圾，村民可自行投放至村内设置的有害垃圾集中回收点，再由相关部门回收处理。

（四）循利用，打造绿色产业循环链

餐厨垃圾生成量占农村垃圾总量的 60% 左右，宁波市在试点村安装投放了专门处理厨余垃圾的智能有机垃圾成肥机，每天将厨余垃圾粉碎、脱水，再通过活性菌发酵，转化成有机肥，或供给农户直接使用，或由专门公司进行有偿回收，处理后再销售给苗木种植基地等，打造了"餐厨垃圾—有机肥—有机农业基地—配送中心—农户"的绿色产业循环链条。不仅实现了垃圾资源化，也使村、企业和苗木基地实现多方共赢，实现餐厨垃圾的边际效益最大化。

四、应用成效

宁波市宁海县的农村生活垃圾处理，真正实现垃圾不落地，是一

种有效的垃圾处理模式，从根本上解决了长期以来农村垃圾乱丢乱堆乱放、难以处理的问题，实现了村容村貌整洁，使农村天蓝水绿空气清新，荣获了"2017年度全省农村生活垃圾治理工作优胜县"称号。

（一）民众参与度不断提高

自宁海开展垃圾分类工作以来，绿色生活方式充盈乡间。特别是智分类数据管理云平台上线以来，采用了垃圾分类宣教、参与积分奖励机制、一体化项目运营和全流程信息化监督相结合的手段，村民的分类参与率达到96%、准确率达81%，环比分别提高28%和27%。以宁海胡陈乡为例，通过实施垃圾智分类，使得垃圾分类覆盖率达到55%，减量率达58%，转运量下降达49%，环卫成本下降近6成。特别是梅山村，垃圾分类知晓率由62%上升到100%，村民参与率由47%提高到96%。截至2018年底，宁波市宁海县在363个行政村实现了生活垃圾分类全覆盖，形成了具有创新特色的农村生活垃圾分类处理"宁波模式"。

（二）资源化利用效益日渐凸显

通过垃圾分类试点，宁波市宁海县不仅减少了垃圾产量，缓解了垃圾围城的窘境，资源化利用成效也非常显著。截至2018年底，宁海已在农村建成餐厨垃圾再利用中心91个，日处理量超过60吨。餐厨垃圾通过生化处理，变成价值较高的有机肥，不但实现全降解减量目标，还通过变废为宝产生了可观的经济效益。根据第三方机构对全县30个省级试点村抽查统计，生活垃圾综合减量率达58%，转运量下降达49%，环卫成本下降近6成，成效明显。

(三）美丽乡村日渐形成

建设干净整洁的农村，是实现乡村振兴的必然要求。宁海县开展垃圾分类工作以后，对农村垃圾实行户内分类、上门运收、就地就近处置、日产日清，以往农村垃圾桶周边蚊蝇滋生、臭味大等问题得到彻底解决，乱丢乱扔的陈规陋习得到彻底改变，形成了干净整洁的农村生活环境，农村生态环境和人居环境得到改善，天蓝水绿山清的环境日益形成，打造了宜居、宜业、宜游的美丽乡村。2018年，国内首家"垃圾智分类小镇"在宁海落地运行。

第四部分　智能设施类

北京市：通州区图书馆智能微图建设与应用实践
成都市："数字成都"地理信息公共平台建设与应用实践
大同市：智能照明　绿色节能

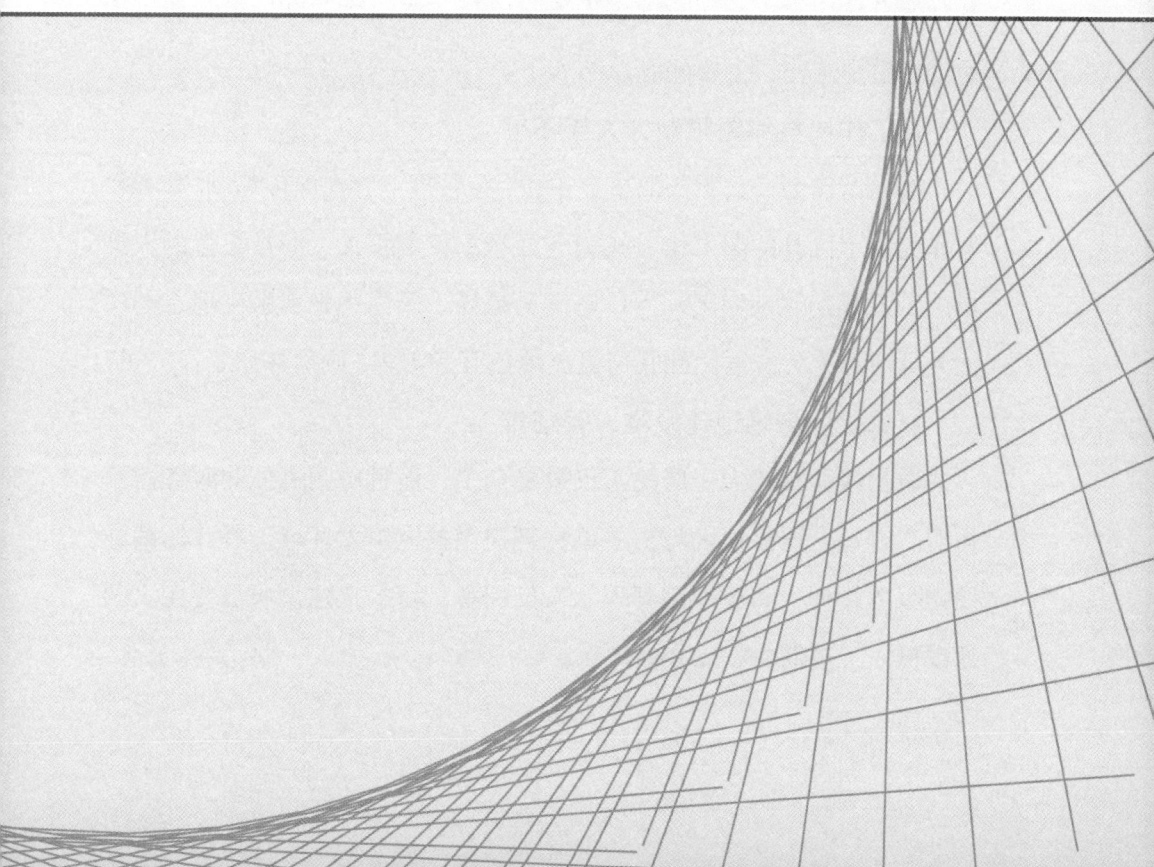

北京市：通州区图书馆智能微图建设与应用实践

一、背景与需求

（一）项目背景

通州区图书馆长年来一直把丰富基层群众的文化生活作为一项重点工作。图书馆在组织图书送到各个居民社区与机关单位的工作过程中，发现存在一些薄弱环节，面对广大居民社区与机关单位的图书馆基础信息化建设面临严重的资源不足问题，难以大幅度地提升图书送达读者手中工作，主要问题总结如下。

1. 工作岗位编制限制，人手不够

图书馆作为公共服务的事业单位，在管理上存在岗位编制的问题，但作为一个区县的图书馆，其服务区域不仅面积大，而且覆盖的人群也广，尤其是北京地区，人口密度更是处于国内领先水平，现有的岗位人员面对庞大的居民社区与机关单位服务需求，亟须补充工作人员。

2. 单位服务场地建设难、管理难

通州区面积较大，居民不仅数量众多，而且对图书公共服务需求强烈。若每个居民社区与机关单位都提供独立馆藏区域，展开馆藏建设和服务管理，其场地的管理、人员配备、信息化建设均需要庞大的建设投入，短期内难以全面覆盖。

3. 居民需求强烈，亟须满足

现代社会知识更新快速，技术发展迅速，每个人都面临适应形势需要和社会发展要求，广大群众对公共图书馆下沉居民社区与机关单位存在较大期望，读者群体庞大、服务需求强烈，亟须满足，以更好地服务于社会，促进和谐。

（二）项目需求

通州区图书馆直接面对区级地区，重点解决地区图书室、乡镇图书馆（室）藏书匮乏、购书经费短缺的问题，努力满足人民群众对知识、信息的需求。由于北京地区人口密集，居民社区与机关单位数量庞大，若是按照传统的居民社区与机关单位性图书馆/图书站的建设模式，就会面临严重的财政资金不足、人员组织力量薄弱的情况。为了打通阅读的"最后一公里"，让通州区的群众享受更好的阅读服务，因此计划在区内增设 24 小时微型图书馆。2018 年通过调研，最终确定了 35 个微型图书馆的设置点位，目前已建成并投入使用 4 台，提供图书 1100 册，更便利地满足了群众的文化需求。

二、主要做法

针对居民社区与机关单位性图书服务站点的建设需求，通州区图书馆采用以新型智能微图产品为核心的居民社区与机关单位图书馆藏服务站点的应用方案，主要以物联网 RFID 技术为基础智能微图设备，建设新型智能微图统一管理平台，以解决现有居民社区与机关单位图书馆建设资金、站点管理等问题。

通州区图书馆对全区图书资源、配送频率、居民区密度状况、居民文化需求作了全面的调研，形成《智能微图项目可行性报告》《智能微图踏勘阶段性报告》等一系列指导性文件。

居民社区与机关单位图书馆现有系统大多采用"磁条＋条形码"方式管理。通过智能微图系统建设，读者可以享受自助借还、自助办证、自助查询、架位清点等服务，同时需要管理人员的标签转换、后台统一管理、远程监控等服务。智能微图系统与图书馆现有图书管理系统软件，将遵循 NCIP/SIP2 协议通过标准接口与之进行对接。

三、特色亮点

（一）建立智能微图系统监控平台

通州区图书馆管理中心建立针对智能微图的系统监控平台，全面远程监控所有智能微图设备的运行情况，并根据监控数据，调度各个居民社区与机关单位图书馆工作人员进行维护，从而保障智能微图网络化运营与监管。

为了保证监控的方便快捷合理，智能微图系统监控平台建立在网络环境下，监控信息采取分散上传、集中收集、多渠道发布方式，这样监控人员就可以随时随地通过各种方式，了解自助图书馆的相关信息，最终实现实时监控。根据自助图书馆的实际运行需要，平台将针对设备运营状况、本地书籍信息、本地用户借还记录、设备硬件故障、视频录像等这几类信息进行分析监控。

（二）建立云服务平台

随着智能微图群的逐步发展，未来可能智能微图的设备异常和书籍的更替服务，将需要安排专人进行维护与管理；这个时候可以充分利用智能微图云平台强大的扩展功能,实现图书馆总部全面监管,下属各个服务站点有效支撑的运营模式(见图3.9)。

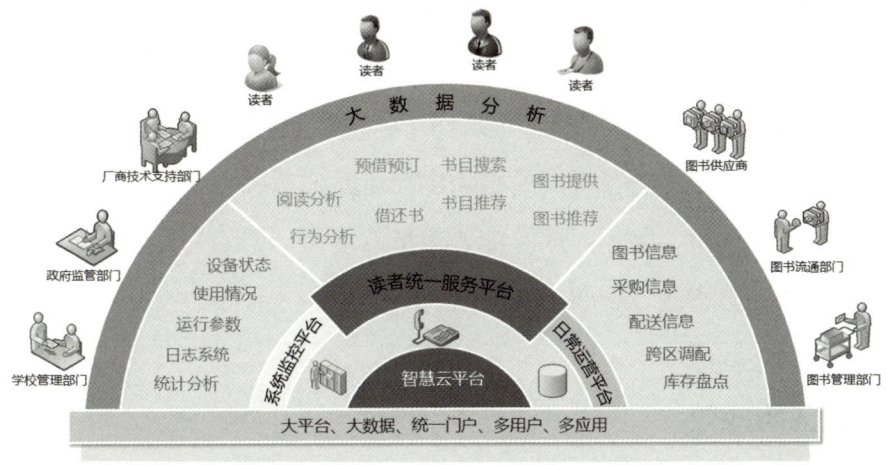

图3.9 通州区图书馆云服务平台图

由于智能微图设备设计上充分考虑图书的自助式流通模式,且系统对外部环境要求极为普通,部署时只需电源供应和任意网络接入方式(LAN/WIFI/4G/3G 等),即可正常投入应用,故智能微图产品的管理和维护相当简便。只有在设备异常后,才需要安排工作人员前往指定地点进行维护,必要情况下还可以先行远程关闭异常的设备,后续安排厂家技术人员进行维护。

(三)建立城市级的图书通借通还服务体系

智能微图标准配置能存放 300 本书籍,能通过模块化的书箱扩展到 400 本、500 本……智能微图包含归还的书籍自助上架继续流程服务,这一功能极大地降低了各个区域内的书籍流通总量,可以实现读者借阅书籍的相互流通。智能微图产品更适合部署在居民社区、校区与机关单位环境内,不仅设备轻巧、占地面积小,而且可以支持还书自助上架，降低了运营时的图书流通成本。

物流中心负责图书馆、自助图书馆云库系统、智能微图服务站之间的各种物流配送、装配及管理。对于热点区域及时处理还书、冷门书籍及时下架等工作，还是需要安排工作人员定期处理，但书籍流通总工作量已经下降 80% 以上。这些工作既能委托第三方物流公司外包处理，也能组建适当规模的团队自行维护。

随着借阅量、使用时间、部署数量的增加，借助大数据技术，这些服务将更加智能、精准、人性化。

四、应用成效

（一）经济效益分析

智能微图标准配置产品的市场报价为传统 24 小时街区图书馆的 1/3，但设备自行管理的书籍数量只是从 450 本降低到 300 本，同时智能微图采用模块化设计，支持书箱的水平扩展，可以从标准的 300 本图书扩展支持到 400 本、500 本。且由于体积缩小后，智能微图产品更适合放置在居民社区与机关单位环境内，不仅设备轻巧、占地面积小，而且可以支持还书自助上架，降低了运营时的图书流通成本。

（二）管理效益分析

智能微图产品就是一台可以移动的图书馆，相对传统的居民社区与机关单位图书馆自行建设模式，不仅需要独立的场地，也需要配备管理人员管控。智能微图产品的投入能极大地降低场地的管理成本、人员的管理成本。

（三）社会效益分析

智能微图产品本身是一台可以提供图书借还服务的自助式服务系统。通州区图书馆在建设居民社区与机关单位图书馆的过程中，发现此类设备非常适合居民社区与机关单位图书馆的建设需求，它不仅简化了居民社区与机关单位图书馆的建设成本、建设周期，还改变了传统居民社区与机关单位图书馆的服务模式。这种新型的设备投入居民社区与机关单位后，不仅能将图书直接送达居民社区与机关单位，解决了读者与图书馆的距离限制和时间限制，而且必将充分满足各个居民社区与机关单位读者的借还服务需求，同时激发各个居民社区与机关单位读者的潜在服务需求。

智能微图系统的出现，良好地解决了公共图书馆与广大读者的服务限制，通过这一设备，可以强化通州区图书馆承担的社会职责，更好地为广大读者提供更加人性化、便利化、智能化的馆藏服务。

成都市："数字成都"地理信息公共平台建设与应用实践

一、背景与需求

（一）案例背景

2011年5月，经四川省测绘地理信息局推荐，国家测绘地理信息局批复同意将成都市列为国家测绘地理信息局2011年数字城市地理空间框架建设试点。成都市规划和自然资源局（原成都市规划管理局）高度重视该项目建设，将项目作为一把手工程，成立了局项目领导小组，明确成都市规划和自然资源局机关及局属各单位职责分工，确定由成都市规划和自然资源局测绘信息管理处牵头，成都市勘察测绘研究院承担基础地理数据的生产和更新工作，成都市规划信息技术中心承担数字成都地理信息公共平台（以下简称"公共平台"）建设和运维管理工作。项目于2014年9月通过省测绘地理信息局的预验收和国家测绘地理信息局的最终验收。

按照成都市人民政府办公厅印发的《关于推广应用"数字成都"地理信息公共平台的通知》（成办函〔2014〕153号）要求，公共平台作为成都市大数据建设、智慧城市建设和物联网发展的重要基础设施。成都市规划信息技术中心全面落实运维，为保证公共平台持续提供权威、统一、现势性强的地理空间数据和服务，主要从数据资源更新、门户网站运行、宣传推广等方面开展运维工作，为城市规划建设、运营管理、生态保护等工作提供全面支撑。

（二）需求分析

在智慧城市建设中，各部门在利用信息技术构建智慧应用时，大都需要地理信息技术的支撑，地理信息技术能将行业应用与空间位置相结合，这些部门的需求主要包括以下几个方面。

1. 统一空间基准

据调研，成都市各部门在地理信息数据采集与应用时，采用了多种坐标系，这极大地影响了各部门之间数据的交换共享，所以全市需要构建一个统一的空间基准。一方面考虑国家测绘行政主管部门发布的国家统一标准，另一方面，为满足成都市本地测绘地理信息高精度应用，需要成都市地理信息公共平台提供两套基准的地理信息成果，成都市本地坐标系与国家 CGCS2000 坐标系。

2. 基础地理数据服务

据调研，市公安局、民政局、城管局、住建局等 40 余个部门，对包括矢量电子地图、影像电子地图、1∶500、1∶2000、1∶5000 等比例尺地形图及专题地图在内的基础地理信息数据都存在强烈需求。同时，被调研部门对基础地理信息的现势性、更新周期、数据形式也提出了需求，部分有已建或在建地理信息相关系统的部门，希望以基础地理信息为基础，加载相关行业专题数据，满足其行业管理需要。

3. 平台功能服务

据调研，有些部门累积的专题数据几乎只有地名地址文本信息，没有空间坐标。要实现这些专题数据的空间落地，就必须建立地名地址文本信息与地理空间位置的关系，需要公共平台提供地理编码的功能服务。此外，各部门在构建智慧应用时，需要公共平台提供专业的二次开发接口，以实现将专业的地理信息功能集成到智慧应用中。以数据为基础，形成开放的、功能齐全的、覆盖全域的公共平台，是各应用部门的强烈需要，同时也是为低碳智慧城市建设的空间基础。

二、主要做法

（一）注重标准和制度建设

公共平台在国家规范的基础上，结合成都工作实际，配套出台了12个数据标准和5个应用规范。同时，成都市规划和自然资源局与应用部门一起联合发布了4个专题数据规范。例如，与农委联合发布的农业专题数据标准，与教育局联合发布的教育专题数据标准。这些标准规范的建立，保障了公共平台数据和应用服务之间共建共享的标准化和规范性。

在管理机制上，市政府发布了推广应用公共平台的通知，明确了数字成都地理信息公共平台作为全市唯一、权威的地理信息公共平台的定位；成都市规划和自然资源局和成都市规划信息技术中心也分别发布了公共平台运维和应用管理规定以及实施细则，明确了公共平台运维的管理机制、工作标准和工作流程。

（二）注重数据和平台建设

1. 保障基础数据现势性

公共平台根据不同的应用和网络环境形成三大数据库，分别是基础地理信息数据库、政务地理信息数据库和公众地理信息数据库。每个库的地理信息数据需要不断更新，以满足部门需求。成都市规划信息技术中心在保障基础数据现势性方面所做工作主要包括以下几方面。

（1）按季度更新矢量电子地图。利用房屋、道路等规划竣工测量成果，完成公共平台中心城（含高新区和天府新区）范围内矢量电子地图更新。通过对房屋、道路等基础地理要素的实测更新，既保障了矢量电子地图数据的准确性，又保障了数据的现势性。

（2）按需求优化矢量电子地图。一是通过技术手段获取用户关心兴趣点（POI）数据，并与原有兴趣点作去重处理，提升电子地图兴趣点丰富度；二是对原矢量电子地图配图方案不断优化调整，实现视觉良好的显示效果。

（3）按年度更新影像电子地图。利用0.5米分辨率卫星影像，完成全市域范围内影像电子地图更新，面积约1.34万平方公里，为城市建设管理提供了最新影像服务。

2. 保障门户网站稳定运行

（1）整体优化公共平台门户网站。通过借鉴类似门户网站优势，结合用户反馈意见，对门户网站进行优化调整。一是调整门户部分栏目排版，删除部分栏目内访问率较低的应用和服务，增加用户感兴趣的专题服务和应用；二是增加地理信息资源共享交换办理流程，通过优化调整，提高了门户网站的易用性和便捷性。

（2）按月度更新地理信息政策文件、动态等内容。通过更新成都市域地图、中心城区地图、地理信息新闻等，保障了网站内容的时效性。截至2018年12月31日，公共平台的互联网累计访问约19万次，政务外网累计访问约1900万次。

（3）定期做好数据备份。每半年对公共平台基础数据进行同城和异地备份，按月对业务数据和应用数据进行本地备份，充分保障了公共平台的数据安全。

3. 加强基础设施运维

落实安全运维管理制度，加强对服务器、中间件、数据库和安全防护设备等运维。每月巡检基础设施运行状态，形成月报，针对存在的问题及时整改，并形成长效解决方案；定期对网站进行渗透测试，发现风险漏洞及时整改完善，保证顺利通过市网信办、公安等部门的安全检查。

（三）注重用户需求和应用推广

公共平台的生命力在于应用。公共平台的建成，为公众提供一个权威可靠、数据实时的地理信息服务和位置服务平台。同时，公共平台作为共享交换的基础平台，也为全市政府部门、企事业单位提供全域成都地理空间信息服务资源。

1. 做好宣传推广

制作便于携带的折页宣传册，主要介绍平台定位、用途、数据资源、业务能力和远景规划等，在规划服务窗口免费发放，方便服务对象了解和查阅。

2. 做好技术支撑

根据应用部门需求，及时做好服务对接和技术支撑。截至2018年12月，公共平台通过政务外网、互联网和前置服务，为25个应用部门、37个应用系统提供地理信息服务，其中，基于政务网应用13个，互联网应用11个，前置机应用12个，移动应用1个。现场和在线技术支持达340余次。

3. 加强服务回访

随着应用部门的增多，定制化、个性化、专业化的需求也随之增多。为满足各部门日益丰富的应用需求，公共平台根据日常回访制度，加强应用部门回访，及时摸清应用需求，提供精准地理信息服务。截至 2018 年 12 月，公共平台外出回访 77 次，梳理形成新需求 12 项，及时进行完善调整 10 项，剩余 2 项在下一年度完善。

三、特色亮点

（一）管理创新

地理空间数据是公共平台应用的基础。为了有效保障数据的持续更新，成都市规划和自然资源局建立了定期更新与动态更新相结合的数据更新机制，同时从机制上强调公共平台使用权利和数据更新义务的统一。具体体现在 4 个方面：一是按照基础测绘规划组织实施基础测绘项目，保证基础地理信息数据的定期更新；二是结合规划管理，利用规划竣工验收成果，对变化区域 1∶500、1∶2000 数字线划图、电子地图和地理实体的要素进行动态更新，利用规划竣工验收成果的更新，针对的是中心城区，每季度更新一次；三是通过每年组织购买卫星遥感影像，对变化区域的道路、水系、房屋要素进行内业更新，卫星影像数据的更新，中心城区一年两次，周边区域一年一次；四是专题政务数据由相应管理部门发布，并在其政务管理中实施更新。

（二）技术创新

从技术角度来讲，公共平台在多个方面均有创新，例如：面向服务的软件架构（SOA），多层次、多维度的地理空间数据共享服务，个性化的数据定制和应用定制，全生命周期的数据统一管理技术等。其中，全生命周期的数据统一管理技术比较有特色。众所周知，数据能够持续更新，才能保障平台应用的活力。但是数据从生产、质检到入库、发布服务，往往需要多方配合，持续时间也较长。建设之初，为了实现多年、多维度地理空间数据的发布和数据更新维护，公共平台创造了富有特色的数据质检、入库一体化、数据发布以及历史版本数据管理模式。地理空间数据生成后，公共平台按照数据标准进行质检，质检后采用一键式入库并发布，通过统一的数据库管理模块，对全部空间数据和非空间数据进行全生命周期的统一管理维护，有效保障了数据的标准化、完整性和现势性。

（三）应用创新

基于多种方式的应用，公共平台在应用方面取得了一些成效，并针对应用中发现的服务模式单一、被动服务、应用部门专题数据与公共平台的基础数据融合难等问题，进行了一些新的探索和尝试。主要表现为：一是从转变服务模式入手，成都市规划信息技术中心成立了公共平台运维和推广应用服务团队，主动了解分析应用部门的需求，寻求深入应用的合作点和合作方式；二是在应用深度上，拓展数字成都地理信息公共平台的服务模式，以多样化的技术手段支撑应用部门的业务，并且将业务部门的数据与公共平台的地理空间数据融合应用，从数据和业务两个方面结合起来，开展政务信息的共享；三是在合作方式上，从单一的应用技术支持单位，成为应用部门的政务共享合作单位，促进大政务应用的信息共享和工作协同。

四、应用成效

结合成都市"东进、南拓、西控、北改、中优"的城市发展战略、全面建设体现新发展理念的城市、加快建设美丽宜居公园城市，为市级部门提供精确、高效的地理信息服务，公共平台在城市规划建设、运营管理、生态保护等方面取得了显著成效。

在市政府按照"安全、清洁、有序、方便"目标，深入实施社区发展治理"五大行动"中，成都市基础地理空间框架可以提供基础地图服务，实现社会治理工作可视化；在"厕所革命"工作中，数字城市可以通过地理信息服务公共门户，对公众提供厕所的位置信息服务；在以攻坚精神防治污染、保护生态、扎实推进国家低碳城市建设中，为《成都市美丽宜居公园城市规划》编制，提供全面的基础数据支撑。

（一）城市规划建设方面

1. 成都市规划和自然资源局

成都市"多规合一"空间信息数据平台，以公共平台提供的底图为统一基准。通过整合各类空间性规划和相关规划，做到"发展目标、用地指标、空间坐标"相一致，形成城乡统筹、全域覆盖、要素叠加的一本规划、一张蓝图，实现全市域国土、规划、发改、环保等多部门规划成果的统一管理、深度分析和全面融合，进而实现蓝图编制、辅助决策、信息共享等功能。并结合工程建设项目审批制度改革要求，与市工程建设项目审批管理平台进行对接，实现信息资源共享和双向业务互联互通，为实现项目协同审批，提高行政服务效能，奠定空间数据基础。

2. 成都市发展和改革委员会

成都市发展和改革委员会通过调用公共平台提供的基础地理信息服务构建的农村小型公共基础设施村民自建管理信息系统，实现了对农村建设项目的全过程管理。该系统利用"天地图·成都"提供的影像数据作为基础地理底图，提供村民一个图形化的商议平台，为各级领导和主管部门全面掌握自然资源、基础设施及工程建设情况提供了图、文一体化的综合查询功能，实现项目建设全过程的指导、监督和管理。

3. 成都市住房和城乡建设局（原成都市城乡建设委员会）

成都市住房和城乡建设局利用公共平台提供的电子地图、影像地图以及地理编码接口服务，构建了市、县两级一体化的公共配套设施信息管理系统，实现了公共配套设施信息的全生命周期管理。该系统以电子地图、影像地图服务为基础，实现了公共配套设施的精准落地，通过采集、展示、统计全市公共配套设施信息，实现公共配套设施从规划布局、建设计划制定，到建设进度把控、移交使用，最终反哺规划的全过程管理，同时为成都市公共服务设施"三年攻坚"行动提供强有力的支撑。

（二）城市运营管理方面

1. 成都市城市管理委员会

成都市城市管理委员会依托公共平台提供的基础地理信息服务为基础，升级改造完成的数字化城市管理信息系统（包括住建部规定的9个基础子系统，处置通、电子监察等16个拓展系统，4个专项业务应用等）。通过覆盖全部城区及部分乡镇场镇27775个万米单元网格，接入现有1600余名从业人员和2400余家协同单位和公安"天网"视频监控系统，形成了"两级监督、一级指挥、一级协同、三级处置、部门联动、多级参与"的监管体系。截至2018年12月，已上报城市管理问题900余万件，处置率98%以上。

在"厕所革命"中，公共平台以自身的地理信息服务为基础，结合成都市环卫公厕数据特点，形成了成都市环卫公厕专题数据标准和GIS数据库，以"天地图·成都"为窗口向社会公众开放环卫公厕信息（包括位置、开放时间等），方便市民查找公厕。

2. 成都市锦江区委社区发展治理委员会

为进一步深化锦江区社会治理改革创新，充分发挥现代信息技术在基层社会治理中的作用，锦江区委、区政府按照"统一平台、资源共享；统筹兼顾、分步实施；统一管理、安全保密"的原则，构建了锦江区三维地理信息数据库及管理系统（区街道综合管理信息平台的子系统）。该系统以公共平台提供的三维数据服务为基础，通过直观展示和统计分析人口、房屋、楼宇经济、视频监控、事件等信息，为社会服务和街道管理提供信息化支撑；通过实现区、街道、社区三级信息覆盖，全面提升精细化管理和服务能力。

（三）城市生态保护方面

1. 成都市住房和城乡建设局（原成都市城乡建设委员会）

成都市住房和城乡建设局基于公共平台提供的遥感影像数据，构建成都市环城生态用地监测系统。该系统通过解译2013年以来历年高分遥感影像，提取生态用地变化图斑，利用GIS技术，以图文一体化方式，从生态用地管理、生态用地监测、返绿增绿监测、特殊区域跟踪、规划实施完成情况分析等多方面，对环城生态区的规划、实施进行动态监测、监督管理，对确保生态用地规模和加强土地管控提供决策。

2. 成都市生态环境局（原成都市环境保护局）

成都市生态环境局为有序推进水环境综合管理，基于公共平台构建了成都市水污染防治综合管理系统。该系统利用公共平台的矢量地图、影像地图、地理编码、水系、道路、绿地、铁路等数据资源，集成了成都市水质监测断面、水质自动监测站点、水源地区域、涉水污染源企业等信息，实现了水环境的综合管理。

大同市：智能照明　绿色节能

一、背景与需求

（一）应用背景

随着城镇化建设的推进，城市照明设施的规模越来越大，能耗越来越高，如何有效地管理好城市照明设施、实现绿色节能照明，已成为摆在城市管理部门面前的重大课题。同时，城市照明大量的维护工作和高昂的维护成本，也给城市管理带来巨大的困难。在这种形势下，粗放、被动、缺少监督和评价机制的传统管理模式，已不能满足现代化城市照明管理的需要，创建一种全新的管理模式来推动城市照明的科学管理和绿色节能，已成为迫在眉睫的重要工作。

城市照明运行监控管理在经历了手动开关、分散式时控/光控、集中式远程监控三个阶段之后，开始向单灯层面延伸，向智慧照明发展。近年来，在智慧城市建设大潮中，利用路灯设施的资源优势，采用物联网、大数据、云计算、单灯控制等技术，建设城市智慧照明，解决城市照明现存不足和问题，推动城市照明管理提升，促进城市照明节能减排，同时提高城市照明基础设施智能化水平，为真正实现信息资源共享一体化的智慧城市打好坚实基础，已成为智慧城市建设的重要组成部分。

大同市2009年建设了以"三遥"（遥控、遥测、遥信）为主要功能的城市照明微机监控系统，对全市路灯进行回路级（监控管理到箱变）运行监控和基本故障分析。系统运行较为稳定，为智慧照明建设和应用积累一定经验。但系统管理精细化程度不够，不能实时、准确、全面地掌握每一盏路灯的运行状况，同时也不具备灵活有效的节能减排支撑手段。并且照明设施资源管理采用基本的纸质文档、表格、图纸图片或简单的电子文档等模式，缺少基本的信息化手段，家底不清、统计困难。

（二）应用需求

1. 提升管理，保障服务

城市照明设施类型多、数量大、空间分布广，同时随着城市的发展快速增长，精确管理有很大的难度。因此，亟须通过信息化手段，提升运行调度和应急指挥能力，切实保障照明系统运行质量和服务水平。

2. 按需照明，节能减排

节能减排是我国的一项基本国策，也是实现我国经济可持续发展的必然选择。城市公共照明用电量约占全国发电总量的 9%～10%，节能减排空间大、需求迫切。

3. 智能运维，降本增效

大同市原有路灯维护主要依赖人工巡查模式，工作量大、效率低，服务质量难以保障，同时造成人力、物力和财力浪费，需要建立智能化故障预警联动机制，变被动巡检为定向维护，促进降本增效。

4. 安全运行，保障民生

城市照明配电控制箱内电气设备、供电电缆等被盗事件时有发生，给照明管理部门造成经济损失，影响城市照明正常运行，同时带来安全隐患。路灯是强电系统，并且容易近距离接触，安全防护尤为重要。

5. 管办分离，科学发展

城市照明运维养护工作企业化、市场化，政府精力集中于城市照明规划、建设和监管，推动大同城市照明全面协调可持续发展，充分发挥城市公共照明在促进社会、经济、环境发展方面的作用。

二、主要做法

（一）科学规划，确保项目可行性先进性

采用国家、行业和地方相关标准规范和行业先进技术进行规划设计，确保项目方案先进可行，并能适应城市照明未来发展的需要。

1. 技术先进经济

（1）物联网技术

在照明控制箱、灯杆等位置部署现场感知、监控设备，通过信息汇聚、网络传输与远程监控中心进行双向通信，上传感知信息，接受监控指令，实现典型的物联网应用。

（2）电力载波通信技术

针对照明设施的环境特点，同时为了降低施工难度，在单灯控制物联网的信息汇聚层，采用电力载波通信技术实现信息传输。设计中采用双载波通信、基于DSP的噪声消除和失真校正、自由中继等先进的技术措施，确保在电力环境比较恶劣时也可以取得良好的通信效果。

（3）基于SOA的多层软件架构技术

软件平台采用面向服务架构（SOA）的多层设计，业务逻辑层清晰，与数据库间通过单独的数据访问层进行访问，降低业务逻辑和数据库间的耦合度，增加数据的安全性和事务性，提高系统的兼容性和可扩展性。

(4) GIS（地理信息系统）技术

采用 GIS 技术，将灯源、灯杆、控制箱、箱变以及现场监控设备等各类照明部件与地理位置和空间信息有机结合，实现照明设施的位置可视化，并支持基于 GIS 的动态监控管理。

(5) 移动互联技术

融合移动通信和互联网技术，整合移动通信随时、随地、随身和互联网共享、开放、互动的优势，为城市智慧照明提供丰富的移动应用，真正实现随时随地移动办公，为城市照明管理人员及维护人员提供更大的工作便利。

2. 整体架构设计

针对城市照明设施的拓扑特征，大同市城市智慧照明采用物联网架构，主要由感知层硬件设备、传输网络、数据处理分析软硬件资源和远程监控中心构成，总体架构如图 3.10 所示。

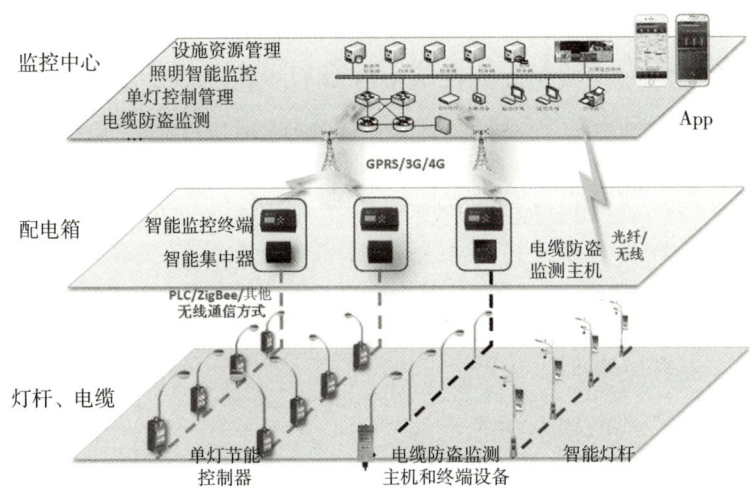

图3.10　大同市智慧照明总体架构图

- 现场监控设备

主要包括智能监控终端、智能集中器、单灯节能控制器、电缆防盗监测主机和终端设备。根据具体应用需求，还可以部署视频监控等设备。针对城市照明设施的地理环境和拓扑特征，单灯节能监控信息的汇聚传输，优先采用电力载波通信技术，利用现有照明供电线路，不需要单独布线，施工方便。

- 通信网络

通信网络采用运营商无线公网，安全可靠、传输速率高。

- 监控中心

监控中心包括网络、服务器、存储等设备，部署监控管理系统软件，实现照明智能监控、单灯节能管理和电缆防盗监测等智能化应用。

- 系统功能设计

（1）设施资源管理子系统

照明设施资源管理是智能运行监控和单灯节能管理等应用的基础。通过对灯具、灯杆、变压器、控制箱、控制回路等照明设施进行普查、身份编码和定位，以 GIS 为基础进行可视化、精细化、动态化管理，改变以往照明设施管理中数据不准确、难以查询、统计和数据更新滞后等现象，为照明设施养护和维修提供依据，为城市照明能耗统计分析、城市照明监控管理和节能提供基础支撑。

通过资源共享，灯杆编号数据库和识别标签，可以为公安 110、城市应急指挥等系统提供定位参照服务，达到集约建设、资源共享的目的，提升城市照明效果。

- 电子地图基本功能

采用主流电子地图引擎，可展示城市最新地貌、路网、建筑物、重要单位驻地等信息。地图数据库存放于系统服务器，保证数据安全，查询、浏览、操作方便快捷，并且地图基础数据可更新，有利于照明设施资源的入库、查询和管理。

电子地图支持放大、缩小、平移显示、标识、定义比例尺、查看全图、放大镜、鹰眼、居中显示等功能。

- 分层显示功能

地理信息系统由各种不同的地理信息图形和特征组成，为了更好地对路灯设施进行管理，系统对各种路灯设施采用分层管理的方式，由此可将不同层任意叠加，以满足不同层次的设施查看需求。主要的分层数据包含：基础地理信息、箱变、灯杆等。

- 照明设施定位

能够对灯杆、灯具、光源、变压器等进行准确定位和查找。

- 拓扑关系显示

可直观显示控制箱接线图，展示箱内电气设备的拓扑关系。可直接显示控制箱的控制范围和单独回路的控制范围及相关信息，并可反向选择，通过在地图上选择可知道所属变压器/控制箱，不同回路用颜色加以区分。

（2）照明智能监控子系统

以"三遥"管理为核心，实现城市照明监控管理的集中化、自动化和智能化；以"在线巡测"和自动故障定位取代人工巡检，实现定向运维，提高工作效率，降低城市照明运维费用。

- 远程开关灯控制（遥控）

可以根据不同类型的照明控制要求，根据大同市经纬度数据，自动计算日出日落时间，调整得出全年开关灯时间，采用时控或时控和光控相结合的控制方式，自动遥控开/关全市全夜灯、半夜灯、楼宇景观灯、沿街饰灯；也可以手动对各种灯型进行遥控开/关操作。

为了满足某些特殊时期（节假日、国家重大活动）对亮灯时间的特殊要求，系统提供预案管理功能，可以为特殊时期专门设置一套开关灯时间，并且不会影响其他时间的开关控制方案。

- 远程测量采集（遥测）

通过远程测量功能来获取照明设施的运行参数信息，除可以遥测控制箱总回路三相电压、三相电流、有功功率、无功功率、功率因数外，还能够采集各分支回路电流。

设计自动巡测机制，可按设定的时间周期自动进行巡测，同时也允许监控人员随时进行手动巡测。

- 远程状态感知（遥信）

通过遥信功能直接获取照明设施的运行状态，一旦发现某个状态发生异常，会在第一时间将异常信息发送给监控中心。

运行状态数据主要包括：接触器状态、箱门开关状态、接触器失效、分支回路断路等。

- 故障报警管理

通过分析遥测、遥信数据，检测照明设施运行状态异常并产生报警记录，产生的报警记录会永久保存，以供查询、统计、分析；同时，报警信息可通过多种方式（短信、声音、信息提示窗口等）告知用户。

系统支持的故障报警类型主要包括：供电电源停电、供电电源缺相、异常亮灯、灭灯、过/欠电压、过/欠电流、接触器失效、电容过/欠补偿、配电箱门开、线路漏电、灯杆漏电、灯源故障、灯源闪灯、补偿电容失效、熔断器故障等。

（3）单灯节能管理子系统

借鉴国际先进的道路照明设计和管理标准，在智能监控的基础上，以单灯节能控制为管理手段，在保证照明质量的前提下，进行单灯节能控制，真正实现"按需照明"。

- 单灯节能控制

依据时间、人流、车流、天气、光源类型等条件,设定合理的节能运行方案,实现"开关灯控制""智能调光"(LED 路灯)等亮灯方式,也可对特定道路、特殊灯具或根据特别需求,灵活、简便地进行手动单灯控制。

- 单灯节能管理

根据采集到的电压、电流、功率因数等数据,结合单灯节能控制方案,综合计算分析节电量和节电率,按日、月、年等周期生成节能报表,分析城市照明节能情况,并提供即时查询、统计和打印输出等功能。

- 单灯亮灯率计算

依据采集到的电压、电流、功率因数等数据,结合单灯节能运行方案,精确计算、统计特定区域内(工区、箱变、道路灯)的亮灯率情况。

- 综合统计分析

采用"1+6"挖掘式报表模式,对城市照明系统每天的运行情况进行汇总分析,全面掌握城市照明运行状况。包括 1 张系统运行总表和 6 张二级报表(上线率统计、耗电量统计、亮灯率统计、节能率统计、RTU 主要报警统计、单灯故障报警统计)。

(4)照明生产管理子系统

针对城市照明日常工作和生产管理需求,采用流程化的设计理念,为各类工作制定不同的标准处理流程或方式,形成连接设施资源、运行信息、管理信息的业务支持基础,对整个城市照明生产过程和故障处理进行流程化闭环控制,实现照明生产管理的规范化、自动化和科学化,满足日益发展的城市照明管理的需要。

(5)安全监测管理子系统

通过电缆被盗监测、箱变门禁监测、漏电监测等手段,减少设施被盗、损坏事件，避免路灯设施漏电造成人身伤害安全事故的发生，创造安全的城市氛围。

（6）移动协同办公子系统

通过智能手机、平板电脑等移动终端实现系统应用，真正做到随时随地移动办公，为城市照明管理及维护人员提供更多便利。

（二）分步实施，保障项目资源优化配置

城市公共照明设施规模大、分布范围广，项目整体实施周期较长。采取分步实施、分批投运的方式，可及时体现智慧照明的应用功能，提高时效性。根据分步实施计划，第一步，首先完成大同市地理网格划分与电子地图编制，进行道路照明部件、事件普查，建立《大同市道路照明管理部件数据库》《大同市道路照明管理标准地理编码数据库》和《道路照明系统基础数据库》，完成《大同市道路照明数字化管理部件手册》等文件的编制。第二步，按照分区分片的原则，分批对大同市主要路段路灯进行智慧照明感知层硬件设备的安装，与监控中心软件平台配合调试，完成一批，投运一批，及时发挥智慧照明应用效果。第三步，对大同市街巷路灯进行配电改造，安装智能监控设备，全部纳入智慧照明平台，实现统一监控与管理。

（三）创新模式，实现政府企业合作共赢

大同市城市照明设施规模较大，智慧照明项目投资较多。基于智慧照明显著的经济效益和管理提升效果，项目采用合同能源管理（EMC）的模式。由智慧照明厂家投资建设并负责EMC合作期间项目的运行维护，根据投资规模和节电效益，确定分享比例、返还金额和年限，政府每年从项目节能产生的经济效益中返还厂家投资。合作

到期之后，城市照明管理部门每年独享智慧照明带来的经济效益，同时获得项目全部产权。

通过合同能源管理模式，大幅减轻政府资金压力，实现政企合作共赢，大同市城市智慧照明应用项目顺利获批并落地实施。

（四）共享应用，助力大同智慧城市建设

城市路灯数量大、分布广、位置固定、可识别性强，通过编码与标识，实现灯杆定位、辅助报警，是对路灯杆这一公共资源的再开发、再利用，是提高政府公共服务水平和应急能力的重要体现。

本项目结合照明设施及其管理工作的特点，根据地理编码库的内容，对大同市路灯控制箱、灯杆进行地理定位、编码和标识，与110报警、城市应急指挥等系统共享灯杆位置信息，建立基于路灯杆的城市定位系统，实现灯杆报警定位功能。

三、特色亮点

（一）一体设计，兼容共享

智慧照明是智慧城市建设的重要内容之一。本项目城市智慧照明系统与智慧城市公共信息平台一体化设计，预留与智慧城市及相关应用系统的接口，与智慧城市无缝兼容，有利于新型智慧城市整体建设。

（二）统筹规划，有序建设

针对城市公共照明设施规模大、分布范围广、项目实施周期较长的特点，根据城市区域类型、道路属性等情况，统筹规划项目实施步骤，

分区分片推进，及时投入运行，既保证了项目的整体实施进度，又能够快速体现智慧照明应用效果。

（三）技术先进，产品稳定

硬件产品采用国际先进的高性能大规模集成电路和实时嵌入式系统，模块化设计，性能良好，扩展能力强。电力线载波通信采用双载波通信、基于DSP的噪声消除和失真校正、自由中继等先进技术措施，确保在国内较为恶劣的电力环境中也可以取得良好的通信效果。单灯控制设备具备3路控制能力，具有业内最高的外壳防护等级（IP67），防尘、防水、防腐；软件系统采用先进技术架构，组态化设计，系统容量大、管理能力强，操作简便、安全稳定。系统建成投入使用后，长时间持续稳定运行，应用效果良好。

（四）功能强大，支撑有力

本项目建设照明设施资源管理、照明运行智能监控、单灯节能管理、运行安全及资产安全监测等应用系统，全面覆盖城市照明业务体系，实现城市照明资源管理精细化、运行监控智能化、节能管控精准化、安全监测常态化和协同办公移动化，为大同市城市照明管理提升和节能工作提供了有力支撑。

（五）资源共享，提升价值

本项目对大同市路灯控制箱、灯杆进行地理定位、编码和标识，与110报警、城市应急指挥等系统实现资源共享，利用灯杆标识建立准确的城市定位系统，实现灯杆定位、辅助报警，体现并提高政府公共服务水平和应急能力，提升了城市照明的价值。

（六）创新模式，易于复制

项目采用合同能源管理（EMC）的模式，由智慧照明厂家投资建设并负责 EMC 合作期间项目的运行维护。政府每年从节能效益中筹措资金返还厂家投资，大幅减轻财政资金压力，同时大量减少信息系统维护工作量及人财物投入，实现政企合作共赢，使项目推广具有很强的可复制性。

（七）统一标准，带动产业

根据统计数据，国内路灯数量超过 3000 万盏，约 2000 万杆，城市智慧照明整体市场规模超过 300 亿元，行业发展前景广阔。

通过城市智慧照明物联网的建设和应用，促进照明监控和单灯节能控制设备标准化，有助于消除企业间技术壁垒，打通技术研发、产品制造、应用开发、系统集成和运维服务等上下游各环节，改变目前各厂商独占山头、恶性竞争的不利局面，营造行业合作共赢的氛围。同时，合作的加强可以让企业把更多精力投入技术研究和创新方面，研究国际最新标准和技术，吸收国际先进理念，更好地推动城市智慧照明物联网技术和应用的发展，从而提升整个产业链的价值。

四、应用成效

（一）经济效益

1. 节约照明能耗

利用单灯节能控制技术，可在保障城市照明质量的前提下，显著节约照明能耗，产生直接的经济效益。LED 路灯节能高效，经济效益明显，考虑路灯用电情况复杂多变，如因政治任务、重大活动等增加亮灯数量、恶劣天气提前开灯、延长亮灯时间，以及公益用电等因素，智慧照明云平台和 LED 路灯节能改造每年可节约照明用电量约为 1337 万 kWh，节省电费约为 1043 万元（电价按 0.78 元/kWh 计算）。

2. 降低运维成本

通过实时"在线巡测"，改变人工巡检、热线报修的运维方式，变被动巡检为定向维护，提高维护人员及车辆的使用效率，大幅缩短维修响应时间，降低维护成本。

智能监控可提高开/关灯的可靠性和可检查性，避免白天亮灯、晚上熄灯情况的出现，合理减少亮灯时间或减轻照明电器的电力负荷，延长照明设施的使用寿命，减少设备更换和维修费用。

3. 减少政府投资

智慧照明云平台可为区域内多个城市照明管理单位提供服务，避免不同城市、同一城市不同管理部门重复建设城市照明监控中心（信息机房），从而减少政府投资。

根据已有的城市照明智能监控项目建设情况，不考虑房屋等基建投资，照明监控中心的软硬件投资平均约为 100 万元，从大同市 7 县范围考虑，可减少政府投资约 700 万元。

4. 其他经济效益

通过云服务的方式，减少分散式城市照明监控中心，可以提升信息资源利用率，在减少信息系统运行维护投入、减少信息化设施用电量等多个方面产生直接的经济效益。

（二）社会效益

1. 实现科学管理

行业创新，实现城市照明运行管理精细化、智慧化，实时掌控照明设施运行状态，提升指挥调度和应急处置能力，保障城市科学照明需求，提高运维效率和服务质量。

逐步实现城市照明运维养护工作企业化、市场化，政府精力集中于城市照明规划、建设和监管，有利于城市照明全面协调可持续发展。

2. 改善民生服务

智慧照明与保障民生相融合，使城市的灯光管理水平与现代化城市相适应，营造更加和谐、美好、便利、安全的城市夜晚环境；利用灯杆构建实用、准确的城市位置系统，创建便民城市、宜居城市。

3. 加强城市安全

通过智慧照明建设与应用，使城市各道路、街巷的路灯合理地亮起来，保障行人和车辆夜晚活动安全，减少夜间安全事故和暴力犯罪事件的发生；通过常态监测并与公共安全视频监控系统相配套，减少照明设施被盗、损坏等安全事故的发生，保障城市照明资产安全和运行安全，同时创造更为安全的城市氛围。

4. 促进低碳环保

深化节能减排，实现绿色照明、低碳照明，促进城市低碳环保，为解决本地区环境污染问题做出贡献。

5. 助力经济社会发展

借助智能化终端设备，提高城市基础设施智能化水平，为智慧城市提供信息点接入、城市大数据监测采集等服务。加快城市智慧化发展步伐，为城市增添科技创新活力，加快大同市新型智慧城市建设发展步伐。

第五部分　信息资源类

合肥市：构建大数据平台　促进政务资源整合共享
广州市：整合政府信息资源　构建特色信息共享模式
天津市：建设三农大数据平台　提升三农工作管理水平
湖州市：以城市数字大脑推动整体发展
常德市：推动信息资源开发利用　促进信息惠民融合服务

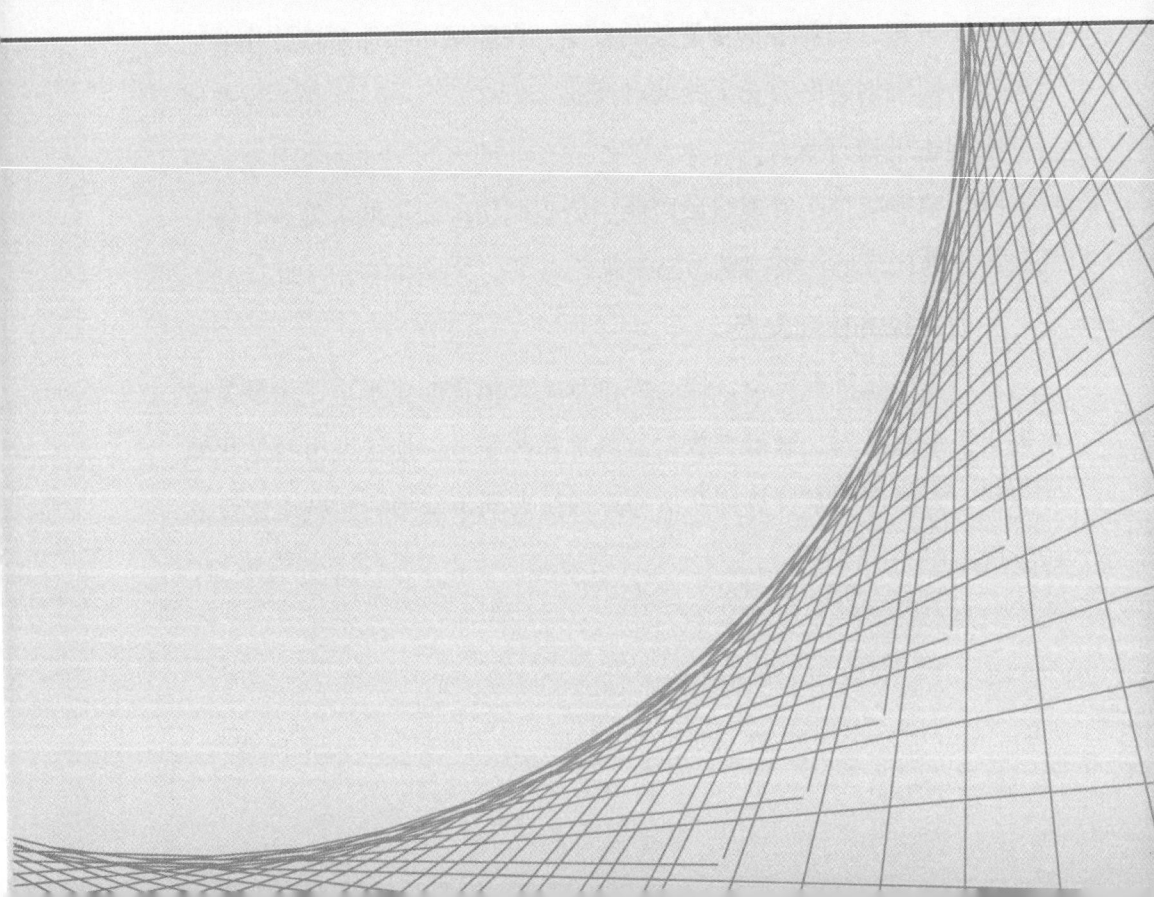

合肥市：构建大数据平台　促进政务资源整合共享

一、背景与需求

（一）项目背景

近年来，合肥市经济社会发展取得显著成就，信息基础设施建设加快推进，信息技术与城市发展深度融合，网络宽带化和应用智能化水平不断提高，为合肥"城市大脑"建设奠定了坚实基础。

未来几年，合肥市仍将处在信息化、新型工业化和城市化快速推进阶段，城市集聚产业和人口的功能不断提升，城乡一体化向纵深推进。"城市大脑"作为新时代推动经济社会转型发展的重要引擎，是合肥加快建设长三角世界级城市群副中心、打造"大湖名城、创新高地"的重要举措，也是合肥应对经济社会挑战，实现创新、协调、绿色、开放、共享发展的必然要求。

（二）项目需求

合肥市信息化系统经过多年建设，取得了一定成果，市直单位信息化覆盖程度总体较好，有丰富的政务数据资源，但面对数字化转型，仍有诸多不足需要进一步提升。

一是基础设施集约化程度低。信息基础设施覆盖深度与整合应用不够，亟须加强统筹推进与机制创新，进一步提升数字政府支撑能力。

二是数据整合共享力度不足。各部门信息化分散建设，缺乏统筹和统一规范，导致网络难互连接，系统难互通、数据难共享、业务难协同。政府部门业务应用系统存在"纵强横弱""信息孤岛"林立等共性问题，造成部门横向信息互联互通较弱，数据难以汇聚共享，业务难以协同联动，无法适应当下大数据发展要求。

三是数据资源利用率有待提升。全市统一政务云平台建设处于起步阶段，市级人口、法人、空间地理、信用、电子证照等基础数据资源仍分散在各业务部门，未能实现政府数据"聚通用"；数据资源开放利用程度欠佳，未发挥政府数据治理、数据决策的作用；缺少统一的政府数据融合机制和平台，全方位数据挖掘和分析应用能力不足。

四是政府业务协同水平不高。政府协同办公、跨层级互动交流存在壁垒，缺少统一、畅通的跨部门线上办公协作平台，导致部门之间、地市之间业务系统尚未充分互联互通，业务审批与办公自动化系统未能协同联动，制约政府办公协同效率。

五是线上线下一体化公共服务黏度不够。基于"互联网+"的公共服务快速推进，但民生服务的标准化与普惠性还不够，针对公民的数字化能力及服务质量的提升还比较缓慢；基于大数据的基础教育、医疗健康、社会保障等领域的集成化还不够完善，主动服务、共享服务及个性化服务等还不多，亟须推进政府公共服务线上线下一体化无缝衔接，进一步增强政府智慧公共服务水平。

二、主要做法

利用城市大脑，实现市级数据资源的整合和共享交换；编制合肥市政务信息资源目录，指导全市政务数据标准化治理工作；建设面向全市公务人员、自然人、法人的统一身份认证体系；深度挖掘政府信息资源价值，围绕"互联网+政务服务"创新规划典型应用，实现大数据技术的开发应用；建立健全的大数据制度规范体系和安全保障体系。

（一）实现市级政务信息资源的整合和共享交换

建设全市统一的政务信息资源共享交换平台，承担各个政务部门的各个业务系统之间业务数据交换共享。

市级政务数据共享交换平台完全按照国务院办公厅《"互联网+政务服务"技术体系建设指南》和《安徽省网上政务服务平台总体建设方案》对市级政务数据共享平台的要求建设，为合肥市"互联网+政务服务"平台、合肥市公共信用平台、合肥市社管服务平台等城市级电子政务系统，统一提供信息资源目录服务和数据交换服务。

市级政务数据共享交换平台要按照安徽省政务信息共享交换平台的接入规范与之互联互通，使市级电子政务系统能够通过省、市两级政务信息共享交换平台与省级电子政务系统，进行符合规范的数据共享交换。

市级政务数据共享交换平台要提供标准的接入规范，为现有的已建成的各种交换平台的统一接入做好准备，为已经采用这些交换平台进行数据交换的业务系统，提供接入市级统一交换平台的标准方法。

建设市级共享数据中心，汇集和存储各类政务数据，按照数据治理流程和应用方式分类成库，即原始汇集数据、治理成品数据、目录数据、大数据计算成果数据、历史数据、问题数据等。市级政务共享数据中心具备合肥市政务数据全量接入能力，一期项目首批实现58家市直单位相关需要共享的业务数据汇集入库。

（二）建设数据治理平台，形成数据治理体系

建设全市统一的政务数据治理平台，提供数据治理工具集，将各业务系统汇集来的原始数据通过有效治理，按照信息资源目录生成可用于共享、开放和开发的政务数据成品库。

（三）建设数据开放平台，实现数据放开

建设全市统一的数据开放平台，按照信息资源目录中的开放类资源目录，通过构建实际数据资源开放门户，向社会公众提供各种形式的政务数据资源。

（四）建设统一身份认证体系

按照《"互联网+政务服务"技术体系建设指南》和《安徽省网上政务服务平台总体建设方案》的要求，建设包括面向互联网用户（自然人和法人）的用户体系和认证体系。

建设面向政府工作人员的用户管理和认证体系，统一提供用户的新增、维护、删除等管理和认证服务。用户组织完全符合合肥市政府部门的组织架构。

提供标准的用户认证服务接口规范，为新建的第三方业务系统提供开发SDK，为已有的第三方业务系统提供改造实施方案。

规划对10个已建成的第三方业务系统进行统一用户认证改造。

统筹全市CA证书互认体系，解决当前CA证书绑定系统不绑定身份而造成的CA证书散乱分布的现象，实现一人一KEY。

（五）实现大数据技术的开发应用

搭建一个基于大数据技术的市级政务大数据开发平台，通过统一

的开发门户，面向各政务部门和社会公众提供数据分析算法工具集和自动化处理流程，实现政务大数据的自助式分析和应用开发。

深入分析研究合肥市政务大数据应用场景，为下一步建设市级大数据示范应用做好准备，推动合肥市大数据应用创新生态圈和产业的发展，惠及政府、行业、社会、百姓。

（六）编制合肥市政务信息资源目录

编制全市标准政务信息资源目录，为政务数据共享及治理提供规范依据。

（七）建立大数据制度规范体系和大数据安全保障体系

制定政务数据的交换、共享开放等相关制度和技术规范体系。

通过对城市大脑平台的安全风险分析，结合身份认证、访问控制、日志分析等措施，建立健全安全审计制度和安全保障体系。

按照《信息系统安全等级保护基本要求》三级等保要求，结合合肥城市大脑的实际需要，构建多层次数据保护方式，从业务信息、系统服务、数据保护等方面构建大数据平台安全保障体系。构建数据从获取、传输、存储、处理、应用、销毁的全生命周期的安全保障，形成对业务系统及数据完整的保护，实现"可防、可视、可控"的安全目标。

通过健全的系统设计、基础运行环境和可靠的数据备份恢复机制，实现系统的高可用性，以及在意外发生时各模块最小恢复 RTO 和恢复点 RPO 的目标。

三、特色亮点

（一）构建合肥市大数据平台的统筹项目推进和长效管理的领导组织架构，对数据资源工作进行统筹协调

成立市数据资源工作领导小组，由市委书记及市长任小组组长，各委办局负责人、相关人员为副组长、组员，统一领导全市政务数据资源共享开放工作，分工明确，目标清晰，统筹协调政务数据资源共享开放工作的重大事项。数据资源工作领导小组成立以来，有力地对数据资源整合过程中的重大事项进行决策和协调，对项目建设进行关键问题的协调解决，是本项目见成效的关键因素之一。

（二）编制合肥市统一的政务信息资源目录，指导数据资源汇集治理、共享和应用

合肥市按照国家、省相关标准规范，按照部门权责清单、信息化系统清单以及其他先发地市的政务信息资源目录，编制形成初版政务信息资源目录，并在经过与各委办局反复沟通确认后，形成第一版合肥市政务信息资源目录。合肥市政务信息资源目录实现对分散在各领域、各地区的政务信息资源进行整合和组织，形成可统一管理和服务的政务信息资源目录体系，为指导面向政府类用户、企业、第三方、群众等提供合法合规的数据共享、开放服务提供了有力支撑。

（三）构建贯穿数据接入、治理、共享、开发全数据生命周期的大数据平台体系，为智慧城市各行业业态的改变与发展提供坚实的数据资源支持

项目通过构建"1+5"（一中心+五平台）的大数据平台体系，

实现合肥市政务信息资源共享与开放的零距离。

"一中心"是指合肥市市级统一的政务共享数据中心，主要建成了汇集各单位业务系统数据的数据原始库；建成了全市统一的经过数据加工后可形成多主题的数据成品库。

"五平台"是指政务信息共享交换平台、数据治理平台、基础支撑平台、政务数据开放平台、大数据开发平台。政务信息共享交换平台实现了全市各级政府单位的数据汇集、共享和交换。数据治理平台对大数据平台内的海量数据资源进行了有效的转换、清洗和脱敏。基础支撑平台包括全市统一的身份认证中心、政务服务总线等，对平台的稳定运行提供了基础支持。政务数据开放平台提供数据、接口、分析报告等多种数据资源开放服务。大数据开发平台提供了基于大数据和人工智能算法组件的数据处理工具集以及便利的开发环境，有效地降低了大数据开发的技术门槛，加速第三方机构、企业对开放数据资源的数据分析。

（四）编制并印发《合肥市政务数据资源共享开放管理暂行办法》《合肥市信息化项目管理办法》等政策规范，建立健全数据资源工作的政策环境

《合肥市政务数据资源共享开放管理暂行办法》主要界定了数据资源工作中的各方职责；规范了平台建设与目录管理；明晰了数据共享、开放和安全管理的流程与责任；设计了数据资源管理工作的保障监督机制。《合肥市信息化项目管理办法》是为加强信息化项目的统筹规划和监督管理，提高项目管理水平和资金使用效益，实现公共信息资源共享利用，根据国家和省有关信息化项目管理规定，结合合肥市实际，制定的信息化项目管理办法。《合肥市信息化项目管理办法》

明确了信息化项目各参与方的职责与权利，构建了信息化项目的规划、申报、立项、实施、验收、运维、绩效评估等信息化项目全流程管理办法。

四、应用成效

合肥市大数据平台建设成果丰硕，实现了国家、省、市、县区四级资源共享交换。在数据整合层面，已经汇聚了全市接近百家政务单位、双百亿条数据，为政府精细化管理和精准化服务提供重要支撑。在交互共享层面，以大数据平台为依托，向全市各委、办、局提供数据共享服务，累计数据近百亿条。

（一）在政务服务领域

为"互联网+政务服务"平台提供海量基础政务数据，帮助各部门提升效率，为群众和企业网上办事提供最优化服务。打造合肥版"跨城跨部门"综合应用服务。会同上海松江、杭州、嘉兴、金华、湖州、苏州、芜湖、宣城等城市，以跨城市营业执照和工业产品生产许可证办理为切入点，通过"一窗收件、一网通办、一次办成"，实现了九城"一体受理，一体发证"，让九个城市的企业和群众办事更加便捷，优化了区域营商环境，推动了异地投资便利化。

在综合服务管理平台项目中，大数据平台为主管部门提供还贷情况表、个人公积金信息、五险缴费明细信息，进而为个人用户在平台上提供社保、公积金以及还贷信息查询服务。

（二）民生服务领域

在合肥市大数据平台的基础上，衍生成立了"智慧生活圈"项目，打通市级、区县、社区的纵向数据通道，整合政务、社区、生活类数据。将社会"神经末梢"的社区管理或应用数据采集后与各委办局数据、企业数据进行整合，不仅将人与人之间的数据连接在一起，而且将人与社会直接的数据打通。通过对数据的多维度综合分析，利用各类数据的分析结果，为社区居民的出行、文化生活、生活办事、邻里活动等各类便民需求，提供便捷的线上信息服务。同时，提供用户信息视图、各类辅助决策功能，更大程度地挖掘数据的潜在价值。"智慧生活圈"项目最终成功通过数据标准建设、宜居指数研究、信息数据整合、部分微应用的方式正式发布。其中部分微应用解决了居民在合肥市"一键找书""查看政务服务指南""导航去最近图书馆"等众多居民平时日常生活中遇到的痛难点。并且该小程序还将不断优化功能，不断升级，为居民解决更多生活中的痛难点。

（三）交通领域

合肥"城市大脑"每天为"交通超脑"项目提供近2000万条交通数据，实现路面和指挥中心联动，对交通信号进行适时调整。合肥"交通超脑"试运行近一年来，通过对大量历史交通流量数据的分析，发现拥堵路口41个，拥堵路段21条，拥堵区域4处。同时自动生成的治堵方案，有效治理了22个拥堵路口，5条拥堵路段，2处拥堵区域。工作日高峰时段通畅路段的比例提升了6%，15平方公里的试验区内，通行效率提升了10%。

（四）城市安全治理领域

近年来合肥市城市建设进程不断加快，城市生命线工程建设规模逐步扩大，通过整合政府资源，实现人、资源、管理、技术等要素的集约优化，打破城市地下管网信息孤岛局面，提升城市精细化管理水平，创新城市的管理模式，开创性、针对性、系统性地建立城市生命线工程安全运行监测系统，将公共安全科技与物联网、云计算、数据等现代信息技术融合应用，实现对城市生命线系统风险识别评估、运行状况实时感知。安全隐患及时发现和突发事件快速响应。实现由"以治为主"向"以防为主"转变，由"被动应付"向"主动监管"转变。构建人本化的城市安全空间、健全城市公共安全体系的需求，落实城市空间风险源头治理、分级防控主动保障城市的安全，助推公共安全产业发展，解决城市发展的实际问题。

目前城市生命线工程监测范围包括 51 座桥梁、822 公里燃气管网、739 公里供水管网、254 公里排水管网、201.5 公里热力管网、14 公里中水管网和 58.51 公里的地下综合管廊。城市生命线安全运行监测的数据实时汇聚到"城市大脑"，充分整合权属单位相关信息系统资源，集约建设城市生命线监测中心，为合肥市政府应急办、权属单位提供城市生命线系统安全运行监测、预警和应急辅助决策支持服务，实现资源共享。工程运行两年来，每天采集和分析的数据量达 500 亿条。通过实时监测和数据分析，平均每月有效报警 91.2 起，其中桥梁车辆撞击等突发事件预警 3 起，超载车辆预警 2540 起；燃气泄漏事件预警 8 起、沼气聚集事件预警 230 起；监测供水管网漏失预警 3 起，水锤预警 3 起，有效保障了城市生命线的安全运行。

（五）公共资源交易领域

自 2008 年合肥市首次探索电子招投标以来，积累了 9 万多个项目，有 9 万多家交易主体、24 万多名从业人员正在使用公共资源交易系统，聚集了近 20T 的海量公共资源交易数据。通过大数据平台项目建设采用数据接口将公共资源交易原始数据自动采集到大数据平台中,支撑数据加工与分析应用。

通过大数据平台对采集过来的数据进行治理,实现数据的清洗、转换、加载功能,一方面,保障采集的数据能正确、完整、规范地加载到目的地;另一方面,实现数据整合过程中的异常处理机制。数据治理对汇聚到数据中心的大量信息资源,进行全程动态管理及监控。对各信息资源涉及的元数据,进行元数据系统分析、影响分析,逐步实现元数据的标准化;对信息资源的质量进行管理,包含质量规则制定、执行、生成报告,促进数据质量不断提升。使公共资源交易中心大数据和人工智能开发变得更简捷,为公共资源交易提供更精准服务。借助历史交易数据,可以正确认识和把握市场规律,着力提升政府决策科学化、管理精细化、服务便利化水平。从创新监管体制入手,按照决策权、执行权、监督权既相互制约又相互协调的要求,深化公共资源交易管理体制改革,运用大数据、人工智能等手段,实施电子化行政监督,为公共资源交易改革提供新的思路,实现数据驱动智慧交易,变被动审查为主动监督,有利于创造更加公平、公正的交易环境。

(六)教育领域

自 2015 年起,合肥市分期建设市级教育云平台一期、二期,与省平台互联互通,通过大数据平台的建设,实现数据互联互通,资源共建共享,初步建成"互联网+教育"区域大平台雏形,目前访问量约 5800 万人次。依托教育云平台,构建覆盖全市中小学、幼儿园等多维管理体系,将各种教育信息化系统进行对接,充分收集数据进行分析，为破解区域教育发展难题，提供科学的数据分析与决策支持，为区域教育的全方位变革与创新发展，提供强大动力来源和科学力量支撑，不断提升全市教育治理能力。

通过大数据平台与教育云平台的建设，充分发挥大数据、云计算、人工智能等技术优势，综合运用于传统管理方式的变革与创新，以提升管理效率为核心，促进校园管理与教学的优质发展；以优化管理方式为抓手，解决原有教育诊断与改进的问题。通过新技术与管理的深度融合，为教育管理从融合应用阶段迈入创新发展阶段，实现常态化应用，达成全方位创新奠定基础，为教育数据深度应用智慧教育创新发展铺平道路。

（七）数字化城市管理

依托大数据平台，通过数字化方式实现城市管理。对于深化城市管理体制改革，创新城市管理模式，整合城市管理资源，提高城市管理效能，创造宜居宜业的城市环境，促进经济社会又好又快发展，具有十分重要的意义。通过合肥市"数字化城管"项目建设，4年来上报问题占总立案数的95.48%。同时，中心建立了微信举报、热线投诉、视频采集以及市城调队实地测评等多渠道收集城市管理问题工作机制，并将以上各渠道上报问题一并纳入考核，促进考核工作公平公正。信息采集巡查上报问题占比从2015年的98.50%降至2018年的90.5%，降幅明显，多元化考核渠道初步形成。完善微信平台，调整奖励方式，变话费充值为微信红包，提高奖励金额，扩大奖励范围，进一步激发了广大市民参与城市管理工作热情；将"12345""12319"热线受理问题纳入系统立案开展考核，市民投诉问题处置效能明显提升，形成市民积极参与城市管理工作的良性互动局面。截至2018

年12月底,"12345""12319"热线、微信、市民通共受理立案12.06万件,所有受理案件通过系统派遣均得到有效处置(见图3.11)。

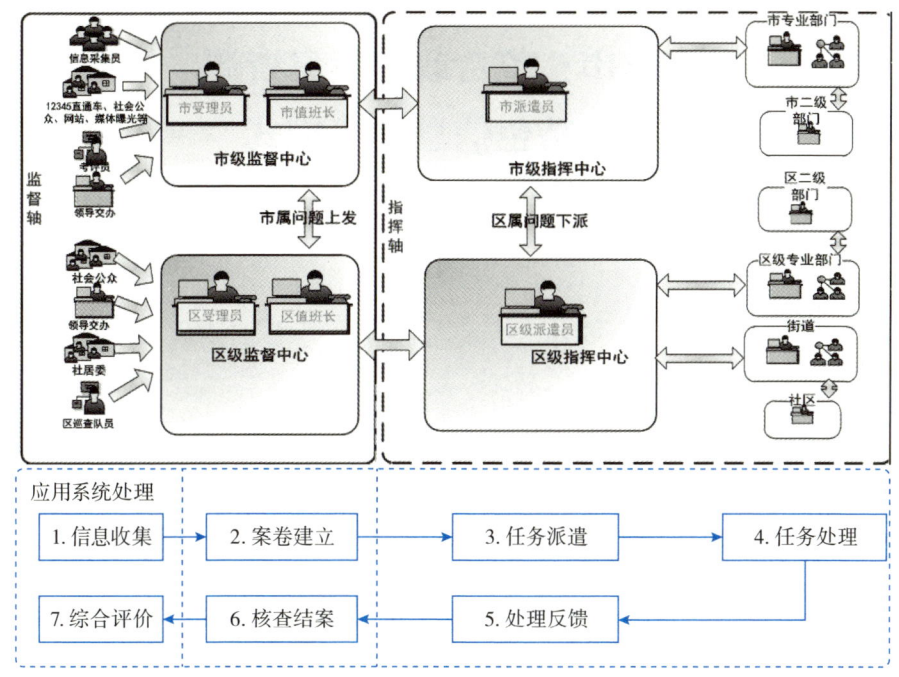

图3.11 合肥市数字城管业务流程

(八)市民个人诚信

合肥市以个人信用数据为基础,将所归集的数据抽取换算形成个人信用分,并逐步应用到政务服务和公共服务管理中。通过与合肥市大数据平台"城市大脑"进行数据对接,目前已提供15.9亿条信息,应用于政务办事、免费借书、市内信易游等领域并取得良好反响,后续城市大脑还将为"金融超脑"提供数据服务。

合肥市通过大数据平台项目的建设,实现了数据的集中汇聚、更高效地治理、更广泛地服务于应用,同时通过应用项目的拓展,进一步促进数据的汇聚。

广州市：整合政府信息资源构建特色信息共享模式

一、背景与需求

信息孤岛和信息壁垒是我国政务信息化建设发展过程中的普遍现象，互联互通难、信息共享难、业务协同难等问题长期存在。广州市政府信息共享平台建成以前，广州市各政府部门点对点共享信息，部门间业务协同成本高、效率低，信息重复采集、系统重复建设难以管控。多年来，广州市在推进政务信息共享工作的过程中，主要面临以下两大方面问题。

一是体制壁垒导致的"信息孤岛"问题。目前，省、市由于条块分割体制、部门分散建设模式，造成系统林立，政府信息资源呈现"部门化"格局，形成了一个个的"信息孤岛"。且因系统类型、建设时间、承建企业不同，造成软件版本不一，数据标准格式不一，同一部门不同政务信息系统相互封闭、互不联通、协同困难等，政务数据的流通性差、共通性弱，存在数据共享不畅、应用困难的现象。

二是数据资源开发利用水平较低。分散在各部门大量单个、小而全的政务信息系统，不仅导致"数据烟囱"，且受部门利益驱使及原部门规章制约，不愿意与其他部门共享，重部门内部应用，轻跨部门共享协同。突出表现在以下两个方面：从内部创新来看，各部门未充分利用大数据和信息共享思维对管理模式、服务方式和业务流程进行优化创新，重投入、轻制度优化，需要通过内部权力重构、流程再造和信息共享，响应市民、企业的诉求。从外部环境来看，受到国家法律法规、部门规章以及制度约束，全国、全省范围内仍然存在着碎片化问题。各级政府对事项的梳理、服务标准等不统一，政务服务异地可办、跨区域"电子证照"互认等仍需更高层级部门去推动。

近年来，为推动信息共享和业务协同，国家大力实施大数据战略，推进"互联网+"行动，陆续出台了多项政策。2015年，国务院印发《促进大数据发展行动纲要》，要求制定政府数据资源共享管理办法，明确数据共享的范围边界和使用方式，整合各类政府信息平台和信息系统。2017年以来，国家进一步加快推进政务信息系统整合共享，2017年5月国务院办公厅印发《政务信息系统整合共享实施方案》（国办发〔2017〕39号），对政务信息系统整合共享的时间节点和任务提出了明确要求。随后，国家发改委陆续印发《政务信息资源目录编制指南（试行）》（发改高技〔2017〕1272号）、《加快推进落实〈政务信息系统整合共享实施方案〉工作方案》（发改高技〔2017〕1529号）、《关于开展政务信息系统整合共享应用试点的通知》（发改办高技〔2017〕1714号）等文件通知，对任务目标进一步强化细化。

2017年底，广东省政府率先在国内展开"数字政府"改革建设工作，对政务数据资源的汇聚整合、开发利用提出了进一步要求。工作着力点集中在推进政务信息化建设体制及运营模式改革、打造统一的政务云平台、构建数据资源共享共用的大数据平台、建设一体化网上政务服务平台，推进"放管服"改革，实现简政放权、优化政务服务流程和补齐网上政务服务短板等内容。

在国家和省的指导支持下，广州市紧紧把握国家实施大数据战略、"互联网+"计划的重大机遇，加强建设信息基础设施，大力推进政府信息共享平台、数据统一开放平台、公共信用信息管理系统等可共用可复用平台建设，加快大数据创新应用，致力建设国家大数据强市，为广州市推动国家重要中心城市和枢纽型网络城市建设提供有力支撑。

二、主要做法

（一）制定信息共享政策法规、制度机制

一是制定政府信息共享管理规定。2012年广州市以部门规章的形式，颁布实施《广州市政府信息共享管理规定》，使政府信息共享工作步入规范化、制度化和常态化的良性发展轨道。2016年印发实施《广州市政府信息共享管理规定实施细则》（穗府规〔2016〕3号），对《广州市政府信息共享管理规定》进行细化补充，明确自然人、法人等基础信息的采集、核准和提供，保障信息共享应用可持续发展，进一步落实依职能共享和"一数一源"，为政府大数据库建设奠定坚实基础。

二是发布政府信息共享目录。2014年发布《广州市政府信息共享目录（第一版）》，目录包含来自38个政府部门的936个共享信息资源，落实依职能按需共享。2016年在《广州市政府信息共享目录（第一版）》基础上编制《广州市政府信息共享目录（第二版）》，实现政府共享信息资源的持续更新和完善。

三是推动政府信息共享纳入考核。制定年度《政府信息共享考核工作方案》，针对政府部门共享信息的提供、使用等指标进行综合评价。

（二）开展政务信息系统全面摸查

组织对广州市 48 个政府部门以及市委、人大、政协、民主党派及其他共 104 个一级预算单位及其下属二级机构的数据资产清单梳理登记，梳理内容包括系统总数、已清理僵尸系统数量、僵尸系统数量、是否存在专网、已接入本级政务信息资源共享平台系统数量、部门信息系统数量等。截至 2018 年 10 月，共登记 2381 个信息系统、6048 项信息资源、157406 个信息项。

（三）建设市级统一政府信息共享平台

大力破解政府部门间信息不对称、信息孤岛问题，建设广州市政府信息共享平台，并推动平台成为横向连接市级各部门，纵向贯通省、区的全市统一的政府信息共享交换枢纽和信息资源管理中心，在提升政府管理和公共服务水平、降低行政成本、提高行政效率、方便市民办事等方面发挥了积极作用。

广州市政府信息共享平台于 2006 年正式上线，建成 13 年来不断优化信息共享流程，创新信息共享服务方式，持续拓展信息共享范围，全力推进跨部门、跨层级信息共享和业务协同。截至 2019 年 3 月，广州市政府信息共享平台已接入 132 个成员单位，覆盖市级主要政府部门和全市 11 个行政区，对接了广东省信息中心，实现省市区三级数据共享交换。已建立信息资源主题 2004 个，日均交换数据约 2000.1 万条，汇集数据超过 96.66 亿条，梳理出约 1872 万条自然人基础数据、297 万条法人基础数据。

（四）推动政府数据统一开放

建设广州市政府数据统一开放平台，推动平台与政府信息共享平台对接，实时接收政府信息共享平台推送的开放数据资源，保证开放数据质量和鲜活性；提供数据在线抽样、统计、分析，数据地图等应用。极大地推动了公共数据资源的共享开放和利用，带动了社会公众开展大数据增值性、公益性开发和创新应用，充分释放数据红利，激发大众创业、万众创新活力。

广州市政府数据统一开放平台于2016年10月上线，截至2019年3月，政府数据开放平台共开放68个单位，1268项数据集，5000多万条开放数据，涉及经济发展、城市建设、道路交通等16个重点领域。目前，广州市政府数据开放平台已与"开放广东"平台实现数据对接，并已通过"开放广东"平台开放394个数据集。

三、特色亮点

（一）从制度法规层面规范政府信息资源共享

2006年广州市政府信息共享平台建成后，广州市先后颁布实施《广州市政府信息共享管理规定》（市政府令第75号）、《广州市政府信息共享管理规定实施细则》（穗府规〔2017〕3号）等一系列政策法规及标准规范，明确政府各部门、各区的信息共享权责关系；制定年度《政府信息共享考核工作方案》，推动政府信息共享纳入部门考核，建立起具有广州特色的政策体系。

（二）以专项业务驱动政府信息资源共享

广州市政府信息共享平台以建设"整合、共享、协同"的信息政府为目标，开展依职能按需共享，以专项业务驱动形成持续动态、快速支撑的跨部门信息共享机制，共享范围不断扩大。平台累计有效支撑了社会保障、企业基础信息共享、综合治税、流动人员管理、外籍人员管理、限价房申购、企业赴港澳商务报备、土地出让金、房地产预警预报、工程建设领域、中小客车总量调控、商事登记改革、行政审批、居民家庭收入核对、三公经费监管等 30 多项政府重点工作。

（三）着眼细节，明确信息共享标准规范

广州市着眼政府信息目录梳理、信息接入规范及流程等具体环节，细致推进政府信息共享工作。一是先后发布了两版《广州市政府信息共享目录》，落实依职能按需共享。二是制定了自然人和法人基础数据标准和共享平台接入规范，推进基础数据（含电子证照）、共享平台接入的标准化、规范化。三是编制《政府信息共享平台业务指南》，梳理共享业务种类和办理流程，指导政府部门开展信息共享。

四、应用成效

广州市政府信息共享平台于 2006 年建成，现已覆盖所有市级政府部门及 11 个行政区以及供水、供电、供气、银行、保险等公共服务企事业单位，成为横向连接市级各部门，纵向贯通省、区的全市统一的政府信息共享交换枢纽和信息资源管理中心。2016 年，"广州市政府信息共享平台"入选第二届（2016）中国"互联网＋政务"优秀实践案例 50 强。2018 年中国政府信息化大会上，"整合政府信息资源，建广州特色信息共享模式"案例荣获"中国政府信息化管理创新奖"。

从信息资源梳理、整合、共享交换等方面，为政府部门提供便捷高效的信息服务，支撑网上办事大厅数据省市共享交换 20 个主题、8.99 亿条数据。在支撑市级业务方面，累计支撑社会保障、流动人员管理、

综合治税、中小客车控牌等40多个专项工作，跨部门的专项共享信息达到1303个数据主题，提供8.78亿条数据，接收93.87万条数据，实现政务服务跨区域一站式办理。在支撑省级业务方面，累计向省提供166个数据主题、4.43亿条数据，并按日增量更新；提供60个公共信用数据主题1.74亿条数据，获取省返还20个公共信用数据主题1.08亿条数据。

信息共享平台支撑广州中小客车总量调度

广州市政府信息共享平台支撑广州市中小客车总量调控工作的跨部门信息共享交换，实现交通、税务、公安等8个部门对中小客车牌照指标申请的网上并联审批，快速复核资料，确保"限牌"政策顺利实施。同时在网上受理市民、单位的复核申请，无需市民和单位往返相关部门登记和审查，用"信息跑路"代替"群众跑腿"。截至2018年12月，通过市政府信息共享平台，累计完成中小客车牌照指标申请跨部门并联审批市民11928917人次、单位209072家次。按照市民和单位每办理1次证明需要0.5天、花费2元计算，累计节约市民和单位1117440天、交通费24275978元。

信息共享平台支撑广州法制化营商环境建设

依托市政府信息共享平台持续开展公共信用信息数据归集，截至2018年12月，已通过市政府信息共享平台累计归集52个信源单位、555个数据主题、约37亿条数据，归集35个部门11区的行政许可、行政处罚"双公示"信息1413万条数据，建立企业、个人、事业单位、公共组织和政府等五类信用主体库，覆盖全市常住人口、政府部门和企事业单位。通过系统接口、网站、微信、窗口等渠道，向政府、公众、专业机构提供公共信用信息服务，实现"一键式"查询，推进联合奖惩。市公共信用信息管理系统入选广州市2018年度法制化营商环境建设十大案（事）例。

信息共享平台支撑居民家庭经济状况核对工作

广州市政府信息共享平台为广州市居民家庭经济状况核对工作保持全国领先，提供坚实的技术保障。已实现市民政局居民家庭经济核对中心与市公安、税务、人社等9家政府职能部门，中国银行等31家商业银行，中国人寿、平安人寿等14家保险机构，中国证券登记结算机构，广东省福利彩票中心等，总共54家单位信息共享。核对系统可以准确核查到社会救助申请人的23类信息，涵盖居民日常生活的大部分信息。信息共享无论是在单位数量、数据范围，还是工作效率方面均走在全国前列。截至2018年12月，广州市居民家庭经济状况核对整体准确率达98.62%，检出率15.4%，节约社会救助资金5亿多元。

天津市：建设三农大数据平台提升三农工作管理水平

一、背景与需求

当前，三农工作进入大数据时代，现代农业管理正在进入数据驱动决策、信息指导生产、智慧发展农业的新阶段，开展农业大数据研究变得日益迫切。利用大数据等新信息技术，建立三农大数据管理平台，通过建立种植业、畜牧业、渔业、农机等行业大数据分析模型，以及困难村帮扶、美丽乡村建设等专项工作任务分析模型，为粮食生产、农产品质量安全、困难村结对帮扶、农民增收等三农工作决策，提供科学的数据支持，实现"底数清、情况明、问题准、措施实、效果好"的工作目标要求。

建设天津市三农大数据平台，是创新天津市新常态下的三农工作方式和决策方式的内涵要求。在三农领域建设可梳理、调度、整合大数据信息资源，形成跨部门、跨区域的涉农数据资源采集共享工作格局，有利于摸清全市农业资源和市场需求等若干底牌，实时掌握农业生产态势、惠农政策落实情况及效能等，加快实现基于数据的科学决策，可为市委市政府及市农业农村委领导提供掌握三农运行动态、辅助三农工作部署和科学决策服务。

二、主要做法

天津市三农大数据平台以五大发展理念为指导，以提升三农工作管理水平为要求，以大数据和云计算技术为手段，通过将三农大数据平台与三农信息资源的全面深度融合，打破数据分割和利益壁垒，推动三农数据资源的整合、共享、开放和利用，形成覆盖全面、业务协同、上下互通、众筹共享的农业农村大数据发展格局。

平台建设一个中心、一个平台、一张图、一个门户、一套标准、一个体系"六个一"工程。一个中心即建设三农大数据中心，一个平台即建设三农大数据管理平台，一张图即建设一张三农决策图，一个门户即建设一个三农大数据公共服务门户，一套标准即建设一套三农大数据管理平台标准规范体系，一个体系即建设三农大数据管理平台监测采集体系。

平台包括三农大数据信息采集平台、三农大数据交换与共享平台、三农大数据主题分析应用平台、三农大数据领导驾驶舱、三农大数据综合服务门户以及应用支撑系统。面向各级领导、市农业农村委各处室工作人员、各涉农地区用户、乡镇农办用户、村级工作人员、各类经营主体、农业从业人员和社会公众等用户。可进行政府部门间数据共享，统筹规划大数据基础设施建设，政府行为宏观调控和预警研判等一系列服务，为领导决策提供科学、真实、准确的数据支撑。

（一）三农大数据信息采集平台

是数据收集、信息互通和资源共享的门户和平台，实现对现有分散在各个业务处室、行业局、科研院所、涉农各区农委、农村基层组织中的数据资源，通过手工填报、数据导入等手段进行收集和管理，并建立统一识别标准，统一数据口径，统一数据来源，统一指挥、统一调度，实现动态掌握三农基础信息，建立三农资源信息库，做到底数清、情况明，数据准确、管理规范等要求。数据资源采集需满足市农业农村委相关数据资源的采集，能够根据采集需要随需配置采集报表、采集范围、采集流程，实现三农数据资源采集的灵活调度。

（二）三农大数据交换与共享平台

平台汇聚内部和外部各个职能部门所掌握的涉农数据并进行集中管理，实现涉农数据资源的共享开发和汇聚应用，推动各个行业部门进行数据和资源共享。平台从数据服务和资源共享的角度出发，在多个部门或单位之间进行大量的数据交换，实现跨层级、跨地域、跨部门的数据传输和交换。三农大数据交换与共享平台实现了交换统计、平台资源管理、前置库交换、中间件交换、Web服务交换、信息录入、数据导入、交换中心管理、交换单位配置、交换节点配置等一系列功能。

（三）三农大数据主题分析应用平台

通过结合互联网、大数据、云计算等新型计算机信息技术，整合各类涉农数据和目录体系，汇聚现有平台及信息系统资源，打造一套大数据分析模型和框架，结合市农业农村委重点工作和首要任务，突出天津三农工作。三农大数据主题分析应用平台针对5大主题进行分布建设。

第一，农业主题。包括产业体系、生产体系、经营体系、开放型经济、国家现代农业示范区建设5个子主题的管理对象分析、管理措施分析、项目进度跟踪分析、资金落实情况分析、措施成效分析、综合查询统计、地理信息查看以及数据报表等功能。

第二，农村主题。包括农村经济发展、农村规划、农村人居环境综合整治、基层党组织建设、结对帮扶、村集体经济6个子主题的管理对象分析、管理措施分析、项目进度跟踪分析、资金落实情况分析、措施成效分析、综合查询统计、地理信息查看以及数据报表等功能。

第三，农民主题。包括农民增收、农民住房、农民社保、农村困难群体、新型职业农民5个子主题的管理对象分析、管理措施分析、措施成效分析、综合查询统计、地理信息查看以及数据报表等功能。

第四，生态主题。包括新能源建设、清新大气治理、水污染治理、造林绿化4个子主题的管理对象分析、管理措施分析、项目进度跟踪分析、资金落实情况分析、措施成效分析、综合查询统计、地理信息查看以及数据报表等功能。

第五，改革主题。包括产权改革、土地制度改革、农村金融服务创新、新型农业经营主体4个子主题的管理对象分析、管理措施分析、项目进度跟踪分析、资金落实情况分析、措施成效分析、综合查询统计、地理信息查看以及数据报表等功能。

（四）天津三农大数据领导驾驶舱

利用数据挖掘和展现技术，将三农工作数据进行抽取提炼和分析挖掘，形成面向天津市级领导和市农业农村委领导的综合数据决策平台，下设农业、农村、农民、生态和改革五个专题领域展示和突出天津三农重点工作成效。

农业主题主要围绕农业生产概况、提质增效、质量安全、规模生产、产业融合、科技创新、结构调整等方面；农村主题主要围绕美丽乡村、结对帮扶、农村基层党建等方面；农民主题主要围绕农民增收、困难群体帮扶、民生安全等方面；生态主题主要围绕大气污染治理和面源污染治理两个方面；改革主题主要围绕土地改革、产权改革和金融改革等方面。

驾驶舱模块还采用一张图的模式，通过空间地理信息系统（GIS）所提供的分析数据与空间地理位置关联关系和分布的融合技术，将比率、趋势、成效、评估研判和统计数据结果描绘在地图上，实现分析和汇总结果地理化、图形化、直观化，打造面向三农重点工作的不同类型分析图。并且系统内置预警阈值，当某项数据超过既定范围会触发报警系统，反馈到驾驶舱，让使用者第一时间了解紧急状况。驾驶舱模块与分析系统紧密相连，对重点指标会跟踪记录，并进行专项分析，给出相应策略，决策者可通过驾驶舱的精简操作页面对重点项进行重点管理。

（五）天津市三农大数据综合服务门户

服务门户分为政务信息门户和公共信息门户，并支持移动端操作，内含的应用包括单点登录、用户认证等。

1. 三农大数据政务信息门户

提供政务公开、动态信息、业务咨询、状态反馈、结果查询、信息服务栏目、信息发布后台管理等服务。实现系统应用统一登录窗口，为领导用户和业务用户按权限建立信息门户，提供包括系统应用统一登录窗口、待办事项、通知公告、资料下载等门户功能。门户提供将政府网上服务的有关信息、政策法规、办事过程、方法指南、常见问题解答等在网站上公布的功能。门户提供面向公众、企事业单位的有关政务服务的新闻公告、通知等信息。门户为用户提供审批服务事项的状态和结果查询，用户查询自己申请办理的项目进展情况如当前审批环节、审批意见、审批过程中的通知（受理通知、办结通知等）。同时，用户申办项目的办理情况会通过系统消息、短信、邮件等方式及时告知用户。门户为外部用户提供审批业务办理过程中所涉及的业务知识和业务问题的咨询，方便单位与个人的业务办理，加速单位和个人对审批的熟悉过程，为单位和个人的申报工作提供便利。

2. 三农大数据公共信息门户

建立了一个统一的信息化交流平台，提供广大农民、涉农企业之间的信息相互交流的平台，实现资源共享。门户依托农业大数据的资源目录体系，建立公众信息服务资源池，将可开发的三农信息资源推送到公共门户，为生产经营主体、农民以及社会公众提供农业气象、土壤墒情等资源服务；农业科技成果推广、农技专家等技术服务；惠农政策、改革政策等惠农服务；休闲农业、一村一品等便民服务。门户加快农业信息交流速度，降低信息交流成本，促进农业知识普及，提高农业科技应用水平，提供农民和各级政府部门一条沟通渠道，让广大农民第一时间了解政府的农业政策。建立农村信息化服务产业，产生新型服务型企业，促进经济发展和提供新的就业岗位。

三、特色亮点

平台以五大发展理念为指导，涵盖农业、农村、农民、生态、改革五大领域，24个主题、32个应用专题。平台统一数据标准，梳理资源目录，汇聚融合数据，深入数据挖掘，推动天津农业农村工作进入"用数据说话、用数据管理、用数据决策、用数据创新"的新常态。按照全系统、全要素、全过程管理要求，实现了底数清、情况明、问题准、措施实、效果好的总体目标，为天津现代都市农业发展注入了新动能。

天津市三农大数据建设工程按照"1+3+N"开展顶层设计，实践效果好。

"1"是建成统一的三农大数据管理平台，实现了农业农村大数据的高度聚合。

"3"是建立数据采集体系，通过市、区、乡（镇）、村四级采集，摸清3683个行政村、1000个困难村、1.2万个生产经营主体等数据底数；建设乡村振兴决策支撑体系，为市、区、镇、村四级管理人员提供乡村振兴专题决策"一张图"，实现领导挂图作战、看图明情、监控预警和科学决策；建设乡村振兴公共服务体系，为生产经营主体和广大农民、市民提供支农惠民、信息融合的综合信息服务，通过"益农社"实现"信息服务进村、数据采集出村"。

"N"是建设乡村振兴多个应用系统，按照"对象—措施—进度—成效"闭环流程，实现乡村振兴各项重点工作的精准管理、多维分析和科学决策。

四、应用成效

天津三农大数据管理平台自2017年11月成功上线以来，受到农业农村部和天津市领导的高度关注，并先后有山西、江苏、山东、甘肃、湖北、河南、河北等11个省市到天津进行经验交流。

平台现已服务于天津市农业农村委处室以及区、镇、村、各类经营主体和农业领域专家，覆盖全市3683个行政村（含1000个市级困难村）、378.44万农村常住人口（含11万多农村困难人口）、11365

个新型经营主体（含544个市级农民专业合作社、213家龙头企业）、251家品牌企业，70个培训教育机构，161名产业体系专家，1000多名农业科技专家，目前平台注册15000多用户。天津市三农大数据管理平台已经稳定运行1年，采集结构化数据合计10558602条，采集视频、图片等非结构化数据合计55.7G，对3683个村绘制画像，进行综合分析和动态跟踪，实现村的精准管理。

在三农大数据平台的基础上，围绕"产业兴旺、生态宜居、乡风文明、治理有效、生活富裕"总要求，有关机构正在对平台进行全面升级，建设乡村振兴大数据支撑平台，将为天津乡村振兴提供强大的数据支撑和决策服务。

湖州市：以城市数字大脑推动整体发展

一、背景与需求

（一）建设背景

新型智慧城市是现代城市发展的新模式，在数字化技术如物联网、大数据、云计算、人工智能、区块链等推动下，城市规划与治理、建设与运营等领域发生了重大的变化，深刻影响了城市政府行政管理、居民生活工作、企业经营发展、产业转型升级过程中的相关活动，通过智能化的感知、分析与融合，为政府赋能更高效的治理机制、为市民提供更美好的生活和工作体验、为企业创造更优的商业发展环境、为产业转型升级提供新的成长机会。

（二）主要需求

1. 以数字化驱动中心城市提升能级

中心城市能级的高低决定着城市经济的竞争力和区域经济的辐射能力，体现一个区域的综合竞争实力。湖州在长三角城市群中能级相对偏弱，中心城市对全市辐射力带动力不够强。具体到智慧城市建设，德清县被列为全国首个"智慧城市时空信息云平台建设"试点，长兴县力争打造全国县级智慧城市典范，湖州中心城市的智慧驱动在规划设计、特色应用等方面仍有不足，迫切需要全方面构建智慧体系，引领城市绿色、低碳、可持续发展。

2. 以数字化提高产业发展层次

信息产业发展已具备一定基础，但高层次的智慧产业发展不够。蓄电池、线缆、通用低端电子元器件等为代表的电子信息制造业产业链过短，处于价值链制造环节底端。软件及信息服务产业结构需要优化，信息服务业中上游的通信及基础服务占比超过90%，软件、电子商务、数字内容等产业比重过低。

3. 以数字化提升信息基础设施能力

尽管近年来湖州信息化基础设施不断升级，但总体还处于全省中游水平，较为薄弱的信息基础设施，难以支撑数字经济快速发展、产业转型升级和城市治理智慧应用开发推广。目前的政务云平台，只能提供基础的计算和存储资源，不具备数据标准化、大数据支撑以及数据治理运营的能力，无法为城市数字大脑发展提供支撑。

4. 以数字化促进智慧应用不断深入

湖州当前智慧城市建设过程中各个机关、部门、各级政府的计算资源、数据资源、智慧应用系统仍然存在各自为政的现象，造成存储分散、数据冗余度高、融合度低，不能实现跨地区、跨部门、跨场景的数据整合应用，无法发挥数据资源的集约效应等问题。

5. 以数字化推动创新支撑要素

湖州数字经济创新发展的环境氛围、要素支撑仍相对不足，亟待改善。缺少吸引各类主体共享共用城市数据资源的开放创新平台和新兴产业生态圈。受经济、科技发展水平的限制，全市人才总量较小，智慧城市管理人才紧缺，技术性、基础性人才储备不足。

二、主要做法

湖州依托一体化云网端，集中汇聚全市公共数据资源，通过"慧政、惠民、生态、兴业"四大创新应用，帮助湖州实现政府、产业、社会数字化转型。通过统筹规划，提出了"12346"的数字化转型总体框架，加快推进数字湖州建设，为全面打造新型智慧城市奠定坚实基础。

（一）建立一个城市数字大脑

城市数字大脑是根据数字中国、智慧社会建设需求，创新运用大数据、云计算、人工智能等前沿科技构建的平台型人工智能中枢。湖州数字大脑的核心是建设支撑全市统一的"1+2+N"的技术支撑体系。

"1"即打造云网端一体化的基础设施体系。统筹建设全市政务"一朵云"，加快推进网络应用和专网迁移；按照统一标准统筹规划，构建跨部门、全覆盖的物联网感知体系；同步规划、同步建设、同步实施网络安全建设；搭建分布式计算资源平台，使平台具备跨单元的计算能力。

"2"即打造共建共享的数据资源体系。依托云平台，构建支撑全市数据资源归集共享的公共数据交换平台和公共数据共享平台两大平台，实现数据资源的统一目录管理、归集治理、数据交换共享、挖掘分析、安全运营。建设完善的基础数据库和各类主题数据库，建立数据及时更新校核机制。以人工智能驱动原始数据从感知层到决策层的传输，实现多维数据的跨区域、跨层级、跨部门的互联互通、融合分析，为城市管理和决策提供依据。

"N"即建设统一开放的应用支撑体系。建设统一的身份认证、流程管理、表单引擎等应用开发组件；公共支付、电子签单、信用评价等公共业务组件；数据挖掘、通用算法、区块链、智能语音交互等公共技术组件。快速构建面向解决城市发展问题的人工智能算法模型。通过"数据驱动"，发现城市复杂巨系统中隐含的规律，实现智慧城市通用算法的积累，提高算法复用的能力。

（二）建设两个融合展示实体

建设一个能实时呈现的综合监测智慧分析系统。"两山"指数[①]是实时汇聚自然资源、产业发展、社会管理、政府运行等数据，进行融合运算而得出的指标，是一套反映创新、协调、绿色、开放、共享发展理念的动态评价体系。"两山"指数，不仅适用于衡量和评价湖州经济社会发展情况，也可为城市经济发展和政府管理提供决策支撑，最终为城市数字大脑建设提供依据与指导。"两山"指数作为湖州整体情况的动态表征，是网上动态监测分析美丽湖州的入口，是城市数字大脑建设成果的体现，是城市数字大脑建设的"数字实体"。

一个物理实体即数字湖州综合服务中心，创新融合线上与线下，为湖州市转型升级提供抓手。承载智慧城市各领域应用项目成果汇聚、管理、展现、反馈的集成职能。数字湖州综合服务中心从发挥决策指挥、运行管理、交流展示等功能出发，将城市的人、事、物、空间等信息进行统筹管理，实现终端感知和各系统与现有各专业指挥中心的互联互通，统一监控环境、交通、治安等城乡运行体征状态，满足突发事件处置和应急管理对信息快速集成的需求，成为数字湖州、智慧湖州的决策指挥中心、运行管理中心、交流展示中心。

---

① "两山"指数是在"绿水青山就是金山银山"理念指导下，设计的一套综合评价城市生态环境和经济发展，百姓安居乐业的指标体系。

（三）建设三方面支撑体系

政策法规体系、标准规范体系、组织保障体系是新型智慧城市建设的重要组成部分。建立统一的政策法规、标准规范、组织保障体制机制，有效支撑高效运行，确保新型智慧城市各领域应用互联共享聚合。

1. 健全政策法规体系

以政府为主导，协调各方科学制定建设规划和配套推进计划，制定相关项目管理办法，明确信息化建设项目立项审批、招标投标、政府采购、建设实施、项目监理、运营维护、绩效评价、保密安全等管理要求。制定公共数据保护、数据开放的实施办法，构建覆盖数据管理全生命周期的制度体系，建立科学判定数据资源共享、开放、使用权限的有效机制，严格规范运用个人信息开展大数据分析的行为，保障公民隐私信息安全。

2. 强化标准规范体系

编制智慧城市建设总体标准框架，明确总体标准、技术标准、数据标准、安全保障标准、业务应用标准、项目管理标准、数据质量标准、数据开放标准和服务标准等内容。重点推进架构设计标准、数据资源标准、安全保障标准建设，制定数据的采集、存储、应用、归档等全生命周期需遵循的标准，规范统一认证、网络安全、系统安全和数据安全标准。加快完成《公共数据资源目录编制规范》及人口综合库、法人综合库、自然资源和空间地理信息库等基础数据库规范编制工作。

3. 完善组织保障体系

加强对新型智慧城市建设的组织领导，成立市建设领导机构，加快推动智慧城市建设管理和政务数据管理体制改革，强化智慧城市考核力度。明晰智慧城市主管部门与业务部门职责边界，构建合作、协同机制。坚持政府引导、市场主导，建立灵活便捷、专业多样的智慧城市建设运营机制。加强数字化人才引育，加强互联网、云计算、大数据等产业人才的培养。

（四）创新四类应用

坚持以"创新、协调、绿色、开放、共享"五大发展理念，创新"慧政、惠民、生态、兴业"四大类应用。

1. 慧政

基于城市数字大脑的算力及模型能力，针对城市发展中交通拥堵、安全管理、城市监管等重点问题，开展智能化管理与科学调度。通过建设智慧交通、智慧安全、智慧城管等智慧应用，推动城市和市域治理体系与治理能力现代化。加大政务数据公开力度，打造开放、透明、高效、实时的"网上政府"。

2. 惠民

基于城市数字大脑的统一身份认证、统一消息、流程引擎等公共组件为支撑，以"最多跑一次""移动办事"等为切入点，提供城乡统筹均等普惠的公共服务。进一步创新智慧教育、智慧出行等智慧应用，基于政务服务画像，对服务进行个性化、精准化推送，提高人民群众的获得感、满意度。

3. 生态

基于城市数字大脑的数据集成能力，开展生态环境承载力评估、生态环境预测预报、诊断分析以及治理评估，有力支撑自然资源资产负债表编制、排污权有偿使用和交易、自然资源资产产权改革等制度落实，实现实时全样本感知监测全市生态环境，全面提升湖州生态环境保障能力。利用云计算、大数据，全面提高资源配置效率，打造低碳绿色城市，助力湖州建设生态文明先行示范区。

4. 兴业

基于城市数字大脑数据的归集开放应用，加快传统产业数字化、数字产业规模化，推动湖州产业绿色发展，吸引更多的创新人才来湖州就业，带动城市能级提升。充分发挥金融手段对产业的引导作用，推动金融创新，建立绿色金融智慧支撑体系，开展绿色信贷监控、评价，强化绿色金融衍生创新，推动湖州产业绿色发展。

（五）实现六大协同

以数据融合共享、系统统筹整合为方向，支持鼓励多部门应用系统协同融合。成熟一批，上线一批。

1. 市域综合治理协同

构建社会治理一张网，在综合治理、公共安全、执法督察、社会稳定、网格化监管等方面，打造城乡精准治理、多方协作、多元共治的基层治理新模式。

2. 智慧政务服务协同

按照"三转变一共享"（即观念转变，树立以人民为中心的思想；职能转变，建设服务型政府；流程转变，整合政府工作流程，数据共享即是打破信息孤岛）要求，加强政务应用融合整合，深化"最多跑一次"改革，打造高效透明的"网上政府"。

3. 社会民生服务协同

多渠道整合政府服务资源，建成多样化、差异化、精准化、个性化的市民融合服务体系，统一入口，促进城乡民生服务同质化，实现均等化普惠性的民生服务。

4. 产业经济服务协同

基于产业数据的实时采集，动态反映产业发展变化趋势，为全市产业发展规划提供辅助支撑。基于湖州数字大脑,为全市产业进行"赋能",助推产业数字化转型。

5. 生态资源保护协同

以"两山"理论为指导,以大数据分析、数据挖掘、数据可视化为手段,将自然资源数字化,全面展现湖州生态资源环境,推进湖州生态文明与生态经济建设。

6. 社会信用监管协同

整合建立全市统一的社会信用综合监管平台,强化重点行业、重点企业和重点产品的溯源和实时监管,完善个人和法人的信用信息,基于数据开放共享,营造公平、公正、信用的市场环境。

三、特色亮点

(一)目标清晰,四物[①]一体

1. "一网感知万物"

建设一张天地一体化的城市信息网,全面感知城市安全、交通、环境、社会和网络空间,更好地用信息化手段感知物理空间和虚拟空间的社会运行态势。以全域数据资源汇聚和共享为途径,建设一体化的市域数据资源平台和人工智能中枢系统,实现跨层级、跨地域、跨系统、跨部门、跨业务的协同治理和服务。

2. "一屏掌控全城"

通过各应用系统互联互通,数据共融共享,形成统一的智慧城市大屏。在公共安全、社会服务、城市运行管理等各领域通过信息

---

① 四物指"一网""一屏""一机""一业","四物一体"是湖州市制定的智慧城市建设目标。

化手段，建成反应快速、预测预判、综合协调的一体化运行治理体系，实现市县区联动、部门联动，推动市域治理现代化。

3. "一机走遍湖州"

建成数字公共服务体系，深化"最多跑一次"改革，个人通过"身份证号+生物识别"，企业通过"社会信用代码+数字证书"，可办理各类公共服务事项，依托手机终端建设一体化市民服务平台，实现移动办、实时办，打造24小时不打烊的"网上政府"，实现8小时外的移动办理。

4. "一业催生蝶变"

通过数据开放平台和大数据交易平台，释放数据红利，打造成基于开源数据的创新创业服务平台。进一步带动湖州大数据和数字产业的发展，助推传统产业优化升级，助力湖州中心城市能级有效提升。

（二）路径明确，治智升维

"湖州城市数字大脑"是浙江省首个基于政府数字化转型"四横三纵"架构的城市大脑，2018年底被列入浙江省首批城市大脑试点，在湖州实现了"四横三纵"框架体系理念和技术双落地。"湖州城市数字大脑"采用阿里云最新版本的飞天系统进行深度定制，建设全市统一的政务云，推动数据管理实现"靶向定位"，体现了一个"准"字。同时，"湖州城市数字大脑"采用中台理念，具备全量数据感知、核心数据抽取、精准数据建模、海量数据集成、跨网数据开发、综合数据监控等能力，推动系统联通，实现"跨网融合"，体现了一个"广"字。通过对过往三年的信息化项目进行数据分析，沉淀了共性需求并形成服务能力，开发了统一视频共享、统一地图服务、统一身份认证、共享材料等公共模块组件供各系统应用开发调用，成为国内首个具有应用组件功能的城市大脑。这不仅节约各应用系统的建设成本，同时也缩短建设周期，体现了一个"快"字。通过统一的数据服务能力与灵活的业务服务能力，将数据、业务治理智能化。

（三）机制创新，敏捷运营

成立本地运营公司，汇聚优质资源，支撑相关人员积极参与建设与共享，最大限度进行资源整合。在运营的过程中，利用头部企业的人才优势与技术优势，在安全可控的条件下，进行城市数据的运营。

四、应用成效

（一）理念上实现"一通"

在纵向上贯通省市县，城市数字大脑向上可对接省级平台、向下可延伸至区县平台，提供了设区市规范落地省级技术架构的"湖州方案"。在横向上拉通委办局，以统一门户入口为突破，以较低的成本解决单点应用到协同平台的改造难题。在技术上融通政企民，城市数字大脑在赋能数字政府建设的同时，将存储资源、数据接口和应用支撑能力，在安全可控的范围内向社会开放，带动本地数字经济和数字社会建设。

（二）技术上实现"五通"

一是网络可达通。城市数字大脑采用统一登录门户，在网络可达通范围内，凡通过接入电子政务外网的节点及终端，均可加载数字大脑功能模块。目前横向上接入市级部门和下属单位200余个，纵向上实现市、县（区）、乡（镇）、村四级全覆盖，联通1300余个村（社区）。

二是系统互联通。城市数字大脑具备云资源调度分配和跨平台监控管理能力，调整优化原有阿里云 42 个资源监管接口，并自行开发 158 个数据调度接口，做到了政务体系内阿里云平台和九州云平台的互联互通，将全市"一朵云"整合从逻辑层面向物理层面又推进了一步，各信息化项目共享云资源，实现了"系统互联通"。

三是数据共享通。城市数字大脑优化了数据服务基础能力，已联通数据资源的普查、归集、治理、存储、分析、共享、销毁、监管等环节，接入全量元数据分析模块和数据网关服务，对大脑内运转的各系统进行全面数据"体检"，化被动为主动，实现了对数据的全生命周期管理和对数据流的全流程监控，增强了大脑内部安全性。

四是应用支撑通。城市数字大脑升级了云平台应用支撑服务能力，通过建设统一应用中台，在"协同"和"高效"的前提下实现了"应用支撑通"。目前统一视频服务已汇集全市 12.3 万路视频资源，并在全省率先为基层治理、蓝藻防治等业务提供视频共享服务，以天地图为底图的统一地图服务已汇聚市县两级 239 个图层，并已支撑全市 26 个跨层级政务系统地图调用，统一消息服务已用于气象预警、协同政务、流程管控等多个场景。

五是项目管理通。城市数字大脑将数据中台和应用中台组件使用情况纳入信息化项目绩效管理。通过建立星级评定制，将项目管理延伸至建设、验收、使用等环节，推动大脑服务能力落地，并从源头上杜绝僵尸项目产生，实现"项目管理通"。

（三）应用上实现"百通"

基于城市数字大脑支撑能力，构建超级应用、协同应用、场景应用等分层次应用矩阵体系，实现应用上"百通"。据初步统计，湖州城市数字大脑已支撑近 40 个应用上百个场景，智慧湖州应用矩阵初具规模，同时，这些应用场景也带动了数字大脑公共组件功能加快落地见效。

1. "两山"指数监测系统，破冰环境治理被动化

湖州始终遵循"两山"理念，将其融入城市发展全过程中，针对动态类数据采集引起的数据变化，实时关联指标进行更新。通过对多维的生态资源数据深度计算和挖掘，形成有质量的数据运用体系，让各级决策部门和研究机构以及老百姓愿意参与、及时参与，把数据转变为资源。

2. 从"河长制到河长治"，破解河道管理碎片化

河道数据分散问题早在 2008 年就已显现，如今基于城市数字大脑运用大数据、云计算、物联网、河道网格化、地理信息技术等能力，赋能长兴县河长制河道管理具体化、网格化、智慧化。整合多维监测数据，展示河道实时视频，历史视频调取，展示河道断面水质监测、水库监测数据、排放口在线监测数据、河道水面的保洁情况监测、非法排污监测、采砂监测、航道船只数量监测等内容。突破河道治理数据信息分散化，实现长兴县河长制集中化管理。

3. 培育高效智慧数字经济，突破绿色金融对接难点

通过城市数字大脑建设，全面、准确地认识区域的经济和企业发展情况，并有针对性地实施政策；综合分析行业现状和趋势，企业上下游和供应链关系，信用评级，辅助进行招商引资，进一步发展绿色信贷、绿色债券以及绿色信贷资产证券化，积极支持符合条件的绿色企业上市融资和再融资，推动湖州绿色产业结构调整与转型升级。

深入推进金融领域"最多跑一次"改革，通过"绿贷通"，创新银企融资对接新模式。通过信息化的对接模式、可视化的督导方式、

政策性融资增信的引导机制，解决银行与企业间的对接难点，推动银行主动服务企业、企业"少跑"银行，力争实现"最多跑一次"基本就能办理融资业务。

4. 提升旅游预测，突破调控与监测预警问题

湖州大力发展全域旅游，是建设国家全域旅游示范区的重点任务，也是提高旅游发展档次的客观要求。基于游客地理位置信息、景区视频监测信息、红外传感器监测信息、景区闸机进出信息、景区 Wi-Fi 连接信息等实时监测信息，对湖州全市各个景区人流进行实时统计与行为预测。同时结合地图信息，对景区客流的时间、空间分布进行实时更新。通过客流的实时监测信息进行分析，设置客流预警模型，发现景区客流的时间、空间分布特征。在景区客流出现警情之前，提前给予有效警告，进而方便采取有效合理的客流调控措施。

5. 打破信息孤岛，方便城市停车

整合湖州各类停车场静态和动态数据，综合分析与控制各种停车管理资源和设施，客观、实时、准确监测车位占用、停车费收缴、停车人拒缴逃费等情况。同时满足停车管理部门日常监管需求，建立清分结算机制，进一步实现自动计时计费和停车移动支付，建立大数据分析和信息安全防护体系，为政府部门提供数据支撑。平台在现有的停车场管理模式的基础上，进行信息化和互联化，逐步消除停车场信息系统孤岛运行的现象，全面提高城市停车智能化服务水平。

6. 智慧医疗为人民，看病问医不再难

智慧城市的发展是方方面面的，社会民生服务是重中之重。推进区域信息共享平台建设，实现各级医疗机构电子病历、检查结果数据互联互通，湖州市政府运用大数据和人工智能技术，积极解决社会民生问题。湖州市已实现医保业务刷脸办，市民在刷脸认证成功后，通过人脸识别技术读取对应的医保个人信息，后续医保任务即可无卡轻松办理，医后付款，患者看病全记账，看完一次付。"医后付"平台颠覆传统的"先付费再诊疗"的看病流程，让看病问医有温度、暖人心。目前湖州市5家市级医院、11家县级医院、19家乡镇卫生院已实现"看病全记账，看完一次付，回家手机付"服务。湖州市在全省率先建立"影像云"，建立国内首个"无胶片化"城市，突破医疗资源高效环保问题，预计一年可减少塑料胶片450万张，塑料污染45吨，减轻患者胶片费用约1亿元。"医后付+影像云"让看病变得更简单、更高效、更环保。

7. 推动政府数字转型，解决服务滞后问题

依托数字化手段，对政府治理理念、职能、制度、行为、组织进行全方位变革。以"最多跑一次"为牵引，建立更加扁平、高效、灵活、协同的业务流；在此基础上，全面推动政府履职行为数字化，贯通政府内部数据流，实现跨部门、跨层级、跨地区的协同治理。基于湖州数字大脑，湖州市以深化"最多跑一次"改革湖州样板为牵引，推动政务服务能力的创新，让数据多跑路，让群众少跑腿，解决政务服务效率滞后问题。

（四）影响上实现"多通"

在不断推进新型智慧城市建设的同时，湖州也在持续进行品牌推广：定期开展智慧大讲堂活动，向部门、企业传播智慧湖州建设新理念；通过市内外各类主流媒体和网络新媒体，总结宣传智慧应用的新成绩，提高市民的体验感和参与度；利用湖州城市数字大脑运营中心平台，加强基于数字大脑各项应用的展示和系统间协同深化，打造湖州智慧应用品牌。

湖州智慧城市建设工作开展以来，已经取得初步成效。截至2019年年底，已有湖州市"绿贷通"银企对接服务平台、长兴县基层治理四平台2个项目得到省主要领导批示，湖州城市数字大脑、湖州市医后付、影像云等5个项目获得省（行业）级奖励，大气污染防治协同管理系统、"厨房革命"监控平台有7个项目列入省级典型案例或试点示范进行推广。

常德市：推动信息资源开发利用促进信息惠民融合服务

一、背景与需求

（一）背景分析

近年来，随着信息孤岛问题的凸显，国家和湖南省对信息资源整合共享的推动力度不断加大。2015年9月，国务院印发《促进大数据发展行动纲要》（国发〔2015〕50号），首次提出要推动政府信息资源整合。2016年9月，国务院发布《政务信息资源共享管理暂行办法》，推动政务信息系统互联和公共数据共享。2017年5月，针对"各自为政、条块分割、烟囱林立、信息孤岛"等问题，国务院办公厅印发了《政务信息系统整合共享实施方案》，加快推进政务信息系统整合共享。2017年11月和12月，湖南省人民政府办公厅相继发布了《湖南省政务信息资源共享管理办法（试行）》以及《湖南省政务信息系统整合共享实施方案》。

常德市早在2011年就启动了数字城市建设，2014年被国家住房和城乡建设部、科学技术部列为国家智慧城市试点城市，2016年起开展了新型智慧城市建设，形成了较完善的智慧城市运行管理机制。经过八年多的基础信息建设，已建成常德市云计算中心，可为全市智慧城市建设提供基础的计算、存储、网络资源。常德市政府数据资源共享平台,目前已汇总数据资源目录2017类,提供数据总量29.7亿条,形成跨层级、跨部门的立体化数据共享格局,为"我的常德"建设奠定了数据基础。

(二)需求分析

信息化是当今世界发展的大趋势,是推动经济社会变革的重要力量。大力推进社会服务信息化,是智慧城市建设全局的战略举措。建设"我的常德"城市服务平台,将有效提高常德市公共服务的科学化、现代化水平,对常德市经济社会可持续发展有着重大意义。

一是信息资源的整合需求。公共服务信息资源的整合,可实现公共服务能力的全面提升,为市民提供一体化的公共服务。为了进一步提高公共服务水平,让市民感受全方位的公共服务,政府应针对公共服务信息资源进行整合,与企业、公益性组织、服务提供商共建一个公共服务信息平台,为市民提供"贴身"服务。运用大数据分析技术,针对居民各种需求进行处理,提供个性化公共服务。

二是公共服务手段和渠道的整合需求。一方面,随着科技日新月异,公共服务各部门为了服务公众,建立了各自独立的门户网站,以及各种服务热线;另一方面,随着移动技术的发展,人们越来越依赖于各种移动设备来快速满足自己的需求。为了提供更为快捷、方便的公共服务,需要顺应移动互联网的发展,建设一个一体化的城市级公共服务平台和运营体系,以移动App及互联网Web端的形式向市民提供服务。

三是市民的迫切需要。传统的社会服务模式已无法满足公众日益增长的服务需求,迫切需要实现多部门之间社会服务数据的互联互通和资源共享。只有基于数据的"共享""互通"构建的应用,才能真正实现便民和惠民的互联网服务,才能真正解决常德市民"办事跑断腿"的痛点。

四是释放"数据红利"的需求。在已建成的"我的常德"中已汇集（或正在汇集）了常德市直多个部门的数据，基本覆盖了民政、公安、市场监管、税务等老百姓生活的各个方面。如何把这些数据"用好"，让数据真正产生价值，能产生最佳的服务感受，是个核心问题。项目正是基于此目标来建设，通过项目的建设，真正发挥公共服务数据的价值，释放数据红利，真正给广大市民带来"实惠"。

二、主要做法

"我的常德"是集成常德生活信息和政务服务的城市级公众服务平台，常德市人民政府服务市民的官方App。它以智慧常德建设成果为基础，以信息惠民为宗旨，以广大居民能够足不出户、随时随地地享受优质服务和生活便利为目标，整合政府和公共服务部门的业务数据，通过手机客户端、微信公众号、PC端等多种形式，为常德市民提供与生活密切相关的衣、食、住、行、游、医、育等生活资讯和各类生活缴费服务。

（一）全面建设数据共享平台，为"我的常德"奠定数据基础

近年来，常德市坚持把数据共享作为政府信息系统整合的突破点，顺利建成政府数据资源共享平台，有效打破部门信息孤岛，实现数据共享和业务协同，数据共享工作成功走在全省前列。截至目前，共享平台共采集公安、人社、民政、工商、国土、房管等64家市直单位的业务数据，上线数据资源目录2033个，采集数据总量已达31亿条，其中人口基础信息库3917万余条，法人基础信息库214万余条；共享平台共支撑了全市49个跨部门重点应用，而"我的常德"公共服

务平台是其中最突出的一个。

数据共享平台建设主要采取了以下做法。

1. 领导重视，强推数据共享

市委、市政府主要领导高度重视政府数据共享工作，市长、常务副市长多次召开数据共享工作调度会议，实现高位推动、整体部署。每年智慧常德建设专项资金，重点支持政府数据共享。市直各单位分别建立工作机制，明确分管领导和责任科室配合开展工作。市智慧办组织对市直单位逐个展开现场调研，项目组工作人员与各部门责任科室多次对接，明确数据共享目录、共享频率和采集方式。市智慧办下发《常德市政府数据资源共享考核评分细则》，对数据共享工作进行考核，考核结果列入市政府绩效考核。

2. 打造平台，支撑数据共享

按照大平台、大数据、大系统的发展思路，推进基础平台整合，推进政务外网扩容升级，实现市县乡三级全覆盖、市到县双核心双链路，网络平台日益完善。推进计算存储资源整合，建成了国内一流政务数据机房，组织60多家单位160多个应用系统集中进驻云中心、共享云资源。建成了智慧常德协调指挥中心，接入25个应用系统，初步形成"智慧中心"。依托常德云计算中心，于2017年在全省率先建成了市州政府数据资源共享平台，完成了共享交换体系建设、信息资源目录梳理、基础信息资源库建设、安全保障体系建设等阶段性任务，为实现数据共享营造了良好的环境。

3. 制定规范，引导数据共享

坚持把标准规范作为引导数据共享的重要基础。为规范推进政府数据共享工作，市智慧办在秉承国家标准和行业标准的基础上，紧密结合常德实际，牵头制定了《常德市信息资源分类标准》《常德市元数据及扩展标准》《常德市政府数据资源目录编制指南》等标准和规范，对政府数据资源目录梳理、编目、数据采集建库、共享应用作出相应规范性要求。在具体工作推进过程中，本着规范管理的要求，组织各单位一把手与市政府签订《数据资源共享工作责任状》《数据资源共享协议书》，组织数据管理方与数据使用方签订《数据资源使用与保密协议》，组织参与项目开发的人员签订《保密承诺书》，强化共享和安全意识。

4. 完善机制，保障数据共享

着眼长效机制，创新项目管理，修订出台《常德市信息化工程建设管理办法》，加强统一规划、统一标准、统一平台、统一建设、统一运维、统一管理（"六统一"），对信息化项目实行立项申报、技术评审、建设监理、竣工验收等全生命周期科学管控。创新资源管理，探索出台《常德市政府数据资源共享管理暂行办法》《常德云计算中心管理办法》等文件，在全省率先对政府数据资源、云计算中心资源等进行系统性规范管理，有效促进了资源整合和数据共享。注重市县协同，制定《关于协同推进智慧常德建设的实施意见》规范性文件，下发《常德市政务信息系统整合共享实施方案》，整体部署推进数据共享。

5. 创新应用，倒逼数据共享

市智慧办出台系列数据应用管理规范，为部门利用共享平台发展创新应用创造条件。截至 2019 年，共享平台已成功支撑了综合治税、社会信用信息、社会治理网格化、智慧党建、公积金管理、住房保障、社保卡、低收入家庭认证、企业事中事后监管等 49 个典型应用。在此基础上，借鉴外地先进经验，组织开展政府大数据创新应用。其中，"我的常德"城市公共服务平台，以共享平台提供的丰富数据为支撑，为老百姓提供工资、医保、公积金、交通等信息服务，实名注册用户已突破52万人，成为信息惠民的亮点应用。支持常德农商行等金融机构，利用共享平台提供的政务大数据，开展普惠金融创新服务，有效解决了企业与个人融资难、贷款难问题。

（二）坚持顶层设计原则，构建平台总体架构

"我的常德"公共服务平台运用先进的信息技术、网络技术、大数据技术和现代管理理念，本着统筹规划、顶层设计的原则，面向所有常德市民的信息查询、小额支付、网上办事等各类便民、利民的社会公共应用服务。平台总体架构如图3.12所示。

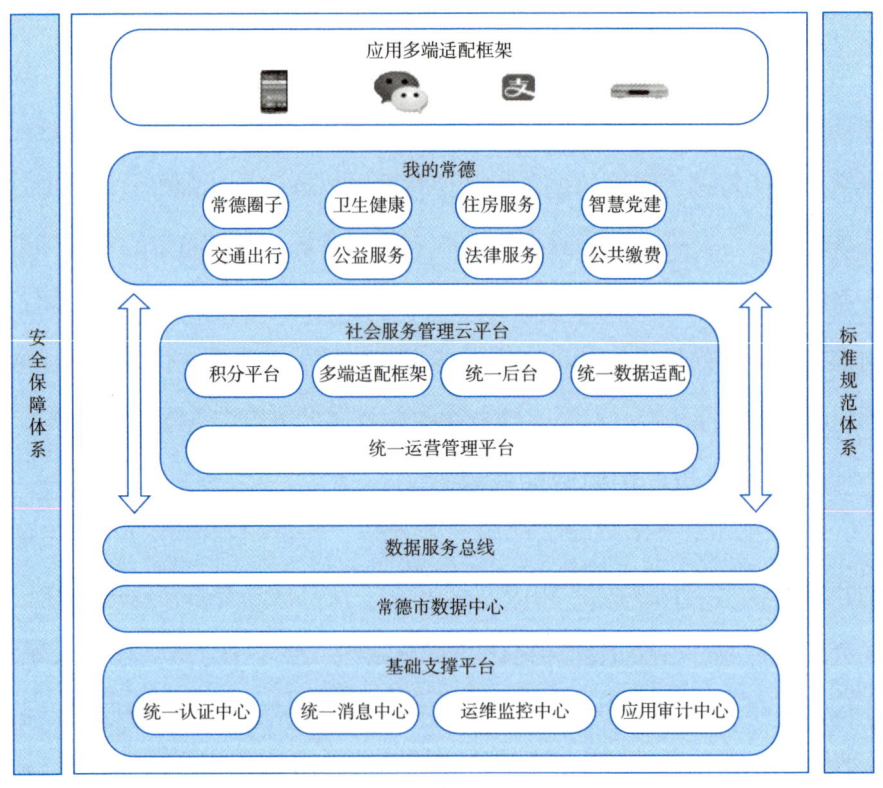

图3.12 常德公共服务平台总体架构图

(三)党政商三位一体,构建公共服务应用平台

"我的常德"公共服务应用平台包括党务、政务、商务三大方面,涵盖智慧党建、网上办事、普惠金融、非税缴纳等各类政务、公共服务。

个人中心:个人中心功能均为个人直接相关的信息,供实名认证用户使用,实名认证用户无需再次输入各类认证信息,就可以查看包括工资、社保、公积金、水、电、驾照、违章、机动车等相关信息。

党费缴纳:为常德市党员提供更便捷的党员生活渠道,包含上党课、缴党费等。

网上办事:包含老年优待证、生育服务证、不动产登记等3个高频办事事项,市民真正实现了一网通办。

常德快贷:通过个人信用体系和大数据分析,为居民提供更便捷的贷款服务。

非税缴纳:为用户提供更便捷的缴费服务,包含学费缴纳、交通违法处理罚款缴纳、停车缴费等。

高清路况:为居民交通出行路线规划提供信息和依据,让居民可实时地查看到交通路况。

学习奖分:常德市广大驾驶员朋友通过在线学习交通法获得积分,抵扣相应的交通违法扣分。

生活缴费:为市民提供水费、电费、有线电视费、固话等费用的在线缴纳,居民不再需要往返于各类营业网点,免去排队交钱的烦恼。提供多种支付方式,操作便捷,入账及时。

(四)全面构建公共服务综合管理平台

"我的常德"公共服务综合管理平台,包括公共服务管理云平台、应用支撑平台、数据统计平台等三部分,为"我的常德"提供后台管

理和支撑能力。

公共服务管理云平台，包括支持多端适配的统一框架（支持有线电视端平台）、支撑应用实现的统一数据适配平台、统一后台、积分平台、统一运营管理平台等，快速实现"积木式"的服务构建和发布。

应用支撑平台建设，包括实名认证中心、统一用户管理平台及运行监控平台，应用支撑平台建设组成如图 3.13 所示。

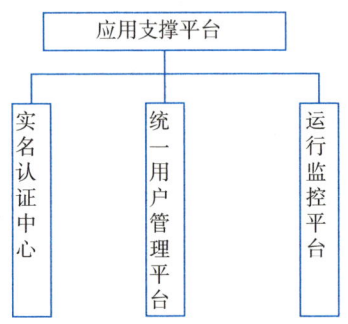

图3.13 "我的常德"应用支撑平台建设组成示意图

基于常德市政府数据资源共享平台，实现对基础应用数据的汇总、整理，并依据应用需求，构建对应的数据模型和分析模型，依托统一的数据服务总线构建上层的各类社会服务应用。

（五）线上线下相结合，构建运营推广体系

通过线上推广、线下推广相结合的方式，围绕重点行业应用热点和难点，整合行业资源，造福大众，提升市民的信息化生活品质。以4G 背景为契机，通过"我的常德"的搭建，整合资源，并放大信息资源效用，开发多层次新业务，增强黏性，捆绑用户。

通过便民服务运营手段，尝试营利性探索，最终形成一个可持续、良性运营的城市便民服务平台。大幅度提升常德本地区门户的品牌知名度；平台上各行业的服务商成功入驻，为市民提供一站式、全

面的、个性化的服务，让市民深切感受到"互联网＋政务服务"带来的便利。

三、特色亮点

（一）基于市级数据共享平台，进行信息资源开发利用

"我的常德"公共服务平台的所有数据，完全源于常德市数据资源共享平台，后者为前者提供多样化的数据源、详实的数据以及可靠的数据支撑。在市委、市政府主要领导高度重视下，常德市建成了市政府数据资源共享平台，并制定出台《常德市政府数据资源共享管理暂行办法》《常德云计算中心管理办法》等文件以及一系列数据应用技术标准和管理规范，在数据管理者、数据提供者和数据使用者之间搭建起了桥梁和纽带，为"我的常德"上线运行营造了良好的环境。

（二）大力构建一体化一站式信息惠民公共服务体系

从2017年4月"我的常德"正式上线运行以来，陆续推出了以学习奖分、交通违法在线处理、高清路况、常德快贷、非税缴款、智慧党建、公益服务、房产服务、法律服务、水电缴费、有线电视缴费、网上办事等一大批便民服务。其中与市交警支队、市非税局三方合作，共同推出了交通违法在线处理，与市非税局推出了非税缴款（常德职业技术学院等三家技术院校新生缴学费、缴款书缴费、缴款码缴费等），与市房管局合作推出的房产服务（二手房签约查询、房屋权属信息验证、商品房备案查询、维修资金查询、房产服务企业查询等），与司法局合作推出的司法服务（律师查询、公证处查询、律师事务所查询、

法律援助人员查询、司法鉴定机构查询等），与教育局合作推出的中考成绩查询、大中专毕业生档案查询等，与市公交公司合作推出的公交出行（出行路线规划、公交车路线查询、公交站点查询、公交车实时位置查询、失物招领等）。

即将建设上线的三期项目，在一期和二期项目的基础上将新增网上办事、电子证照等便民的功能，升级智慧党建功能（包含党费缴纳、关系转接、在线学习、慧眼望乡等功能）。未来还将进一步加大扩展与社会各行业的运营合作，通过个人信用分，通过搭建不同应用场景，推行"一码通城"。

（三）打造常德市民互动服务圈

给具有相同兴趣的居民提供交流、分享和组织活动的互动平台。用户可以组建不同的兴趣圈子或朋友圈子，在圈子里在线发起活动，并且可以针对活动讨论某些话题，其他用户可以对话题进行评论和讨论，从而加强用户之间的互动性，提升邻里关系和生活幸福感。

圈子首页由大家都在看、推荐圈子、为您推荐、活动单元、帖子单元、随手拍单元等模块组成。

（四）基础平台可持续扩展

"我的常德"的基础平台不是固定不变的业务平台，而是一个逐步发展的应用平台，所有系统结构、组件都在标准性、开放性原则的基础上做到可灵活扩展，以适应用户需求的不断增加和变化。当用户数目扩展、业务范围拓展时，平台能以灵活调整、扩充的手段、方法来适应其变化；并且考虑与现有"我的常德"业务运营整合。该平台采用分布式、模块化设计的产品，从而能随时增加模块业务扩充功能和能力。

基础核心平台采用"主板+插件"的模式来构建和扩展应用服务。"主板"是指基础核心平台,"插件"是指各类基础工具组件,"主板+插件"为各类应用提供了统一的基础服务支撑框架。基础核心平台则为"我的常德"提供了统一的基础设施和枢纽,以各种不同的组件服务为基础,便民服务为导向,整合各项便民服务以及第三方应用,将各项服务集中到"我的常德",形成一个紧密联系的整体。

(五)多端适配引流导流

为了顺应"移动互联网+"风潮,将部分不涉及隐私数据的公共服务拓展延伸到有线电视端,利用其用户体量和导流能力,带动"我的常德"公共服务平台用户量的增长。常德有线电视有50多万有效用户,可与"我的常德"互通用户,且通过将"我的常德"中部分服务纳入电视终端页面,进行用户引流。

平台可以选择发布的终端类型和模板,并提供模板在线管理功能,各终端通过不同模板渲染展示,满足不同终端(如Web、App)样式和风格的需要,后台数据始终保持统一。平台也支持差异化内容管理,支持某个终端的单独内容配置。对于App的更新,后台提供动态更新管理,为App动态更新提供支持。通过以上的设计和约定,平台达到统一支持Web、App、Wap、微信等多端的数据内容管理的能力。

多端模板适配通过响应式布局,利用讯飞自定义研发的组件库,将同样内容呈现在不同终端上。在多种终端采用不同的解析方式,展现一致的页面效果,提升用户体验,扩大门户服务范围。多端适配方案如图3.14所示。

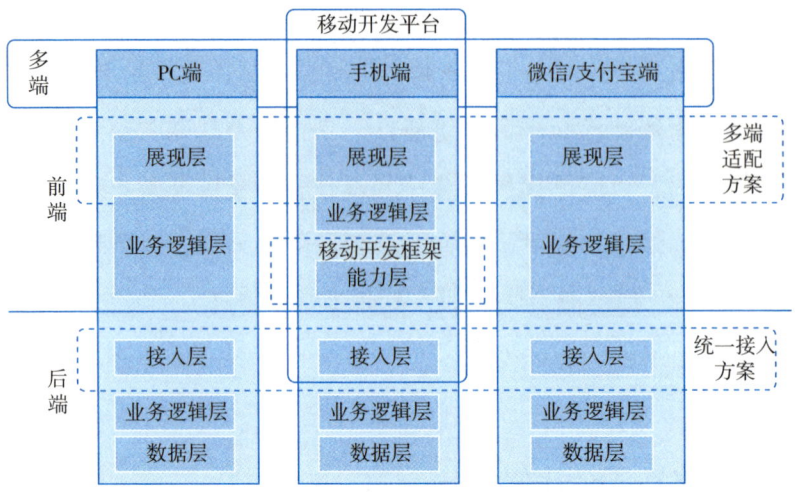

图 3.14　"我的常德"多端适配方案

（六）政企共建共营推广

结合政企双方互补优势，通过各类渠道发力推广，以向大众提供城市各类服务为核心运营手段，由"让你用"，变为"我要用""反复用"。同时，通过便民服务运营手段的实施，尝试营利性探索，最终形成一个可持续、良性运营的城市便民服务平台。具体合作运营方式如下。

（1）网站、App、微博、微信公众号等宣传渠道的内容运营，结合平台上线功能亮点，平台推广活动计划，网络热点等进行软文推广、图片推广、视频推广等，迅速吸纳用户，特别是实名制注册用户。

（2）与常德当地较有实力的商户以资源互换的形式进行合作，合作形式包括活动推广、会员合作以及银行的异业合作等。

（3）开展商业化运营，利用平台聚集的大量用户，尤其是实名制用户，在政府允许的前提下，开展 App 的商业化运营，实现 App 平台的自我造血功能，逐步减弱政府财政支持力度。

四、应用成效

2016 年 8 月启动了"我的常德"城市公共服务平台项目一期建设，一期项目 2017 年 4 月正式上线。2018 年 1 月启动"我的常德"城市公共服务平台二期项目建设，2018 年 12 月完成二期项目建设。目前，App 注册人数已达 85 万多人，实名认证人数突破 50 万人，月活量超过 40%。

（一）版本功能持续优化，用户规模快速增长

从 2016 年 8 月份项目启动以来，"我的常德"App 先后推出了 30 余个版本，持续对版本进行升级改造，对功能进行优化完善。迄今已成为全省应用最早、功能最全、用户最多的城市公众服务平台。

截至 2019 年 10 月，"我的常德"App 累计下载次数超过 100 万人次，注册用户超过 85 万人，实名制注册用户超过 50 万人。

截至 2019 年 10 月，交通违法在线处理已完成缴费 27915 笔、消违 27762 笔。学习奖分累计参加人数 148290 人，累计处理积分 134586 分。常德快贷授信总额已突破 33.75 亿元，申请总户数已达 103257 人次，用信 41.43 亿元。

（二）力推政府数据资源整合共享，实现信息惠民

"我的常德"公共服务平台是共享平台支撑下的一项高频便民应用，通过常德快贷、智慧党建、水电缴费等便民应用，打通了政府部门、银行、企业、公众等分散的数据资源，有效实现了市级政务信息资源的高度集约共享利用。

"我的常德"依托于现有数据共享交换平台，在现有市信息资

源中心的基础上，通过中间库形式整合计算公安局、人社局、卫健委等单位公共服务资源数据，公共服务平台不存储各单位采集的原始数据（见表3.2）。

表3.2　　项目一期整合数据资源

业务单位	整合数据项	更新频率
公安局	常住人口基本信息	每天
	流动人口信息	每天
	派出所基本信息	每月
	派出所警员基本信息	每月
	公安许可信息	每月
	社区警务站信息	每月
	公安警点信息	每月
人社局	参保个人参保信息	每天
	参保个人参保登记基本信息	每天
	参保个人所在单位信息	每天
	参保个人缴费信息	每天
	参保个人账户划入明细信息	每天
	医疗保险单位财政补贴信息	每天
	医疗保险单位待遇冻结信息	每天
	医疗保险个人补退信息	每天
	医疗保险个人账户提现信息	每天
	医疗保险个人账户代扣信息	每天
	医疗保险个人待遇冻结信息	每天
	医疗保险铺底单位信息	每天
卫健委	健康体检表信息	每天
	医检报告信息	每天
住房公积金	单位公积金开户信息	每天
	职工公积金个人基本信息	每天
	个人公积金账目信息	每天
	公积金贷款信息	每天
	还款信息	每天

续表

业务单位	整合数据项	更新频率
市场监管局	餐饮服务食品安全等级	每月
	食品生产主体基本信息	每月
民政局	养老机构设立许可	每季度
	养老机构基本信息	每季度
	养老机构简介信息	每季度
	养老机构负责人信息	每季度
	养老机构房屋用房信息	每季度
	养老机构设施设备信息	每季度
	养老机构入住收费信息	每季度
	养老机构政府补贴信息	每季度
	养老机构从业人员信息	每季度
	养老机构从业人员证书情况信息	每季度
	养老机构从业人员培训情况信息	每季度
	养老机构从业人员获奖情况信息	每季度
	结婚登记信息	每天
	离婚登记信息	每天
自然资源和规划局	服务基础信息	每月
	服务提供方信息	每月
	服务接口信息	每月
	服务对应的图层信息	每月
	常德市地理信息地图政务版地图底图信息	按变化情况
	常德市地理信息地图政务版地图国土局测绘图层信息	按变化情况
城管局	城市部件信息	每月
	城市部件分类及编码信息	每年
发改委	居民生活相关的价格公示信息	每周
商务局	加油站基本信息	每月
交警支队	驾驶证人员基本信息	每天
	机动车所有人信息	每天
	机动车登记信息	每天
国税局	国税办税网点信息	每季度
地税局	地税办税网点信息	每季度

续表

业务单位	整合数据项	更新频率
文旅广体局	常德等级旅游景区信息	每季度
	省级旅游示范点信息	每季度
财政局	公务员工资信息	每月
教育局	学前教育机构基本信息	每半年
	学校（机构）信息（含中职）	每半年
	教师个人信息	每半年
	教师资格证信息	每年
	中考考生报名信息	每年
	中考考生成绩信息	每年

（三）树立城市信息资源整合利用的新品牌和新标杆

"我的常德"城市公共服务平台是常德市委、市政府落实"互联网+"行动计划，倾力打造的一项信息惠民工程，是智慧常德的精品力作。各级各部门深入推进政府数据共享，加快网上政务服务平台建设，大力对平台进行运维推广，已将"我的常德"打造成为城市信息资源整合利用的新品牌、新标杆。

2016年，常德在全省率先推出"我的常德"城市公共服务平台。"我的常德"公共服务平台借助云计算、大数据技术，推动政府搭建智慧城市平台，市民只需通过互联网、手机，就可以获得衣、食、住、行、娱、玩相关的各种生活服务资讯。未来通过"互联网+政务服务"的渠道就能完成出入境证件、社保、户籍、营业执照办理等事项的线上办理，既减轻了政府窗口的工作压力、提高工作效率，又让百姓享受信息技术带来的便捷服务，同时可以使常德市信息化走在湖南甚至全国前列。

"我的常德"是聚合常德生活资讯和政务服务的城市级公共服务平台，整合政府部门和公共服务部门业务数据，以移动客户端、微信公众号等形式,为常德市民提供各类生活资讯、缴费充值和网上办事服务。平台一期推出交通出行、工资福利、医疗健康、教育服务、缴费充值、生活助手、互动交流等7大类42项便民服务。二期工程重点发展网上办事,打造"一站式"网上政务服务平台。三期工程重点发展智慧党建、普惠金融创新、个人数据资产以及各行业(保险业、金融业、汽车行业等)的数据运营合作。

附 录

2018~2019年新型智慧城市评价优秀组织单位名单

2019年新型智慧城市评价要求各省级单位组织辖区内地级及以上城市参评，各直辖市和计划单列市独立参评。36个省、自治区、直辖市和计划单列市中，共计23个单位的完成评价率达到100%，在新型智慧城市建设评价工作中组织有力、成效显著，被评为"2018~2019年新型智慧城市评价优秀组织单位"。

省级行政区：河北省发展和改革委员会、山西省发展和改革委员会、内蒙古自治区发展和改革委员会、辽宁省发展和改革委员会、吉林省发展和改革委员会、江苏省发展和改革委员会、浙江省发展和改革委员会、福建省数字福建建设领导小组办公室、江西省大数据中心、河南省发展和改革委员会、广西壮族自治区发展和改革委员会、西藏自治区发展和改革委员会、陕西省委网信办、甘肃省发展和改革委员会

直辖市：北京市经济和信息化局、上海市发展和改革委员会、中共天津市委网络安全和信息化委员会办公室、重庆市大数据应用发展管理局

计划单列市：大连市发展和改革委员会、宁波市经济和信息化局、厦门市工业和信息化局、青岛市发展和改革委员会、深圳市政务服务数据管理局

2018～2019年新型智慧城市评价典型优秀案例单位名单

在2019年新型智慧城市评价中,全国参评城市共提交了500多个优秀实践案例。经过专家评选,21个案例被选为"2018~2019年新型智慧城市评价典型优秀案例",这些案例较好地反映了新型智慧城市建设实践动态和发展前沿。

领域	省、市、自治区	城市及案例
惠民服务	福建省	厦门市:"i厦门"服务体系建设实践
	广西壮族自治区	南宁市:着眼信息惠民 构建就医新体验
	江苏省	张家港市:智慧医疗 互助共享
	安徽省	铜陵市:智慧城市体验馆
	浙江省	杭州市:数字改变生活 信用增添活力
	河南省	驻马店市:"咱的驻马店"助力惠民服务实现从"网上办"到"掌上办"
精准治理	深圳市	深圳市:智慧龙岗时空大数据云平台建设实践
	黑龙江省	大庆市:内挖外联 借势发力 构建大庆智慧交管"123"支撑策略
	福建省	福州市:永泰县重点工作攻坚作战智慧平台建设与应用实践
	山东省	济南市:交通大脑——打造泉城交通管理智能生态系统
生态宜居	河南省	郑州市:大气环境管理平台建设与应用实践
	湖北省	黄石市:智慧环保系统建设与应用实践
	浙江省	宁波市:创新农村垃圾不落地新模式
智能设施	北京市	北京市:通州区图书馆智能微图建设与应用实践
	四川省	成都市:"数字成都"地理信息公共平台建设与应用实践
	山西省	大同市:智慧感知 绿色节能
信息资源	安徽省	合肥市:构建大数据平台 促进政务资源整合共享
	广东省	广州市:整合政府信息资源 构建特色信息共享模式
	天津市	天津市:建设三农大数据平台 提升三农工作管理水平
	浙江省	湖州市:以城市数字大脑推动整体发展
	湖南省	常德市:推动信息资源开发利用 促进信息惠民融合服务

2018～2019年新型智慧城市建设政策文件列表（部分）

序号	政策文件名称	文号	发文单位	发布时间
1	环境保护部政务信息资源共享管理暂行办法	环办厅函〔2018〕284号	环境保护部办公厅	2018年3月4日
2	教育信息化2.0行动计划	教技〔2018〕6号	教育部	2018年4月13日
3	国务院办公厅关于促进"互联网+医疗健康"发展的意见	国办发〔2018〕26号	国务院办公厅	2018年4月28日
4	关于深入开展"互联网+医疗健康"便民惠民活动的通知	国卫规划发〔2018〕22号	国家卫生健康委员会 国家中医药管理局	2018年7月10日
5	关于公布2019年度"智慧教育示范区"创建项目名单的通知	教技厅函〔2019〕52号	教育部办公厅	2019年5月5日
6	信息安全技术 智慧城市安全体系框架	GB/T 37971-2019	市场监管总局、国家标准	2019年9月2日
7	智慧城市 数据融合 第5部分：市政基础设施数据元素	GB/T 36625.5-2019	市场监管总局、国家标准	2019年9月2日
8	智慧城市 建筑及居住区综合服务平台通用技术要求	GB/T 38237-2019	市场监管总局、国家标准	2019年10月24日